OUVIDORES DE COMARCAS
de Minas no século XVIII

COMISSÃO EDITORIAL DA COLEÇÃO NOVOS OLHARES:
Douglas Attila Marcelino (presidente)
Adriana Romeiro
Eliana Regina de Freitas Dutra
José Antônio Dabdab Trabulsi

CONSELHO EDITORIAL
Ana Paula Torres Megiani
Eunice Ostrensky
Haroldo Ceravolo Sereza
Joana Monteleone
Maria Luiza Ferreira de Oliveira
Ruy Braga

OUVIDORES DE COMARCAS
DE MINAS NO SÉCULO XVIII

Maria Eliza de Campos Souza

Copyright © 2016 Maria Eliza de Campos Souza

Grafia atualizada segundo o Acordo Ortográfico da Língua Portuguesa de 1990, que entrou em vigor no Brasil em 2009.

Edição: Haroldo Ceravolo Sereza
Editora assistente: Cristina Terada Tamada
Assistente acadêmica: Bruna Marques
Projeto gráfico, diagramação e capa: Jean Ricardo Freitas
Revisão: Julia Barreto
Imagem de capa: Carta de usança (diploma de investidura) da eleição do capitão e guarda-mór João de Souza S. Boaventura ao cargo de juiz ordinário da Vila Real de Nossa Senhora da Conceição de Sabará, 24 de dezembro de 1788. Manuscrito com iluminuras aquareladas de autor ignorado e assinado pelo ouvidor-geral e corregedor José Caetano Cezar Manitti. Câmara Municipal de Sabará - DOC. 065 - CMS Cx.004. Arquivo Público Mineiro.

Este livro foi publicado com o apoio da Capes e da Fapemig.

CIP-BRASIL. CATALOGAÇÃO NA PUBLICAÇÃO
SINDICATO NACIONAL DOS EDITORES DE LIVROS, RJ

E42o

Eliza, Maria
Ouvidores de comarcas de Minas no século XVIII
Maria Eliza. - 1. ed.
São Paulo : Alameda, 2016.
290 p. : il. ; 23 cm.
Inclui bibliografia

ISBN 978-85-7939-388-4

1. Minas Gerais - História - Século XVIII. 2. Justiça - Brasil - História - Século XVIII. 3. Mudança social - História - Século XVIII. 4. Brasil - Política e governo - Século XVIII. I. Título.

16-32607   CDD: 981.51
                CDU: 94(815.1)

ALAMEDA CASA EDITORIAL
Rua Treze de Maio, 353 – Bela Vista
CEP 01327-000 – São Paulo – SP
Tel. (11) 3012-2403
www.alamedaeditorial.com.br

*À Helena, linda razão para viver.
À Dona Antônia, meu maior exemplo.
Aos dois anjos que sempre me ampararam na caminhada da vida:
Políbio e Plínio*

Sumário

Coleção Novos Olhares   9

LISTA DE QUADROS E GRÁFICOS   11

LISTA DE ABREVIATURAS   12

Prefácio   13

Introdução   17

Tradições interpretativas e novas abordagens   26

Das tradições interpretativas sobre o Brasil no período colonial às novas abordagens: poderes do centro, diversidade das elites locais, multiplicidade dos pactos políticos   28

Metodologia e as fontes de investigação   45

Capítulo 1
Os regimentos e outros instrumentos que regulamentavam a atuação dos ouvidores: estatuto jurídico-funcional observado na parte americana do império português   53

O estatuto jurídico e a regulamentação da atuação dos ouvidores no império: do Rei no ao ultramar   56

Os ouvidores de comarca e seus regimentos   71

Capítulo 2
Ministros régios que atuaram nas Minas: origens e perfis do grupo   81

Origens familiares e o perfil sócio-econômico do grupo de ouvidores que atuou nas Minas   81

Origens geográficas 82

Origens sociais 94

Formação na universidade e acesso ao serviço régio: o peso das origens e do mérito acadêmico 117

Capítulo 3
A remuneração de serviços dos ouvidores em Minas 129

Regimentos de salários e emolumentos e outros mecanismos de remuneração dos ministros régios nas Minas: os costumes locais 135

A remuneração para além dos salários e emolumentos: títulos, mercês e privilégios 152

Capítulo 4
Progressão e trajetórias: repensando o lugar dos ouvidores das comarcas mineiras no contexto do Império ultramarino e o papel das Minas no percurso de suas carreiras 175

O percurso do Reino ao ultramar e para as Minas: acúmulo necessário de experiências 178

Trajetórias na carreira depois das Minas: ascensão ou declínio? 197

Tribunais Superiores: as Relações no ultramar e no Reino, o Desembargo do Paço e os Conselhos Régios 212

Os mecanismos institucionais e não-institucionais de controle 227

Das leituras no Desembargo às residências 229

Considerações Finais 245

Referências Bibliográficas e Documentação 253

AGRADECIMENTOS 283

Coleção Novos Olhares

No ano de 2000, por meio de um acordo firmado entre o Programa de Pós-Graduação em História da Universidade Federal de Minas Gerais e a editora Annablume, foi criada a *Coleção Olhares*, que publicou livros relevantes da área de História durante cerca de 15 anos. Além de pesquisas de mestrado e doutorado selecionadas por sua originalidade, a coleção também publicou livros e coletâneas escritos ou organizados por pesquisadores da UFMG, ou a ela vinculados em parcerias de pesquisa, todos considerados estudos importantes para a historiografia. Ao final deste livro, o leitor poderá contar com uma listagem dos livros até então produzidos, que integram o catálogo da coleção.

Em 2016, diante das novas demandas da área e História e do mercado editorial, o PPGH/UFMG resolveu criar uma nova coleção e estabelecer novas parcerias, dando origem à *Coleção Novos Olhares*, que tem agora seu primeiro título publicado por meio de um acordo firmado com a editora Alameda. Trata-se, portanto, de um novo empreendimento editorial, mas que traz consigo um histórico de publicações, a experiência acumulada de mais de uma década de trabalho e a solidificação dos critérios que permitem aperfeiçoar a seleção e, mesmo, as exigências de qualidade dos novos textos a serem editados. Com isso, pretende-se que a nova coleção seja também um importante veículo de divulgação de pesquisas originais, que possam contribuir verdadeiramente para o aprimoramento da área de História.

LISTA DE QUADROS E GRÁFICOS

Quadro 1 Naturalidades (total 83 indivíduos) — 83
Quadro 2 Naturalidades, por região — 87
Quadro 3 Distribuição dos ouvidores por categoria do local de nascimento — 92
Quadro 4 Origem geográfica de pais e avós identificada nas Leituras de Bacharéis — 93
Quadro 5 Ocupações de que vivem os ascendentes dos ouvidores — 101
Quadro 6 Estatutos nobilitantes nas famílias dos ouvidores — 105
Quadro 7 Formação — 120
Quadro 8 Comparativo de valores de salários entre cargos — 133
Quadro 9 Tenças efetivas e do Hábito de Cristo por serviço próprio ou de terceiros — 157
Quadro 10 Remunerações solicitadas que aparecem nos decretamentos de serviços — 166
Quadro 11 Trajetória dos ministros régios até chegarem a ouvidores de Minas — 181
Quadro 12 Valores pagos em novos direitos para os cargos de juiz de fora ocupados pelos ouvidores que atuaram em Minas — 186
Quadro 13 Novos direitos pagos pelos nomeados ao cargo de ouvidores — 190
Quadro 14 Número de ouvidores mineiros que passaram por outras comarcas fora de Minas e de outras capitanias — 196
Quadro 15 Ouvidores de comarcas ou capitanias no Brasil que foram nomeados desembargadores para os Tribunais Superiores durante o século XVIII — 199
Quadro 16 Trajetória após o exercício de ouvidor nas Minas — 201
Quadro 17 Ouvidores que não fizeram a progressão em desembargadores no serviço régio após as Minas — 208
Quadro 18 Primeiro acesso ao estatuto de desembargador — 217
Quadro 19 Nomeações para desembargadores, consideradas todas as mercês — 218
Quadro 20 Ouvidores mineiros que chegaram a ocupar o cargo de desembargador em um dos tribunais superiores no Império Português — 224
Gráfico 1 Conceitos obtidos na Informação da Universidade e no Exame de Leitura no DP — 121

LISTA DE ABREVIATURAS

ANTT Arquivo Nacional da Torre do Tombo
AEAM Arquivo Eclesiástico da Arquidiocese de Mariana
AHCMM Arquivo Histórico da Câmara Municipal de Mariana
AHMI Arquivo Histórico do Museu da Inconfidência
AHU Arquivo Histórico ultramarino
APM Arquivo Público Mineiro
BNP Biblioteca Nacional de Portugal
CHAN Chancelarias Régias
CMOP Câmara Municipal de Ouro Preto
CMM Câmara Municipal de Mariana
COD Códice
DP Desembargo do Paço
DOC Documento
Fl Folhas
HOC Habilitações da Ordem de Cristo
IPHAN Instituto do Patrimônio Histórico e Artístico Nacional
JIM Juízo da India e Mina
JJU Juízo das Justificações ultramarinas
MR Ministério do Reino
RGM Registro Geral de Mercês
RJDM Repartição da Justiça e Despacho da Mesa
SC Seção Colonial
SG Secretaria de Governo
TSO Tribunal do Santo Ofício

Prefácio

Pode-se afirmar que o artigo "Magistracy and society in colonial Brazil", publicado por Stuart Schwartz no alvorecer da década de 1970, que prenunciava seu magistral livro *Burocracia e Sociedade no Brasil Colônia*, inaugurou os estudos contemporâneos sobre a composição social da magistratura civil em exercício no Brasil no período colonial.[1] Mas apesar desse vento alvissareiro, pouco, ou quase nada, se produziu nos 30 anos que se seguiram que contribuísse para elucidar os mecanismos de acesso e de cooptação, o perfil ou a forma de atuação desses ministros no ultramar.[2] Somente no alvorecer no século XXI, a esse estudo inaugural veio se somar, em 2000, a análise prosopográfica dos homens de justiça, realizada por Nuno Camarinhas e de Joana Estorninho de Almeida.[3] Ainda que versando sobre o império português como um todo, é possível encontrar preciosas informações sobre o perfil dos magistrados que atuaram no Brasil. Camarinhas concluiu que, a grosso modo, a carreira na magistratura iniciava-se por volta dos vinte e tantos anos de idade e a partir dos cargos mais baixos; as nomeações de desembargadores ocorriam geralmente por volta dos quarenta anos, após cerca de, em média, vinte anos de serviços prestados na primeira instância. Os originários do Brasil, depois de estudar em Coimbra, começavam servindo no além-mar e só muito mais tarde e, mesmo assim, somente alguns poucos conseguiam nomeações no reino. Por fim, a maioria dos desembargadores era originária de famílias cujos pais e avôs

---

1   SCHWARTZ, Stuart B. "Magistracy and society in colonial Brazil". *Hispanic American Historical Review*, North Caroline, vol. L, n.4, p.715-730, 1970. SCHWARTZ, Stuart B. Burocracia e Sociedade no Brasil Colônia. São Paulo: Perspectiva, 1979.

2   Ainda que haja estudos sobre o aparelho judiciário no Brasil, como SALGADO, Graça. (Coord.) *Fiscais e meirinhos: a administração no Brasil colonial*. Rio de Janeiro: Nova Fronteira/Arquivo Nacional – 1985. Para o reino são fundamentais os estudos de José Subtil, com destaque para *O Desembargo do Paço* (1750-1833), Ediual, 1996 e, mais recentemente, *Dicionário dos Desembargadores* (1640-1834), Ediual, 2010.

3   CAMARINHAS, Nuno. *Letrados e lugares de letras. Análise prosopográfica do grupo jurídico. Portugal, séculos XVII-XVIII*. Lisboa: Instituto de Ciências Sociais, 2000. (Tese de mestrado). ALMEIDA, Joana Estorninho de. *A forja dos homens. Estudos jurídicos e lugares de poder no séc. XVII*. Lisboa: Imprensa de Ciências Sociais, 2004.

serviram na alta magistratura. Ou seja, a maior parte do contingente de magistrados atuando no Brasil era oriunda do reino e os que nasciam na colônia só raramente alcançavam postos em Portugal, sendo predominante o modelo de cooptação de base familiar.[4]

A esses dois estudos, seguiu-se o alentado livro de Arno e Maria José Wehling sobre o Tribunal da Relação do Rio de Janeiro,[5] de 2004, mas, a seu despeito, quase nada mais se escreveu sobre a magistratura, especialmente a de primeira instância, na América portuguesa. Cinco anos depois, lamentei a quase inexistência de estudos acerca da atuação de oficiais de justiça em Minas Gerais, exceção feita à dissertação de mestrado de Carmem Silva Lemas, de 2003, sobre os juízes ordinários, mas que atuavam no âmbito das câmaras municipais.[6] Permanecia ainda um grande vazio: "Quem eram, como atuavam e eram cooptados diversos administradores coloniais, tais como juízes de fora, juízes de vintena, ouvidores, escrivães, notários",[7] entre outros funcionários da justiça régia em atuação em Minas Gerais?

Foi, então, com enorme prazer que aceitei orientar, a partir de 2008, Maria Eliza de Campos Souza, cujo projeto de doutorado se debruçava sobre os ouvidores de comarca em Minas Gerais no século XVIII, que agora vem à luz na forma de livro. A autora analisa o grupo de oitenta e quatro ouvidores de comarca que atuaram nas Minas entre 1711-1808, investigando suas origens sociais, as trajetórias individuais, para tanto destacando alguns deles, a forma de remuneração de seus serviços, e as possibilidade de mobilidade social que se lhes abria ao adentrarem pelo "caminho das letras" e depois de servirem na capitania, juntando os anos passados nas Minas aos serviços honrosos prestados ao rei. O ano de 1711 foi escolhido para iniciar o estudo por coincidir com a criação das primeiras três comarcas na região, Ouro Preto, Rio das Mortes e

---

4   CAMARINHAS, Nuno. *Juízes e administração da justiça no Antigo Regime: Portugal e o império colonial século XVII e XVIII*. Lisboa: Fundação Calouste Gulbenkian, 2010.

5   WEHLING, Arno Wehling e WEHLING, Maria José. *Direito e justiça no Brasil Colonial: o Tribunal da Relação do Rio de Janeiro*, 1751-1808. Rio de Janeiro: Renovar, 2004

6   LEMOS, Carmem Silvia. *A justiça local*: os juízes ordinários e as devassas da Comarca de Vila Rica (1750-1808). Belo Horizonte: FAFICH-UFMG, 2003. (Dissertação, Mestrado em História).

7   FURTADO, Júnia F. "Novas tendências da historiografia sobre Minas Gerais no período colonial". *História da Historiografia*. Ouro Preto, n.2, 2009, p.126.

Rio das Velhas, com suas respectivas ouvidorias, seguida alguns anos depois da do Serro do Frio, espaços onde esses ouvidores atuaram.

Uma das questões centrais que se depreende desse estudo é que, muito frequentemente, os ouvidores, junto ao exercício de seus ofícios, acumularam outros cargos na administração local, como os de corregedor, de provedor dos defuntos e ausentes, de intendente de terras minerais, de juiz da Coroa, estendendo sua atuação para muito além da aplicação da justiça de que estavam originalmente investidos. Dessa largueza de atuação decorreram várias peculiaridades no exercício do mando desses agentes letrados: frequentemente se imiscuíram nas questões e nos interesses locais, o que lhes permitiu acesso a ganhos ilícitos, para muito além do que auferiam com seus cargos (o que já não era pouco, como atesta a autora); também, não raro, se indispuseram com outras administradores, como os governadores, por exemplo, o que aumentou os conflitos entre autoridades, devido à imprecisão das hierarquias de poder; e, finalmente, serviram de intermediários entre a população local e a Coroa no que concerne às questões e às demandas cotidianas, muitas vezes agindo contra os interesses régios, como quando forneceram os argumentos jurídicos contra o sistema a capitação, ou catalizando suas insatisfações, ao se chocarem com os interesses locais.

Baseado em ampla pesquisa documental no Brasil e em Portugal, esse livro, ao realizar um estudo prosopográfico dos 84 magistrados que atuaram em Minas Gerais, conclui que o papel das famílias na construção dessa elite letrada era essencial à sua formação e sua inserção nos bancos da magistratura; que a maioria serviu 1 ou 2 anos a mais do que o originalmente prescrito e que a autonomia com que atuavam respaldava-se nas normas prescritas que embasavam sua ação. Em relação à sua origem, eles eram majoritariamente portugueses, particularmente da região de Lisboa, mas havia também muitos nascidos na América Portuguesa e nenhum da África, refletindo as hierarquias geográficas estabelecidas no interior do império, afinal tratava-se de cargo de muito prestígio. A remuneração dos ouvidores nas Minas era diferenciada das demais áreas do império português, pois havia maiores possibilidades de ganhos lícitos, com a frequente acumulação de outros cargos, e até vantagens pecuniárias ilícitos, com cobranças extras, como a que incidia sobre a revisão das licenças dos ofícios mecânicos e de pessoas de loja aberta, que continuaram a ser realizadas a despeito das proibições régias, ou inserção nos negócios locais. Por fim, o processo de enriquecimento pessoal desses letrados, juntamente com o peso que sua atuação e a experiência administrativa acumulada como ouvidores em Minas Gerais foram fundamentais no processos posteriores de construção de suas carreiras e de seus projetos de mobilidade social ascensional, numa sociedade cujos mecanismos de ascensão ainda eram bastante restritos. Nessa medida, as Minas Gerais do século XVIII se caracterizaram por se configurarem como espaço ímpar para que portugueses, nesse caso os letrados servindo como ouvidores,8 encetassem suas estratégias futuras para se aproximarem do centro de onde emanava todo o poder – o rei.

Prof.(a) Dra. Júnia Ferreira Furtado
Professora Titular do Departamento de História da UFMG

---

8   A esse grupo venho chamando de Emboabas ilustrados. Ver: FURTADO, Júnia F. "Emboabas ilustrados". In: *Oráculos da Geografia iluminista: Dom Luís da Cunha e Jean Baptiste Bourguignon D'Anville na construção da cartografia do Brasil*. Belo Horizonte: Ed.UFMG, 2012.

Introdução

A administração portuguesa no Brasil durante o período colonial tornou-se temática recorrente da produção historiográfica brasileira recente, embora alguns autores enfatizem que "a administração colonial em si, contudo, ainda permanece muito mal estudada".[1] A historiadora Laura de Mello e Souza enfatizava, ainda em 2006, que "há muito que fazer quanto à análise da política e da administração nos tempos coloniais (...)", lembrando que, ao lado de certa escassez no tocante a estudos monográficos, seriam de importância fundamental estudos comparativos.[2] Historiadores que se dedicam ao estudo da política e da administração coloniais observam, sistematicamente, a carência de trabalhos sobre instituições e órgãos político-administrativos coloniais. Sobretudo carência de trabalhos — conforme salienta Rodrigo Ricupero — que adotem perspectiva menos formalista e descritiva e mais analítica e teórica quantos aos "sentidos" e "significados"[3] da administração colonial.

A despeito das afirmações sobre carências de estudos acerca da história administrativa no período colonial, é ainda mais relevante a necessidade de se realizarem estudos que levem em conta, da mesma maneira, a dimensão humana e social do sistema político-administrativo implantado no Império ultramarino Português — especificamente, em Minas Gerais no século XVIII. Afinal, esse sistema se apoiou em homens que, a serviço da Coroa, administravam a capitania. Nesse sentido é que se constitui como propósito deste estudo investigar o grupo de ouvidores de comarca que atuou na capitania de Minas Gerais durante os Setecentos. Esses ministros régios foram responsáveis pela aplicação da Justiça em geral, além de terem se ocupado de vários outros aspectos da administração e governo, visto que também foram corregedores, provedores, intendentes de terras minerais, juízes da Coroa. Todas essas outras

---

[1] RICUPERO, Rodrigo. *A formação da elite colonial: Brasil c.1530 a c.1630*. São Paulo: Alameda, 2009, p. 129. O autor afirma que a maioria dos trabalhos que se dedicou ao estudo da administração não aprofundou a análise do tema e se limitou a comentar documentos.

[2] SOUZA, Laura de Mello e. *O sol e a sombra: política e administração na América Portuguesa do século XVIII*. São Paulo: Companhia das Letras, 2006. p.70-77.

[3] RICUPERO, Rodrigo, *op. cit.*, p. 28.

funções eventualmente acumuladas com a de ouvidor traduzem um processo de ampliação dos poderes dessa magistratura letrada nas Minas, com o que se tornaram agentes importantes na implantação e execução de práticas político-administrativas. Compreender o papel dessa magistratura letrada nas Minas Gerais durante os Setecentos é um dos objetivos desse trabalho.

Outro objetivo é avaliar a relevância da ocupação de cargos nas carreiras, trajetórias e projetos de mobilidade social desse grupo de ouvidores numa das mais importantes áreas do Império ultramarino Português. A capitania de Minas destaca-se como espaço privilegiado para o estudo da dinâmica político-administrativa no século XVIII, sobretudo no que diz respeito a seus agentes e às instituições nela implantadas, que se diferenciavam em muitos aspectos das instituições de outras áreas do império. Segundo Maria Verônica Campos,

> a colonização de Minas em si era uma experiência inédita, com a ocupação de forma rápida de uma zona no interior americano voltada para a exportação e o povoamento intensivo e quase espontâneo de uma área não marcada pelos antigos privilégios e pela herança do sistema de donatárias (...) isto desembocou em uma estrutura de cargos peculiar, utilizadas a burocracia, as instituições administrativas, o conflito entre autoridades e as facções locais para o estabelecimento de um novo equilíbrio de poder favorável à Coroa.[4]

A divisão das Minas em quatro comarcas — Rio das Velhas, Rio das Mortes, Ouro Preto e Serro do Frio — e a nomeação de quatro ouvidores é um aspecto relevante, uma vez que, para as outras capitanias, geralmente um ouvidor-geral apenas era nomeado.[5] Isso indica que no processo de organização das estruturas administrativas, a Coroa adotou uma perspectiva diferenciada para o espaço jurídico-administrativo das Minas. Desde 1711, ano em

---

[4] CAMPOS, Maria Verônica. *Governo de Mineiros*: "de como meter as Minas numa moenda e beber-lhe o caldo dourado" 1693 a 1737. Tese (Doutorado em História) – FFLCH-USP, São Paulo, 2002, p.23-24.

[5] WEHLING, Arno. *História administrativa do Brasil: administração portuguesa no Brasil de Pombal a D. João (1777-1808)*. Brasília: Funcep, 1986. 244p. Ver no livro o "Quadro 18: Estrutura das ouvidorias no final do século XVIII", no qual o autor descreve todas as comarcas, na página 171. Apenas a capitania da Bahia possuía uma comarca a mais do que a capitania de Minas Gerais, num total de cinco comarcas.

que se concederam as três primeiras provisões aos ouvidores de comarcas, o espaço político-administrativo da capitania foi marcado pela presença desses magistrados letrados de exclusiva nomeação régia. Como salienta Maria Beatriz Nizza sobre outras áreas da colônia: "no que se refere ao cargo de ouvidor, a presença de letrados tardou a fazer-se sentir no Brasil dos séculos XVI e XVII. Mesmo na primeira metade do século XVIII poucas regiões os possuíam".[6]

Outra questão sempre referida pelos autores é o fato de Minas ter se implantado sob os olhares atentos de Portugal, que, tão logo recebeu as primeiras notícias do descobrimento de ouro na região, aplicou-lhe o Regimento das Datas Minerais (1702), buscando regulamentar sua ocupação pelo controle de concessão das lavras minerais. Francisco Iglésias considerou que a imposição do Estado nas minas foi caso especial no contexto colonial. Para o autor, "forma-se de um instante para o outro, uma unidade político-administrativa importante, populosa e rica, que atrai atenções e recebe logo título, estatus e organização que outras levaram decênios a receber".[7]

A partir dos descobrimentos de metais em fins do século XVII, desencadeou-se um rápido processo de montagem da máquina administrativa que culminou, em 1720, na formação da capitania de Minas Gerais desmembrada da de São Paulo, com governo e administração próprios. A atividade de mineração teria impulsionado a criação de um mercado interno na área, e para Minas se dirigiram homens de todas as origens com vistas à realização de negócios, o que, no plano político, levou à necessidade de se estabelecer rapidamente na região uma "máquina administrativa com todas as suas peças".[8]

---

[6] SILVA, Maria Beatriz Nizza da. *Ser nobre na Colônia*. São Paulo: Ed. da Unesp, 2005. p. 168.

[7] IGLÉSIAS, Francisco. "Minas e a imposição do Estado no Brasil". *Revista de História*. n. 50, p.257-273, 1974. Laura de Mello e Souza também afirma que em nenhum outro lugar na Colônia as leis precederam a fixação das populações como em Minas. Ver SOUZA, Laura de Mello e. *Desclassificados do Ouro. A pobreza mineira no século XVIII*. Rio de Janeiro: Graal, 1982. p. 95

[8] IGLESIAS, Francisco, *op. cit.*, p.257-273.

Além das quatro comarcas,[9] surgiram diversas vilas que funcionavam com os serviços da fazenda, da justiça e milícia,[10] e vale ressaltar que vários julgados e arraiais também demandavam organização político-administrativa.[11] Houve um padrão bastante semelhante de estrutura administrativa implantado nessas comarcas no século XVIII, entretanto é preciso ressaltar que, no caso da de Ouro Preto, nela se assentou a sede do governo geral da capitania, e mais tarde também o Bispado de Mariana. Tais atos conferiam a essa comarca um papel fulcral e maior concentração de cargos e órgãos administrativos. Assim como a de Ouro Preto, a comarca do Serro Frio teve administração diferenciada e nela muitas vezes ouvidores serviram como intendentes do ouro, e vice-versa. Com a implantação, em 1771, do Regimento Diamantino, o Distrito Diamantino — parte da comarca do Serro Frio — viveu experiência particular de autonomia no que se refere a sua condição administrativa, embora submetida à ouvidoria estabelecida na Vila do Príncipe.[12]

A importância dos ouvidores que integraram a estrutura administrativa das ouvidorias no contexto do império português na América — especialmente em Minas no século XVIII — decorre, sobremaneira, da grande parcela

---

[9] Segundo Teixeira Coelho, as datas de criação das comarcas na capitania de Minas Gerais são respectivamente: Vila Rica em 08/07/1711 e confirmação em 15/12/1712; Rio das Velhas em 17/07/1711 e confirmação em 09/01/1715; Rio das Mortes em 08/12/1713; e comarca do Serro Frio em 29/01/1714. COELHO, José João Teixeira. *Instrução para o governo da capitania de Minas Gerais*. Belo Horizonte: Fundação João Pinheiro; CEHC, 1994. 301 p.

[10] Segundo José Subtil, "desde o século XVI se podem identificar grandes zonas de atuação dos agentes da coroa, nomeadamente a justiça, a fazenda e a milícia". Sobre a discussão em torno das áreas de governo, ver: SUBTIL, José. "Os poderes do centro". In: HESPANHA, António Manuel (Coord.). *História de Portugal: O Antigo Regime (1620-1807)*. Lisboa: Estampa, 1993, p. 157-160.

[11] Sobre a rede urbana das Minas no período colonial e para se compreender melhor o sentido de cada um desses espaços (arraiais, vilas, caminhos), ver: FONSECA, Cláudia Damasceno. *Arraiais e vilas d'el rei: espaço e poder nas minas setecentistas*. Belo Horizonte: Ed. da UFMG, 2011. E também o artigo de MORAES, Fernanda Borges. "De arraiais, vilas e caminhos: a rede urbana das Minas Coloniais". In: RESENDE, Maria Efigênia Lage; VILALTA, Luís Carlos (Orgs.). *História das Minas: Minas setecentistas*. Belo Horizonte: Autêntica, 2007, p. 55-87.

[12] Importantes análises sobre o período do Regimento Diamantino, encontram-se em FURTADO, Júnia. *O livro da capa verde: o regimento diamantino de 1771 e a vida no distrito Diamantino no período da real extração*. São Paulo: Annablume, 1996. 243 p.

de poderes que lhes foi conferida, de particularidades características do cargo e do caráter emblemático, no contexto da monarquia portuguesa do período moderno, de uma das principais atribuições dos ouvidores: a de aplicar a justiça.[13] Quase sempre, ouvidores desempenhavam cumulativamente as funções de corregedor e a de provedor dos defuntos e ausentes, o que os colocavam na condição de importantes instrumentos reguladores da vida social e política em âmbito local.[14] Esse aspecto é de grande relevância para a compreensão dos inúmeros conflitos estabelecidos com a magistratura, sistematicamente referidos pela historiografia mineira setecentista.[15] Os ouvidores podem ser considerados intermediários da Coroa em âmbito local, seja pela natureza de suas atribuições, seja pela proximidade com as populações das áreas sob sua jurisdição, ou pelo profundo conhecimento acerca da vida cotidiana e da organização social dessas localidades. Essa proximidade muitas vezes se revestia de certa ambiguidade: se lhes assegurava o controle e o domínio mais ágil das relações locais de poder — gerando, inclusive, muitas possibilidades de enriquecimento ilícito — esses ministros régios também podiam catalisar insatisfações locais dirigidas contra o aparato burocrático e administrativo instituído pela Coroa.

Assim como muitos oficiais que os auxiliavam junto à estrutura administrativa, os ouvidores de comarca foram personagens históricos importantes na arquitetura da política ultramarina. Por meio de sua vasta atuação,

---

13   António Manuel Hespanha e A. B. Xavier discutem em detalhes o papel da Justiça no interior da monarquia portuguesa durante o Antigo Regime. Afirma que, no modelo jurisdicionalista e corporativista de organização da sociedade e do poder, a Justiça era não apenas uma área do governo, mas sim sua área *por excelência*. O fim último do Estado seria a aplicação da Justiça a cada uma das partes integrantes do corpo social. XAVIER, A. B.; HESPANHA, A. M. "A representação da Sociedade e do Poder". In: HESPANHA, A. M. *História de Portugal: Antigo Regime*, Lisboa: Estampa, 1993. v. 4. p. 121-156.

14   SOUZA, Maria Eliza Campos. *Relações de poder, justiça e administração em Minas Gerais nos Setecentos: a comarca de Vila Rica do Ouro Preto, 1711-1752*. Dissertação (Mestrado em História) – Programa de Pós-Graduação em História, Universidade Federal Fluminense, Niterói, 2000. 158 p.

15   As referências a conflitos em que estiveram envolvidos ouvidores de comarca são frequentes na produção historiográfica de Carla Anastasia (1998), Luciano Figueiredo Raposo (1995), Maria Verônica Campos (2004), Leandro Pena Catão (2005) e Adriana Romeiro (2008). Embora, para o entendimento sobre o governo e administração do período, as perspectivas de abordagem dos autores sejam bastante diferentes em relação ao sentido daqueles conflitos.

foram responsáveis pelo enraizamento de práticas administrativas, poderes e saberes em âmbito local.[16] Mesmo se, do ponto de vista da implementação das políticas da Coroa, muitas vezes os saberes e certas práticas administrativas se revertessem em situações indesejadas, os ouvidores acabavam difundindo o Direito Positivo e um conhecimento júridico que podia instrumentalizar ações das elites locais. Um bom exemplo disso ocorreu durante o processo de implementação do sistema de capitação, no qual os ouvidores "instruíram" os procuradores dos povos sobre a ilegalidade da nova tribução.[17] É claro que se os ouvidores assim o fizeram, foi também para assegurar interesses próprios — como costumavam fazer sempre que as políticas metropolitanas interferiam em suas possibilidades de ganhos lícitos e/ou ilícitos.

Entender o perfil, origens sociais e interesses em torno dos quais se movimentavam esses ministros letrados é essencial para desvelar o papel dos ouvidores de comarcas, como um grupo que se estabeleceu nas Minas no interior do complexo campo social, político e econômico. Inseridos em um universo jurídico-administrativo característico do Antigo Regime,[18] e convivendo com um processo de profissionalização da burocracia iniciado em Portugal desde meados do século XVII,[19] pesava sobre os magistrados régios a frente das ouvidorias a difícil tarefa de equilibrar interesses de diversos corpos políticos com os quais se relacionavam. Ao mesmo tempo em que tinham atribuições régias a

---

16 GOUVÊA, Maria de Fátima Silva. "Conexões imperiais: oficiais régios no Brasil e Angola (c. 1680-1730)". In: BICALHO, Maria Fernanda; FERLINI, Vera Lúcia Amaral (Orgs.). *Modos de governar: idéias e práticas políticas no Império Português, séculos XVI a XIX*. São Paulo: Alameda, 2005. 445 p.

17 CAMPOS, Maria Verônica, op. cit., p. 327

18 Sobre o conceito de Antigo Regime e as implicações de seu uso para o contexto histórico da América Portuguesa, ver: SOUZA, Laura de Mello; FURTADO, Júnia Ferreira; BICALHO, Maria Fernanda (Orgs.). *O governo dos povos*. São Paulo: Alameda, 2009. 560 p. Especialmente os artigos de HESPANHA, Antonio Manuel. "Por que é que foi portuguesa a expansão Portuguesa? Ou o revisionismo nos trópicos"; e SOUZA, Laura de Mello. "Política e administração colonial: problemas e perspectivas".

19 Sobre o processo de profissionalização da burocracia, consultar trabalhos de SCHWARTZ, Stuart B. *Burocracia e sociedade no Brasil Colonial*. São Paulo: Perspectiva, 1979. p. 223 a 226. E, ainda, o importante trabalho sobre o Desembargo do Paço em SUBTIL, José Manuel Louzada Lopes. *O Desembargo do Paço (1750-1833)*. Lisboa: Universidade Autônoma de Lisboa, 1996. 561 p.

desempenhar, buscavam assegurar que seus interesses particulares não fossem prejudicados, interesses que ora se consubstanciavam, ora se chocavam com interesses das elites locais. Se o universo jurídico-administrativo era, desde Portugal, organizado sob princípios que norteavam as sociedades de Antigo Regime, no âmbito local das Minas esses homens teimavam em não se comportar segundo os mesmos princípios.

Apesar de relativamente curta a permanência dos ouvidores nos lugares para os quais eram designados — permanência definida em provisões por um período de três anos — eles acabavam se integrando às sociedades locais envolvendo-se com grupos das elites. Nesse sentido, embora os regimentos e provisões definissem o triênio como período de atuação, a maioria dos ouvidores em Minas excedeu o período em pelo menos um ou dois anos. Por exemplo: na comarca do Serro do Frio, de 1720 até 1745, foram providos apenas cinco ministros, o que resultou em permanências médias de cinco anos.[20]

O envolvimento desses ouvidores com os interesses locais acontecia geralmente em função de vantagens econômicas que auferiam daí, mas também pelo significativo conhecimento dos "costumes", dos "sistemas de valores e pressões" dos lugares em que atuavam.[21] Quando se leva em conta que esses magistrados almejavam não apenas vantagens econômicas que os cargos lhes proporcionavam, mas também a ascensão na carreira, era significativo o conhecimento dos costumes e dos "sistemas de valores e pressões locais" para que cumprissem a exigência de boa residência, sem o que era improvável que conquistassem cargos mais altos.[22]

---

20 IPHAN, Escritório Técnico do Serro, Documentação da Câmara, CX 51, L. 28, Carta do Senado ao Rei solicitando a recondução do seu 5º ouvidor, 22/11/1745.

21 RUSSEL-WOOD, A. J. R. "Governantes e agentes". In: BETHENCOURT, Francisco; CHAUDHURI, Kirti (Orgs.). *História da expansão portuguesa*. Lisboa: Círculo de Leitores, 1998. v. 3. p. 190.

22 As residências eram feitas ao final do período em que os magistrados régios serviam nos lugares. Para elas, várias testemunhas eram arguídas sobre a atuação dos mesmos e reunidos documentos que pudessem comprovar se a atuação havia sido satisfatória. Câmaras e outros órgãos, governadores e outras autoridades eram convocados a participar dessas residências e informar sobre a atuação do magistrado do qual se tirava a residência. Normalmente tiradas pelo novo ouvidor que assumiria o cargo, as residências eram uma espécie de prestação de contas. Sobre residências, consultar: SUBTIL, José Manuel Louzada Lopes. *O Desembargo do Paço (1750-1833)*, op. cit., p. 311-316.

São inúmeros os registros documentais que atestam o envolvimento desses magistrados em questões cotidianas de vilas e localidades no exercício de suas funções administrativas. Isto ocorria porque, frequentemente, eram requisitados para solucionar problemas, tais como: a forma adequada de se construírem pontes, de se efetivarem partilhas de bens entre herdeiros — sempre que juízes-ordinários ou de órfãos não conseguiam solucionar a complexidade das partilhas.

São apenas alguns exemplos que servem para dimensionar o lugar ocupado pelos ouvidores na estrutura político-administrativa, mas que indicam, também, as fronteiras fluidas entre eles e os agentes sociais com os quais conviviam.

A definição de um marco temporal adequado para se efetivar o estudo das ouvidorias e de seus agentes, compreendendo-os a partir de suas interrelações com um contexto social específico, foi fundamental. Estudos prosopográficos exigem um intervalo de relativa longa duração para acompanhar diversas trajetórias em distintas gerações.[23] Assim, decidiu-se acompanhar a trajetória desses ouvidores desde o período em que começaram a atuar nas comarcas de Minas, — especificamente em 1711 — até 1808, quando, então, a condição do Brasil no império ultramarino foi definitivamente modificada com a vinda da família real para o Rio de Janeiro.

A partir da segunda metade do século XVIII foi posta em prática uma série de mudanças no que diz respeito à idéias políticas e a práticas administrativas no vasto império português, sobretudo a partir da ascensão do ministro Sebastião José de Carvalho e Melo (futuro Marquês de Pombal — 1769). As reformas pombalinas — cujos impactos gradualmente se fizeram sentir na configuração dos poderes das capitanias — também contribuíram para modificar em vários aspectos a atuação dos ouvidores e oficiais letrados — que dispunham de ampla jurisdição e poderes no interior da estrutura administrativa.[24]

---

23 CHARLE, Christophe. "A prosopografia ou biografia coletiva: balanço e perspectiva". In: HEINZ, Flávio M. (Org.). *Por outra história das elites*. Rio de Janeiro: FGV, 2006, p. 41-55.

24 SOUZA, Maria Eliza Campos. *Relações de poder, justiça e administração em Minas Gerais nos Setecentos: a comarca de Vila Rica do Ouro Preto, 1711-1752*, op. cit.

As mudanças promovidas abalaram não somente aspectos formais relacionados ao exercício das funções dos ouvidores, como também o perfil e as trajetórias desses atores políticos e sociais. Do ponto de vista institucional, devem ser mencionadas a criação e a implantação do Bispado de Mariana, em 1745, e a implantação do tribunal da relação do Rio de Janeiro, em 1751, como elementos cruciais para a redefinição dos papéis desempenhados pelos ouvidores na administração.

Os marcos temporais da pesquisa foram delimitados por permitirem tratar com mais amplitude questões relevantes para a história da implantação e da configuração político-administrativa em Minas, com o que se pode avaliar a atuação dos ouvidores, tanto do ponto de vista de sua relevância para o enraizamento de poderes e saberes jurisdicionais, quanto dos processos de formação de redes de interesses ao longo de suas trajetórias nas quatro comarcas da capitania.

A análise proposta abarca a trajetória social e política dos ouvidores, compreendida no interior da estrutura administrativa do império português. O contexto social de atuação dos ouvidores emerge como espaço privilegiado para o exame das estruturas administrativas e das relações de poder estabelecidas nas Minas setecentistas.[25] Nesse contexto social, emergem tensões próprias a um mundo marcado por costumes e privilégios, em relação aos quais os ouvidores se posicionavam e estabeleciam negociações constantes com diferentes grupos sociais.

---

25 Uma importante referência em relação a essa forma de compreensão, em que o social emerge como categoria fundamental para investigações históricas, é a obra de E.P.Thompson. É o que se percebe a partir da leitura de *Senhores e caçadores* e *Costumes em comum*, obras nas quais o autor enfatiza a idéia de que os processos históricos só podem ser compreendidos e explicados a partir da experiência social dos agentes históricos. Nessas duas obras, a Inglaterra do século XVIII é marcada por costumes, práticas e usos tradicionais em que cada grupo busca obter vantagens. Ver do autor: *Senhores e caçadores:* a origem da lei negra. Rio de Janeiro: Paz e Terra, 1987. 432 p. e *Costumes em comum*. São Paulo: Companhia das Letras, 1998. 528 p.

Tradições interpretativas e novas abordagens

Nas duas últimas décadas, as historiografias brasileira e portuguesa avançaram na produção de trabalhos cujos temas centrais procuram esmiuçar a natureza do governo português na era moderna e seus mecanismos de construção da governabilidade de seu extenso império ultramarino. No que diz respeito à arquitetura das estruturas de poder e autoridade, destacam-se trabalhos que abordam seus aspectos institucionais e doutrinais, os estatutos nobiliárquicos e as elites locais, os conselhos, as redes político-administrativas e as inter-relações entre diferentes níveis da administração do império. Essa produção adota uma perspectiva historiográfica inovadora em relação a discussões sobre o modelo de Estado, a noção de Império Português, e também vem repensando a questão da centralização/descentralização do poder na era moderna.[26]

Câmaras municipais, governadores-gerais, capitães-mores, vice-reis são os temas mais recorrentes dessa nova historiografia, que desvenda as estruturas de funcionamento de instituições, as práticas políticas e administrativas de seus agentes e o papel que assumiam na construção e continuidade do império português. Os trabalhos que se propuseram estudar a organização político-administrativa na porção americana do império dedicaram-se ao estudo das elites locais em geral, dos governadores, vice-reis e de instituições como as câmaras e órgãos superiores, a exemplo dos tribunais da relação da Bahia e do Rio de Janeiro.[27]

---

26 HESPANHA, António Manuel; SANTOS, Maria Catarina. "Os poderes num Império Oceânico". In: MATTOSO, José (Org.). *História de Portugal: o Antigo Regime*. Lisboa: Estampa, 1998, p. 351-366.

27 Importantes estudos a destacar são: BICALHO, Maria Fernanda. *A cidade e o Império: o Rio de Janeiro no século XVIII*. Rio de Janeiro: Civilização Brasileira, 2003. 420p. Obra em que a autora discute a dinâmica político-administrativa da cidade do Rio de Janeiro no contexto da relação com o Império Português e a importância dessa cidade para o projeto de dominação colonial portuguesa. GOUVÊA, Maria de Fátima Silva. "Redes de poder na América Portuguesa: o caso dos 'Homens Bons' do Rio de Janeiro, 1790-1822", *Revista Brasileira de História*, São Paulo, v. 18, n. 36, 1998, p. 297-330. Em relação aos tribunais da relação no Brasil, dois autores merecem destaque: sobre o tribunal da relação da Bahia, SCHWARTZ, Stuart B. *Burocracia e sociedade no Brasil Colonial*, , *op. cit.*; e os estudos sobre o tribunal da relação do

No caso dos trabalhos sobre a capitania de Minas Gerais produzidos mais recentemente, alguns deles têm incorporado, através do diálogo com a historiografia portuguesa e aquela produzida sobre outras capitanias do Brasil, as perspectivas de formação de redes de poder[28] e, ainda, de uma dinâmica de negociações desenvolvidas no processo de administração. Ainda assim, segundo Gouvêa, "apesar dos extraordinários avanços (...) vários são os aspectos que ainda padecem da falta de maiores estudos".[29] Este trabalho pretende desvendar as práticas administrativas de alguns agentes do poder nesse contexto — os ouvidores — verificando sua integração nas sociedades em que serviam, em função do que asseguravam suas jurisdições conciliando-as com seus interesses sócio-econômicos.

Os trabalhos mencionados também têm buscado compreender de forma inovadora o papel de muitos órgãos e de seus oficiais.[30] Embora muitos desses estudos se refiram aos ouvidores como agentes importantes da administração da capitania das Minas, pouco se conhece sobre seu perfil familiar, origem, processo de formação e entrada para o serviço régio, trajetórias e percursos funcionais na administração. Há o excelente trabalho de autoria de Nuno Camarinhas sobre os ministros régios em Portugal no Antigo Regime. A perspectiva adotada pelo autor incorporou tanto o método da prosopografia, quanto alguns conceitos e métodos importados do paradigma da análise de redes, com o que construiu algumas hipótesis sobre as carreiras no ultramar. Sua

---

Rio de Janeiro de WEHLING, Arno e Maria José. *Direito e justiça no brasil colonial: o tribunal da relação do Rio de Janeiro (1751-1808)*. Rio de Janeiro: Renovar, 2004. 678 p.

28 CAMPOS, Maria Verônica, *op. cit.*, p. 163.

29 GOUVÊA, Maria de Fátima Silva. "Dos poderes de Vila Rica de Ouro Preto: notas preliminares sobre a organização político-administrativa na primeira metade do século XVIII". *Revista Varia Historia*, Belo Horizonte, n. 31, p. 120-140, jan. 2004.

30 Especificamente sobre Minas, temos o importante trabalho de LEMOS, Carmem Silvia. *A Justiça local: os juízes ordinários e as devassas da comarca de Vila Rica (1750-1808)*. Dissertação (Mestrado em História). FAFICH-UFMG, Belo Horizonte, 2003, 180 p. e também o estudo de ANTUNES, Álvaro de Araújo. *Espelho de cem faces: o universo relacional do advogado setecentista José Pereira Ribeiro*. São Paulo: Annablume, 2004. 245p. Para outras áreas da América Portuguesa, destaca-se, numa perspectiva da história social das elites, o trabalho de SOUZA, George F. Cabral de. "La cámara municipal de Recife (1710-1822): perfil de una elite local en La América Portuguesa". *Boletim Americanista*, Barcelona, ano 58, n. 58, p. 51-76, 2008.

abordagem não foi formalista, mas, pela própria natureza de um estudo mais abrangente, não pode particularizar ou construir uma análise mais profunda sobre as especificidades de que se revestiram as trajetórias dos ministros pelas diferentes capitanias que compunham a parte americana do império português.

Uma questão importante a ser averiguada é que parte dessa produção — sobretudo a voltada, exclusivamente, para o espaço político e administrativo do Reino — tem apontado as comarcas como espaços pouco relevantes nas estruturas de poder em Portugal.[31] Haja vista importante averiguar, como veremos, que para a parte americana do império aconteceu o contrário, em especial para as Minas setecentistas, onde as comarcas e o ministro que estava a sua frente assumiam, muitas vezes, grandes parcelas de poder. Em alguns casos, mesmo ouvidores de comarcas fizeram frente a governadores, quando ocorria de se colocarem de lados opostos em disputas e conflitos.

Das tradições interpretativas sobre o Brasil no período colonial às novas abordagens: poderes do centro, diversidade das elites locais, multiplicidade dos pactos políticos.

A interpretação dicotômica no tratamento das relações entre o centro e a periferia traduzida nos conceitos de *metrópole* e *colônia* — e sua incorporação no estudo dos mais variados temas sobre o período colonial — marcou a produção historiográfica brasileira até o final da década de 1980 e também as produções específicas sobre Minas.[32] Conforme salienta Júnia Ferreira Furtado, em vista da "influência decisiva para a análise da administração mineradora" nos trabalhos produzidos até as últimas décadas do século XX, é necessário o entendimento das interpretações que autores como Caio Prado, Raimundo Faoro e

---

[31] MONTEIRO, Nuno Gonçalo. "A representação do Reino: a debilidade dos corpos intermédios e o inexistente regional". In: OLIVEIRA, César (Org.). *História dos municípios e do poder local*. Lisboa: Temas e Debates, 1996, p. 101-118.

[32] As duas principais sínteses que marcaram as discussões sobre o período colonial e foram referências para um grande número de estudos foram as obras de Caio Prado Júnior, especialmente, *Formação do Brasil contemporâneo* (1942) e a de Raimundo Faoro, *Os donos do poder* (1958).

Francisco Iglésias realizaram sobre a monarquia portuguesa e suas relações com outros espaços do império.[33]

O poder local e a centralização monárquica são temáticas recorrentes desses autores, que identificam a preponderância do poder local, ou dos poderes do Centro, com os desvios que esse processo causou na formação do Estado brasileiro. O Estado e sua administração colonial são tratados por quase todos os autores tendo como parâmetro uma administração ativa, burocrática, tendendo a revelar uma ineficiência das estruturas transplantadas da metrópole para suas colônias. Na argumentação, prevalece a descentralização e a sobreposição dos poderes locais às estruturas administrativas do Centro ou contrariamente uma centralização excessiva que aniquilou os poderes locais.

A imagem criada por essas interpretações acaba por refletir um conceito de Estado em que se destaca a idéia de ineficácia, apontando sempre para uma "(...) complexidade dos órgãos, a confusão de funções e competência; a ausência de método e clareza na confecção das leis".[34] Ressaltam-se os males causados pela transferência pura e simples do aparato administrativo metropolitano para a colônia, assim como os males de uma centralização excessiva que teria levado a uma "(...) monstruosa, emperrada e ineficiente máquina burocrática que é a administração colonial", a qual não teria acesso à maior parte do território colonial, que permanecia "desgovernado".[35]

A argumentação de parte dos autores mencionados — e, por decorrência, a de seus intérpretes — considerou de forma negativa a criação de instituições semelhantes às do Reino nas periferias do império, a sobreposição de jurisdições, as lacunas existentes nas leis. Entretanto, muitos dos problemas que apontaram seriam mais tarde compreendidos por outros intérpretes do período colonial do Brasil como elementos que viabilizavam o próprio funcionamento daquele vasto Império Português,[36] onde conviviam interesses e

---

33 FURTADO, Júnia Ferreira. "Novas tendências da historiografia sobre Minas Gerais no período colonial". *História da Historiografia*, Ouro Preto, n. 2, p. 116-162, mar. 2009.
34 PRADO JR, Caio. *Formação do Brasil contemporâneo*. 18ª ed. São Paulo: Brasiliense, 1983. p. 333.
35 PRADO JR., Caio., *op. cit.*, p.302.
36 BOXER, Charles R. *O império colonial português*. São Paulo: Companhia das Letras, 2002. 464 p. O autor enfatiza o caráter positivo da transferência das instituições metropolitanas para

realidades diversos. Mais recentemente, a historiografia tem apontado os problemas de outrora como aspectos próprios às políticas de Antigo Regime que viabilizaram a "construção e continuidade do próprio Império Português".[37]

Naquelas primeiras interpretações sobre o Brasil do período colonial, a questão central era a de que os autores partiam de uma premissa do Estado excessivamente centralizado e centralizador e construíam abordagens contrárias sobre o governo e a administração implantada. Ou a centralização monárquica produzia ineficácia e desordem — com a predominância de "potentados e régulos", traduzindo-se numa descentralização sistêmica[38] — ou, eficientemente teria aniquilado a atuação dos poderes locais, subjugando-os, de modo que

> seria difícil determinar, com precisão, a competência privativa da câmara, arrasada com as intervenções das outras autoridades, o ouvidor, o corregedor, o governador ... de instrumento do povo, de expressão da sua vontade, convertem-se em armas do despotismo central.[39]

Essas interpretações estavam vinculadas às demandas de diferentes correntes teórico-metodológicas para a explicação da formação do Estado e da política no Brasil. Foram propulsoras de inúmeras pesquisas e reflexões em diversos temas, entretanto o caráter geral de suas proposições não permitia a compreensão das especificidades e/ou particularidades próprias de cada região, órgão ou instituição.

Pensando no contexto específico das Minas para tratar de questões relativas ao governo nelas estabelecido, alguns autores desenvolveram suas teses também vinculadas às idéias de centralização ou pulverização do poder. Um desses autores é Francisco Iglésias, que em suas reflexões sobre a implantação do Estado nas Minas afirma que, embora houvesse "impossibilidade do exercí-

---

outras áreas do império e sua importância para a manutenção do mesmo ao longo do tempo.

[37] GOUVÊA, Maria de Fátima. "Redes de poder na América Portuguesa: o caso dos 'Homens Bons' do Rio de Janeiro, 1792-1822", *op. cit.*

[38] SOUZA, Laura de Mello e. *O sol e a sombra: política e administração na América Portuguesa do século XVIII.* , *op. cit.*, 2006. p. 45.

[39] FAORO, Raimundo. *Os donos do poder: a formação do patronato político brasileiro.* Rio de Janeiro: Globo, 1958, p. 102.

cio pleno do Poder" em Minas durante o século XVIII, o "sentido geral configurador da política" é o que "afirma o poder público mais do que o particular".[40]

Destacando-se das demais abordagens sobre as Minas setecentistas, Laura de Mello e Souza recupera as teses de Faoro e Caio Prado Júnior afirmando que as duas interpretações são igualmente viáveis para o estudo da administração estabelecida na região. A autora demonstra que em Minas no século XVIII a administração "... apresentou um movimento pendular entre a sujeição extrema ao Estado e a autonomia". Em função desse aspecto, a administração requereu dos seus administradores a habilidade de adotar uma prática que soubesse conjugar "o agro com o doce", assim como a capacidade de prudentemente "bater e soprar".[41] A partir de finais da década de 1980, a autora "exerceu profunda influência nos estudos que lhe seguiram".[42] Contudo, no que diz respeito à política e à administração, Laura de Mello e Souza, em obra publicada no ano de 2006, afirmou que ainda há muito a fazer. A autora ressalta a necessidade de estudos comparativos e afirma que seria de grande importância a realização de pesquisas sobre os agentes do governo nas colônias e suas trajetórias no império português.[43]

Nesse sentido, não podemos esquecer o trabalho *Burocracia e sociedade no Brasil Colonial* desenvolvido por Stuart Schwartz, mesmo que não tenha sido sobre Minas Gerais setecentista e apesar de não se integrar totalmente nessa perspectiva inovadora. No que diz respeito aos agentes e suas trajetórias, temos no trabalho de Schwartz uma referência obrigatória para aqueles que se dedicam ao tema da administração na América Portuguesa. Ao estudar o tribunal da relação da Bahia, destacando a questão da justiça no Brasil colonial,[44] seus agentes (os desembargadores) e os relacionamentos estabele-

---

40 IGLÉSIAS, Francisco. *op. cit.*

41 SOUZA, Laura de Melo. *Desclassificados do ouro: a pobreza mineira no século XVIII, op. cit.*, p. 97.

42 FURTADO, Júnia Ferreira. "Novas tendências da historiografia sobre Minas Gerais no período colonial", *op. cit.*

43 SOUZA, Laura de Mello e. *O sol e a sombra: política e administração na América Portuguesa do século XVIII, op. cit.*, p.70-77.

44 Stuart Schwartz dedica um capítulo de seu livro à discussão em torno da Justiça Real em Portugal, África e Ásia. Afirma que a administração da Justiça é uma chave fundamental para se compreender os impérios português e espanhol, nos quais a "idéia de bem-estar e progresso

cidos entre magistrados e sociedade local, o autor ofereceu, ainda na década de 1970, subsídios para se pensar *como* e *de que forma* ocorreu o processo de "interiorização"[45] de interesses metropolitanos na América Portuguesa.

Ao relatar os casamentos promovidos entre esses magistrados e seus familiares com as famílias de poderosos da região — especialmente ao sugerir um processo de abrasileiramento daquela burocracia — Schwartz demonstra uma das diversas fórmulas nas quais se diluíam as divergências e a partir das quais se operavam as inclusões no império. O autor trabalha com a realidade específica da Bahia em todo período, desde a fundação do tribunal da relação até meados do século XVIII. Para ele, burocracia e sociedade formavam dois sistemas entrelaçados em que "as alianças com os burocratas, os grupos, famílias e indivíduos da colônia adquiriam um apoio poderoso que poderia vir a ser eficiente na aplicação da lei e na maneira de seguir as linhas políticas".[46] A argumentação de Schwartz é referência para o estudo aqui proposto sobre os ouvidores mineiros ao longo do século XVIII.

Mesmo reconhecendo que a "penetração das relações primárias na estrutura governamental emprestava certa flexibilidade que facilitava a acomo-

---

do reino" teriam intima relação com a aplicação da Justiça. Essa representação que então se fazia da Justiça abrangia todas as regiões do império português, no qual se observa uma estrutura judicial básica, o conselho, existente no Atlântico, na África ou Ásia.

45 A noção de interiorização dos interesses metropolitanos na colônia é contribuição de Maria Odila de Silva Dias. A autora procura compreender o período de 1808 a 1853, enfatizando o papel e o impacto da chegada e permanência da família real no Brasil e a necessidade de romper com a imagem da colônia *versus* metrópole, buscando valorizar o "enraizamento de interesses... portugueses na Colônia". DIAS, Maria Odila de Silva. "A interiorização da Metrópole (1080-1853)". In: MOTA, Carlos Guilherme (Org.). *1822: dimensões*. São Paulo: Perspectiva, 1972. p. 160-184. Também valendo-se da idéia de interiorização, Júnia Ferreira Furtado estuda o papel do comércio nesse processo de imbricamento de interesses no império português analisando o contexto das Minas na primeira metade do Século XVIII. Em seu trabalho, a autora mostra o papel dos comerciantes na reprodução das estruturas de poder e das hierarquias do modelo político então vivido. Salienta a crescente participação dos homens de negócio nas estruturas oficiais de poder através de seus investimentos na compra de cargos e ofícios dos quais dependiam o sucesso desses agentes na América, sobretudo pelo seu caráter nobilitante. FURTADO, Júnia Ferreira. *Homens de negócios: a interiorização da metrópole e do comércio nas Minas setecentistas*. São Paulo: Hucitec, 1999. 289 p.

46 SCHWARTZ, Stuart B. *Burocracia e sociedade no Brasil Colonial, op. cit.*, p. 292.

dação de novas forças políticas, sociais e econômicas...", o autor, entretanto, enfatiza que o governo "era muitas vezes ineficiente, de vez em quando opressivo e normalmente corrupto", desconsiderando a possibilidade de que ambiguidades preenchessem um espaço político próprio do Antigo Regime. Sob esse aspecto, a interpretação de Schwartz estaria mais próxima das tradições interpretativas sobre a política e administração no período colonial afeitas à adoção de um modelo de Estado ideal que endossaria a noção de "ineficácia".

Uma série de trabalhos produzidos recentemente estruturou seus temas numa perspectiva não mais da idéia de dois polos opostos representados pelos conceitos de *metrópole* e *colônia*, e sim a idéia de um "império colonial português" no qual os interesses das partes nem sempre são opostos e excludentes.[47] Essa perspectiva historiográfica adotou abordagens que exploraram as idéias de interiorização e enraizamento de interesses metropolitanos na parte americana do império português. Alguns estudos buscaram enfatizar até mesmo "a imagem de um império politicamente descentralizado e periferizado"[48] — portanto pensado como um conjunto no qual as formas de organização do espaço e dos povos seriam descontínuas, variadas, em que se conjugariam "condições contrárias e complementares: a da diversidade, a da unidade".[49]

A partir, sobretudo, da década de 1990, inúmeras obras de conjunto e individuais foram publicadas, tanto pela produção historiográfica portuguesa quanto brasileira, nas quais se destacavam o aspecto essencial de uma dimen-

---

[47] MAXWELL, Kenneth. "The generation of the 1790's and idea of the Luso-Brazilian Empire". In: ALDEN, Dauril (Org.). *Colonial Roots of Modern Brazil*. Los Angeles: University of California Press, 1973, p. 294. Para Fátima Gouvea, Maxwell teria inaugurado a discussão acerca de uma "correspondência, ou uma intimidade, entre os interesses portugueses e brasileiros" e portanto sugere a idéia de um império luso-brasileiro. GOUVÊA, Maria de Fátima. "Redes de poder na América Portuguesa: o caso dos 'Homens Bons' do Rio de Janeiro, 1792-1822", *op. cit.*, p. 297-330.

[48] HESPANHA, António Manuel. "Antigo Regime nos trópicos? Um debate sobre o modelo político do império colonial português". In: FRAGOSO, João; GOUVÊA, Maria de Fátima. *Na trama das redes: política e negócios no império português, séculos XVI-XVIII*. Rio de Janeiro: Civilização Brasileira, 2010, p. 49.

[49] DUVERGER, Maurice. "O conceito de Império". In: DORÉ, Andréa; LIMA, Luís Filipe Silvério; SILVA, Luiz Geraldo. *Facetas do Império na História: conceitos e métodos*. São Paulo: Hucitec, 2008, p. 23-24.

são humana para as interpretações sobre o império e a administração nele implantada. Governadores, juízes-ordinários, desembargadores e outros agentes que levavam a cabo todo processo de governo e administração passam a ser tratados em perspectivas inovadoras.[50] Segundo essas novas abordagens, a formação de redes clientelares, a busca pela inclusão das elites locais no governo e administração, conforme salienta Júnia Furtado, são aspectos que foram "fundamentais para a manutenção e a expansão do poder real na América Portuguesa", especialmente nas Minas.[51]

Obra de referência obrigatória no que diz respeito a instituições político-administrativas e seus agentes durante o período colonial no Brasil é a recente publicação de Arno e Maria José Wehling sobre o tribunal da relação do Rio de Janeiro.

---

[50] São muitas as obras individuais e de caráter coletivo, tanto da historiografia portuguesa, quanto da brasileira que, a partir da década de 1990, produziram estudos numa perspectiva inovadora. Aqui se fará referência a uma pequena amostragem mais relacionada ao estudo dos atores, agentes do governo e das redes de poder. Primeiro, os trabalhos de José Subtil sobre o Desembargo do Paço (1996) e, mais recentemente, *Actores, territórios e redes de poder, entre o Antigo Regime e o Liberalismo* (2011). Os trabalhos de Nuno Monteiro, sobretudo os ensaios que abordam o papel das elites portuguesas no governo do império, e também o livro *Elites e Poder* (2003). Outra contribuição recente da historiografia portuguesa para se pensar as instituições e organização dos poderes municipais na época moderna é a obra de Joaquim Romero Magalhães, *Concelhos e organização municipal na Época Moderna* (2011). Finalmente, contribuição importante é a de Nuno Camarinhas, *Juízes e administração da justiça no Antigo Regime: Portugal e o império colonial, séculos XVII e XVIII* (2010). Sobre a produção brasileira, há também muitos trabalhos e fazemos menção aqui a alguns sobre as Minas. Primeiro, a importante contribuição de Júnia Ferreira Furtado com *O livro da capa verde: a vida no Distrito Diamantino no período da Real Extração* (1996), certamente uma das melhores análises sobre governo e administração, especialmente quando aborda as relações entre elites, poderosos locais e burocracia régia. Outras importantes contribuições são as obras de SILVEIRA, Marco Antonio. *O universo do indistinto: Estado e sociedade nas Minas setecentitistas (1735-1808)*. São Paulo: Hucitec, 1997. 203 p; CAMPOS, Maria Verônica, *op. cit.*; ROMEIRO, Adriana. *Paulistas e emboabas no coração de Minas: idéias práticas e imaginário político no século XVIII*. Belo Horizonte: Ed. da UFMG, 2008. 431 p.; LEMOS, Carmem Silvia Lemos, *op. cit.* ANTUNES, Álvaro de Araujo. *Espelho de cem faces: o universo relacional do advogado setecentista José Pereira Ribeiro*. São Paulo: Annablume, 2004. 245 p.

[51] FURTADO, Júnia Ferreira. "Novas tendências da historiografia sobre Minas Gerais no período colonial", *op. cit.*, p.121.

Os autores seguem os passos da obra clássica de Schwartz, mas incorporam e acrescentam os debates historiográficos e da história do direito ocorridos ao longo dos 27 anos que separam as duas publicações. Além de abordagem renovada do ponto de vista social e político, outro aspecto que diferencia essas duas grandes obras é a análise que Arno e Maria José Wehling fizeram sobre a prática do direito levada a cabo pelo tribunal da relação do Rio de Janeiro. Discutem as mudanças pelas quais passou a instituição — catalisadora, em "sua práxis", das "situações vigentes na vida social" — e buscam enfatizar as sobrevivências estruturais percebidas pela análise dos processos que tramitaram no tribunal. Uma abordagem abrangente sobre a história do tribunal em "seu duplo aspecto: o de organismo inserido numa estrutra social e de poder e o de prestador de justiça".[52]

Pensando na questão da dimensão humana do funcionamento do órgão, os autores resgatam o conceito de "rede relacional", tal como empregado por José Antonio Maravall para explicar as articulações entre os magistrados do tribunal e a sociedade "por eles jurisdicionada".[53] Arno e Maria José Wehling enfatizam que se depreende da documentação "duas classes de relações: as de parentesco e as de negócio e/ou pessoais",[54] que permearam aquelas articulações entre os desembargadores e a sociedade. Uma perspectiva relevante, sobretudo para se avaliar comparativamente a importância de diferentes tipos de redes relacionais constituídas ao longo das trajetórias funcionais e no processo de progressão das carreiras dos ministros régios — que passavam por vários lugares antes de chegar aos tribunais superiores.

Outra contribuição recente para se pensar as possibilidades de inclusão, ascensão e mobilidade social — sobretudo assentadas na lógica dos serviços prestados e na concessão de mercês nobilitantes por uma dinâmica de ocupação dos espaços do poder local — é a obra de Evaldo Cabral de Mello. Ao tratar dos conflitos ou antagonismos entre senhores e comerciantes em Per-

---

52 WEHLING, Arno e Maria José. *Direito e Justiça no Brasil colonial: o Tribunal da Relação do Rio de Janeiro (1751-1808)*, op. cit., p. 4.

53 WEHLING, Arno e Maria José. *Direito e Justiça no Brasil colonial: o Tribunal da Relação do Rio de Janeiro (1751-1808)*, op. cit., p. 288.

54 *Ibidem*, p. 289.

nambuco, o autor acaba por chamar a atenção para o fato de que o sentimento de pertencimento dos súditos ao império passava em grande medida por sua participação no governo por meio da ocupação de funções públicas.

É dessa forma que as elites locais compreendiam suas relações com a Coroa, e, por isso, reivindicavam recompensas por serviços prestados na defesa e alargamento dos territórios imperiais. As compensações ou o reconhecimento deveriam se traduzir em oportunidades de ocupação de espaços na administração, no recebimento de determinados títulos e mercês que conferissem grande status aos agraciados.[55] É com essa expectativa e perspectiva que a câmara de Olinda fez representações à Coroa, reivindicando a reserva dos cargos públicos para os "filhos da terra".

O autor busca realçar "um dado perfil de formação do súdito colonial, da 'nobreza da terra' e do 'súdito político' do qual emerge a disputada busca de inclusão e, portanto, de uma noção de pertencimento ao Império".[56] Uma noção que se fundamentava numa economia de trocas e distribuição de benesses e mercês constituinte da monarquia portuguesa na era moderna.[57] A obra de Evaldo Cabral de Mello traz subsídios que contribuem, ainda, para o estudo da atuação dos ouvidores no império, particularmente dos que atuavam nas Minas, visto que, em parte, eles eram oriundos de uma elite reinol que pertencia às "principais nobrezas da terra e da governança local". Como as elites no espaço colonial, ouvidores construíam uma inclusão e mobilidade social pela via dos serviços régios. Guardadas as diferenças de contexto e as que existiam entre esses diferentes grupos, é possível aproximá-los no que diz respeito à condição de um súdito político que estrategicamente buscava boa remuneração e bens honrosos que lhes possibilitassem ascensão e mobilidade social. No caso dos ouvidores, os processos de mobilidade social poderiam ocorrer num

---

55   MELLO, Evaldo Cabral de. *A fronda dos mazombos: nobres contra mascates — Pernambuco (1666-1715)*. São Paulo, Cia. das Letras, 1995. p.132.

56   GOUVÊA, Maria de Fátima. "Redes de poder na América Portuguesa: o caso dos 'Homens Bons' do Rio de Janeiro, 1792-1822", *op. cit.*, p. 299.

57   HESPANHA, MANUEL; XAVIER, Angela. "As redes clientelares". In: MATTOSO, José (Org). *História de Portugal: o Antigo Regime*. Lisboa: Estampa, 1993. v. 4, p. 339-349.

tempo longo no qual suas famílias investiam para que eles pudessem seguir o caminho das Letras e consolidar-se como nobreza política.[58]

Organizadas com a participação de historiadores de vários países, obras historiográficas de caráter coletivo exerceram grande papel no que tange o levantamento de questões importantes para o estudo de governantes e agentes no império português.[59] São estudos que realçam o quanto a diversidade de espaços e situações específicas experimentadas na vastidão do império acabavam definindo uma dinâmica para as ações de governantes e agentes muito mais flexível e afeita a negociações. Trabalhos como os de Nuno Monteiro sobre trajetórias funcionais de vice-reis e governadores-gerais no ultramar têm apontado problemas importantes, como a relevância dos serviços nos processos de reprodução e mobilidade social das elites portuguesas, principalmente para o século XVIII, quando a importância e o peso das carreiras no ultramar ganham destaque nos processos de nobilitação de setores intermediários de elites reinóis. Aspectos muito relevantes para o exame da ação dos ouvidores de comarca em Minas no século XVIII, ligados a uma realidade na qual buscavam mobilidade social e nobilitação.[60] Nos trabalhos de Nuno Monteiro é

---

[58] MONTEIRO, Nuno G. *Crepúsculo dos grandes: a casa e o patrimônio da aristocracia em Portugal (1750-1832)*. Lisboa: Imprensa Nacional Casa da Moeda, 2003. 622 p. Segundo o autor, com o processo de "ampliação da classificação da nobreza", a doutrina jurídica buscou criar "diferenciações internas", surgindo assim o conceito de "nobreza civil" ou política para se diferenciar de uma nobreza natural.

[59] Duas dessas obras são: BETHENCOURT, Francisco; CHAUDHURI, Kirti (Org.). *História da expansão portuguesa: o Brasil na balança do Império (1697-1808)*. Lisboa: Círculo de Leitores, 1999. 505 p. Cabe destacar os artigos: de Russell-Wood, *Governantes e agentes*, no qual o autor salienta questões como uma flexibilização imposta à ação dos agentes e governantes em função das especificidades que surgiam. E o de Nuno Monteiro: *Trajetórias sociais e governo das conquistas: notas preliminares sobre os vice-reis e governadores gerais do Brasil e da Índia nos séculos XVII e XVIII* em que o autor discute os processos de recrutamento desses governantes, identificando suas origens, trajetórias e a busca pela remuneração dos serviços e sua importância para a reprodução e mobilidade social das elites portuguesas no período moderno. E outra: FRAGOSO, João; BICALHO, Maria Fernanda; GOUVÊA, Maria de Fátima (Orgs.). *O Antigo Regime nos trópicos: a dinâmica imperial portuguesa (séc.XVI-XVIII)*. Rio de Janeiro: Civilização Brasileira, 2001, p. 473.

[60] MONTEIRO, Nuno. "Elites locais e mobilidade social em Portugal". In: _____ *Elites e Poderes*. Lisboa: ICS, 2007, p. 37-81

importante destacar sua preocupação com o refinamento e questionamento de determinadas categorias aplicadas ao estudo das elites reinóis, tais como as de "oligarquias municipais", cuja existência como grupo social, segundo o autor, "carece de demonstração".[61] Por outro lado, distinções propostas pelo autor como as de "fidalgo" e "nobre" contribuem para compreender melhor os matizes existentes nas origens sociais dos ouvidores mineiros. Esses matizes são sugestivos das razões que explicam a voracidade com a qual esses ministros, através do exercício de cargos no ultramar, buscavam distinção social e mobilidade pela via das letras.[62]

Para Minas Gerais colonial, há estudos recentes que inovaram na análise de seu espaço político administrativo e na interpretação das relações de poder.[63] É preciso destacar que esses trabalhos levam em conta a concepção de que o poder régio na monarquia portuguesa da era moderna se legitimou por meio de um pacto entre o soberano e seus governados.[64] Alguns desses trabalhos demonstram, inclusive, a importância de se conjugar a análise dos mecanismos formais de reprodução do poder com outras que apreciem "os mecanismos que se situavam além do aparelho de Estado".[65]

Nesse sentido, destaca-se o livro *Homens de negócios: a interiorização da metrópole e do comércio nas Minas setecentistas*, de Júnia Ferreira Furtado, em que a autora, ao analisar o comércio nas Minas e seus agentes, demonstrou que as relações mercantis também se estruturavam para a construção de redes clientelares e de poder. Através delas os homens de negócios asseguravam, não apenas a expansão de seus interesses econômicos e sociais, mas também a interiorização dos interesses metropolitanos. Na sociedade que no além-mar

---

61 *Ibidem*, p.45.

62 *Ibidem*, p.46.

63 Para o caso de Minas, devem ser mencionados os trabalhos já referidos de Júnia Ferreira Furtado sobre o regimento do Distrito Diamantino, *O livro da capa verde* e *Homens de negócio*, sobre o papel do comércio e comerciantes na interiorização da metrópole. Ainda: ROMEIRO, Adriana. *Paulistas e emboabas no coração de Minas: idéias práticas e imaginário político no século XVIII, op. cit.*

64 HESPANHA, MANUEL; XAVIER, Angela. "As redes clientelares", *op. cit.*

65 FURTADO, Júnia Ferreira. "Novas tendências da historiografia sobre Minas Gerais no período colonial", *op. cit.*, p 122.

reproduzia valores típicos de Antigo Regime, homens de negócios em busca de inclusão e construção de identidade constituíam-se importantes peças do enraizamento e expansão do poder régio. A abordagem da autora contribui para o entendimento dos processos políticos no interior do império português, em que operavam mecanismos formais e informais de poder. Ao analisar a correspondência do grande negociante português Francisco Pinheiro com seus agentes nas Minas, Júnia Ferreira Furtado demonstra que a expansão e organização das atividades de comércio aconteciam por meio de redes clientelares. Não apenas para facilitar os negócios, as redes serviam também para integrar esses homens no universo próprio da sociedade de Antigo Regime particularizado nas Minas colonial, onde eram indispensáveis, ainda, a honra, os privilégios e o exercício de ofícios régios. A autora enfatiza as peculiaridades da sociedade colonial, que, em muitos momentos, afirmava suas diferenças em relação aos interesses da Coroa.[66]

Nesses estudos recentes, destacam-se indagações acerca das relações de poder específicas fixadas no território da América Portuguesa no longo processo de sua ocupação, especialmente pela implantação das políticas de governo e sua administração ao longo de três séculos. Essa ênfase numa dinâmica própria de constituição da sociedade colonial portuguesa e seu relacionamento com as instâncias de poder do Estado contribuem para o redimensionamento das interpretações sobre o papel dos poderes local e central no período. Em grande medida, apontam para uma realidade marcada pela negociação política, por um sentimento de pertencimento e identidade desúditos/vassalos com relação às conquistas americanas do império.

São estudos que têm contribuído para melhor equacionar as relações entre súditos coloniais e a Coroa e compreender os mecanismos através dos quais se estabelecem as negociações entre os agentes responsáveis pela administração e os povos governados.[67] No contexto específico das Minas ao longo

---

[66] FURTADO, Júnia Ferreira. *Homens de negócios: a interiorização da metrópole e do comércio nas Minas setecentistas*, op. cit.

[67] Sobre o papel das negociações e a "função reguladora dos pactos" no governo do império português e o desempenho dos agentes neste contexto, ver: HESPANHA, Antonio Manuel. "Por que é que foi portuguesa a expansão portuguesa? Ou o revisionismo nos trópicos", *op. cit.*

do século XVIII, essas relações foram marcadas por uma conflituosidade intensa, o que tornou ainda mais importante o papel dos ouvidores que atuavam nas localidades para a construção de negociações que contemplassem os interesses dos diferentes grupos envolvidos. Sobre revoltas e motins ocorridos na América Portuguesa, são importantes os trabalhos de Luciano Raposo de Almeida Figueiredo, em especial sua tese de doutorado, *Revoltas, fiscalidade e identidade colonial na América Portuguesa: Rio de Janeiro, Bahia e Minas Gerais (1640-1761)*, e os de Carla Anastasia, destacando-se *Vassalos rebeldes: violência coletiva nas Minas na primeira metade do século XVIII* e *Geografia do crime*. Os dois autores adotam perspectivas distintas no tratamento do tema.

Característica marcante do trabalho de Carla Anastasia é a adequação dos conflitos estudados a uma tipologia previamente elaborada e a suposição da existência de "formas acomodativas" que regulavam a sociedade. Motins e rebeliões podiam acontecer quando se rompiam essas formas acomodativas. A autora enfatiza que conflitos intra-autoridades são indicadores do caos e da desordem administrativa que imperava nas Minas nesses momentos.[68] Já Luciano Raposo de Almeida Figueiredo, preocupado em "restaurar a historicidade dos movimentos" estudados, invalida qualquer perspectiva nativista e insere essas revoltas num universo de representações próprio à política no Antigo Regime.

Para se compreender as relações entre súditos mineiros e Coroa pela análise dos conflitos ocorridos na capitania, são mportantes os trabalhos de Adriana Romeiro, que estuda a história dos primeiros anos das Minas do Ouro. Em seu livro *Paulistas e emboabas no coração de Minas: idéias, práticas e imaginário político no século XVIII*, a autora examina como os paulistas foram responsáveis, desde a Guerra dos Emboabas, pelo estabelecimento de uma dinâmica própria das relações entre Coroa e súditos mineiros marcadas por "um teor contratualista", constitutivo do imaginário político, que mais tarde carac-

---

68 Esta visão da autora sobre a administração, ainda é prevista em sua última obra, *Geografia do crime*, no capítulo intitulado "Joaquim Manoel de Seixas Abranches: um ouvidor bem pouco ortodoxo", em que a autora explora a atuação de um dos ouvidores da comarca do Serro do Frio durante a segunda metade do século XVIII.

terizou a região.[69] Entendidas como resultantes de pactos, sobretudo de pactos contínuos, as relações entre súditos e Coroa tal como foram abordados pela autora são um relevante contributo a ser considerado no estudo da estrutura político-administrativa e seus agentes.

Apresentam-se nas discussões sobre o tema os problemas de uma identidade colonial ou de ruptura da ordem estabelecida, com destaque para a atuação das instituições de governo ou de seus funcionários, tanto como desencadeadores de tais manifestações, como na contenção e negociação que se estabelecia de forma mais incisiva nesses momentos. São trabalhos que possibilitaram, em grande medida, a leitura de um discurso dos agentes político-sociais do período, seja aqueles ligados aos interesses locais ou dos que representavam os interesses da Coroa.[70]

Considerando ainda o modelo de uma sociedade "pactuada"[71] para se interpretar o contexto das Minas e a peculiaridade de seu governo, é importante mencionar o caráter provisório dos pactos estabelecidos. Segundo Maria Verônica Campos, os "súditos e primeiros povoadores de Minas não se viam como colonos, mas como sócios na empresa colonizadora". Segundo a autora, no processo de imposição da Coroa sobre as Minas o "princípio da contratualidade entre o soberano e o descobridor ou conquistador de terras" foi, entre

---

69 ANASTASIA, Carla. *Vassalos rebeldes: violência coletiva nas Minas na primeira metade do século XVIII*. Belo Horizonte: C/Arte, 1998. 151 p.; FIGUEIREDO, Luciano R. A. *Revoltas, fiscalidade e identidade colonial: Rio de Janeiro, Bahia e Minas Gerais (1640-1761)*. Tese (Doutorado em História) FFLCH-USP, São Paulo, 1996; ROMEIRO, Adriana. *Paulistas e emboabas no coração das minas: idéias, práticas e imaginário político no século XVIII, op. cit*. Ver também da mesma autora: "Revisitando a Guerra dos Emboabas: práticas políticas e imaginário nas Minas setecentistas". In: BICALHO, Maria Fernanda; FERLINI, Vera Lúcia Amaral (Orgs.). *Modos de governar*: idéias e práticas políticas no Império Português, séculos XVI a XIX. São Paulo: Alameda, 2005, p. 387-402.

70 Destacamos o estudo crítico publicado na edição da Fundação João Pinheiro do *Códice Costa Matoso*, de autoria de Luciano R. A. Figueiredo, em que foi discutido, cuidadosamente, o universo de atuação do ouvidor Caetano da Costa Matoso no contexto dos inúmeros conflitos que permearam sua passagem pelas Minas. FIGUEIREDO, Luciano R. A. "Estudo crítico: Rapsódia para um bacharel". In:_____ *Códice Costa Matoso*. Belo Horizonte: Fundação João Pinheiro;CEHC, 1999.v. 2. (Coleção Mineiriana). p. 37-131.

71 HESPANHA, António Manuel. "Por que é que foi portuguesa a expansão portuguesa? Ou o revisionismo nos trópicos", *op. cit.*, p. 46-47.

1709 até 1737, gradualmente sendo "substituído (...) pelo pacto entre o soberano justo e o vassalo obediente".[72] Embora trate da natureza pactuada do poder nas Minas, a tese da autora é a de que houve um processo de centralização monárquica efetivo, para o qual teria contribuído o faccionalismo das elites. Por um lado teria dificultado a formação de redes clientelares que ultrapassassem a região e, por outro, facilitado o processo de imposição da Coroa. Em toda a discussão da autora, os governadores da capitania têm um papel central e, para tomada de decisões no governo das Minas, eram pouco significativas as juntas e outras estratégias de negociação entre os diferentes grupos de poder na reestruturação dos pactos de poder múltiplos e provisórios.

A estes estudos que apontam para a dimensão de multiplicidade e provisoriedade dos pactos de poder, articulam-se outros produzidos sobre o contexto específico das Minas, e que reiteram: "a sociedade mineira não era puro espelho da do reino e se apresentava de maneira múltipla e plural".[73] Aos administradores e agentes se impunha grande dificuldade para exercer o poder em relação a uma sociedade marcada pela fluidez e indistição social, conforme salienta Marco Antonio Silveira.[74] Isso é válido do ponto de vista da implementação de políticas e ordens régias para a região, visto que, do ponto de vista dos interesses privados desses administradores — e, em particular, os dos ouvidores —, a fluidez e indistinção tendiam a favorecer seus negócios, uma vez que eles se inseriam rapidamente na "lógica das relações sociais" existentes nos locais em que atuavam.[75]

Dispõe-se hoje de vasta produção historiográfica para se pensar as Minas do ponto de vista da identidade de elites locais e das relações de poder, governo, formação de redes clientelares, conflitos e movimentos de reação à implementação das políticas fiscais do governo metropolitano. Contudo ainda

---

72 CAMPOS, Maria Verônica. *op. cit.*, p. 408.

73 FURTADO, Júnia Ferreira. "Novas tendências da historiografia sobre Minas Gerais no período colonial", *op. cit.*, p. 124. Nesse aspecto, ver o trabalho de mestrado de STUMPF, Roberta Giannubilo. *Filhos das Minas, americanos e portugueses: identidades coletivas na Capitania das Minas Gerais (1763-1792)*. Dissertação (Mestrado em História) — FFLCH-USP, São Paulo, 2001. 281 p.

74 SILVEIRA, Marco Antonio. *O universo do indistinto: Estado e sociedade nas Minas setecentistas (1735-1808)*, op. cit., p. 26.

75 *Ibidem*, p. 54.

permanecem pouco estudados temas importantes para uma efetiva compreensão dos inúmeros aspectos que permearam a prática administrativa e as relações de poder. Sobre os diversos administradores das Minas,[76] pouco se sabe a respeito de suas origens, formas de recrutamento e entrada para o serviço régio, como atuavam e eram cooptados — ou como cooptavam as elites locais a seu favor — suas trajetórias e o papel desempenhado pela ocupação de cargos em território mineiro. E é a esse "tema ainda pouco explorado"[77] que dedicaremos as páginas seguintes: exclusivamente sobre o grupo de 84 ouvidores que atuaram nas quatro comarcas mineiras durante o período de 1711 até 1808. Quase todos os autores acima referidos citam os ouvidores de forma relativamente frequente e quase sempre para se referirem a conflitos em que esses ministros régios estiveram envolvidos no cotidiano administrativo das Minas Gerais setecentistas. Não houve ainda, contudo, quem se dedicasse ao estudo desses ministros tão importantes para a compreensão da história politico-administrativa de Minas Gerais na perspectiva referida e poucos são os trabalhos que os analisaram pontualmente em períodos e espaços mais recortados.

O primeiro trabalho a ser lembrado nesse sentido é o estudo crítico sobre o ouvidor Caetano da Costa Matoso, de autoria de Luciano Raposo de Almeida Figueiredo,[78] publicado junto à edição do *Códice Costa Matoso* pela Fundação João Pinheiro. Importante estudo biográfico sobre o ouvidor, nele o autor também discute com profundidade a atuação do ministro em Minas, destacando-se, na abordagem, a conflituosidade entre o ouvidor e outras autoridades no espaço político de Minas em meados do século XVIII.

Um ano após a publicação do *Códice Costa Matoso*, em dezembro de 2000, defendi minha dissertação de mestrado junto ao programa de pós-graduação do departamento de História da Universidade Federal Fluminense, onde estudei os ouvidores da comarca de Vila Rica de Ouro Preto na primeira metade do século XVIII. Especificamente, dediquei-me à atuação de dois desses ministros régios, os ouvidores Manoel Mosqueira Rosa e Caetano da Costa

---

76 FURTADO, Júnia Ferreira. "Novas tendências da historiografia sobre Minas Gerais no período colonial", *op. cit.*, p. 126.

77 *Ibidem*, p. 125.

78 FIGUEIREDO, Luciano R. de A. "Estudo crítico: rapsódia para um bacharel", *op. cit.*

Matoso, abordando suas atuações do ponto de vista das relações de poder e dos conflitos intra-autoridades desencadeados em âmbito local a partir da prática desses ministros, sobretudo como corregedores.[79]

Outro trabalho sobre ouvidores nas Minas, também defendido no programa de pós-graduação em História da Universidade Federal Fluminense em 2010, é a tese *Da justiça em nome d'El Rey: ouvidores e Inconfidência na capitania de Minas Gerais (Sabará, 1720-1777)*. A autora aborda alguns conflitos ocorridos entre dois ouvidores na primeira metade do século XVIII, José de Souza Valdez e Bernardo Pereira Gusmão, mas se concentrou no caso do ouvidor José de Goes Ribeiro Lara de Moraes, acusado da Inconfidência de Sabará em 1775, preso e enviado para o Limoeiro, no Reino. A autora ressalta as mudanças promovidas pelo ministro Sebastião José de Carvalho e Melo, em especial a adoção do tribunal da Inconfidência, que, segundo a autora, devassou todo império em sua ação contra vassalos infiéis a sua política. A tese sustenta que o ouvidor acusado de inconfidência viveu conflitos no interior das redes de poder locais, embora fossem conflitos que em outras ocasiões não tenham se tornado motivos para se lhe acusarem de inconfidência e nem mesmo para a adoção de medidas drásticas contra ele. O enredo é o de que o ministro envolvido nessas tramas foi acusado de descaminho do ouro e, por isso, implicado no crime de inconfidência. A autora afirma não ter encontrado na documentação pesquisada casos de punições aos ouvidores na primeira metade do século XVIII.[80]

---

[79] SOUZA, Maria Eliza Campos. *Relações de poder, justiça e administração em Minas Gerais nos Setecentos: a comarca de Vila Rica do Ouro Preto: 1711-1752*, op. cit.

[80] ATALLAH, Claudia Cristina Azeredo. *Da justiça em nome d'El Rey: ouvidores e Inconfidência na capitania de Minas Gerais (Sabará, 1720-1777)*. 266 p. Tese (Doutorado em História) - PPGH/UFF, Rio de Janeiro, 2010. Há aqui uma discordância com essa proposição da autora, cuja finalidade parece ser a de sustentar a idéia de maior controle e repressão sobre o aparato burocrático administrativo no período em que atuou o ministro Sebastião José de Carvalho e Melo. Isso porque, durante todo o século XVIII, veremos como foram comuns as ordens de prisão contra vários ouvidores, incluídos neste rol pelo menos dois ouvidores que atuaram na primeira metade do século e que foram severamente punidos sob a acusação de descaminho de ouro: Sebastião de Souza Machado — que morreu na prisão do Limoeiro, e Antonio da Cunha Silveira — excluído definitivamente do serviço régio. Além desses dois casos, houve outros com punições efetivas de ministros fora do período pombalino, conforme será visto no desenvolvimento deste trabalho.

Segundo ela, o fato não ocorreu em outros momentos da história de Minas. Em relação ao conjunto dos ouvidores ao longo do século XVIII, porém, deve-se notar que cerca de 10% deles receberam algum tipo de punição, todas relacionadas a conflitos e problemas que resultaram de suas atuações no contexto das Minas. É igualmente importante salientar que a maior parte dos casos de punição a ouvidores em Minas não ocorreu no período pombalino.

Estudos de caso muito pontuais acabam por produzir imagens muitas vezes distorcidas sobre esses agentes no interior das estruturas político-administrativas. Também pouco esclarecem sobre aspectos relacionados ao sentido e importância de que se revestiu a ocupação desses cargos no ultramar para parte das elites letradas que buscavam no serviço régio os meios de ascensão e mobilidade social, especialmente em Minas no século XVIII.

No desenvolvimento deste trabalho, o diálogo será retomado. Seja com autores mencionados e suas questões com relação a estruturas administrativas e relações de poder, seja com autores que pesquisaram o contexto social das Minas Gerais setecentistas — em particular estudos sobre elites mineiras e grupos sociais cuja relação com os ouvidores será sempre referida aqui.[81]

Metodologia e as fontes de investigação

A produção recente discute a forma de organização político-administrativa através da idéia de "economia política de privilégios", a partir do que se formavam "cadeias de negociação e redes pessoais e institucionais de poder".[82] A utilização do termo "economia política de privilégios" vem sofrendo críticas que realçam sua imprecisão ao tratar do contexto da América Portuguesa, sobretudo no que diz respeito a não particularização e diferenciação entre o

---

[81] Não podemos deixar de mencionar os trabalhos de: BOSCHI, Caio. *Os leigos e o Poder: irmandades leigas e política colonizadora em Minas Gerais*. São Paulo: Ática, 1986. 254 p.; VALADARES, Virgínia Trindade. *Elites Mineiras setecentistas: conjugação de dois mundos*. Lisboa: Colibri, 2004. 541 p. Essas são obras de referência com as quais ampliarei a discussão no desenvolvimento de partes específicas desse trabalho.

[82] BICALHO, Maria Fernanda; FRAGOSO, João; GOUVÊA, Maria de Fátima. *O Antigo Regime nos trópicos*: a dinâmica imperial portuguesa (séculos XVI-XVIII)., *op. cit.*, p. 221.

Reino e as partes americanas de seu império.[83] Entretanto, no que se refere ao governo e administração, nas Minas também havia se estabelecido uma dinâmica marcada pela lógica da expectativa de que serviços seriam recompensados com honras e mercês.

É fato, porém, que nem sempre era apenas a expectativa de novas mercês que motivavam os ouvidores de comarca em Minas no exercício de suas funções. Muitos agiam de modo a conjugar a lógica da economia política de privilégios, com a permanência e lucratividade que inúmeras atividades econômicas desenvolvidas nos locais onde atuavam podiam oferecer, conforme demonstraremos.[84] Os ouvidores também se posicionavam a partir da lógica dessa "economia política de privilégios" ao se envolverem como negociadores ou intermediários nas inter-relações de poder.

Pelo diálogo com a produção historiográfica discutida acima, aspectos conceituais relevantes para o projeto se descortinam. O poder e as estruturas político-administrativas devem ser pensados a partir do conceito de "monarquia corporativa",[85] em que a noção de império colonial se inscreve na lógica das (des) continuidades nele presentes e visíveis. No caso dos ouvidores de comarca de Minas, é necessário, entretanto, já considerar um processo de profissionalização da burocracia que marcou a atuação de alguns desses magistrados, pondo-os em conflito com práticas características do modelo corporativo.

---

[83] Sobre as críticas ao termo "economia política de privilégios", ver as discussões de Laura de Mello e Souza em seu livro *O sol e a sombra*, em que a autora afirma que o termo se forjou a partir das análises de Marcel Mauss sobre o "dom", que se aplica, sobretudo, aos sistemas desmonetarizados, o que torna problemática sua transposição para o universo histórico do capitalismo nascente. SOUZA, Laura de Melo. *O sol e a sombra: política e administração na América portuguesa do século XVIII, op. cit.*, p. 55 a 58.

[84] As provisões mencionam quase sempre os postos que os ouvidores poderiam alcançar depois de servir no cargo e dar boa residência. Consta na provisão de 1731de João Carvalho Martins, ouvidor da comarca do Serro do Frio, que, dando boa residência, teria lugar de desembargador do Porto sem concurso. IPHAN, Escritório Técnico do Serro, Caixa 44, Livro de registro de ordens e decretos régios, fl. 43-44.

[85] HESPANHA, António Manuel. "A constituição do Império português: revisão de alguns enviesamentos correntes". In: BICALHO, Maria Fernanda, FRAGOSO, João; GOUVÊA, Maria de Fátima. *O Antigo Regime nos trópicos: a dinâmica imperial portuguesa (séculos XVI-XVIII)*. Rio de Janeiro: Civilização Brasileira, 2001, p. 164-188.

Tem figurado entre os autores da produção recente como questão fundamental uma particularização dos contextos políticos no império, em que as "mutáveis circunstâncias dos tempos"[86] acabavam impondo dinâmicas bastantes heterogêneas e pluralistas que impediam "o estabelecimento de uma regra uniforme de governo".[87] A divisão espacial e das jurisdições em Portugal dos séculos XV ao XVIII é um importante aspecto das estruturas político-administrativas analisado. A visualização de um quadro espacial e sua evolução ao longo desses séculos respaldou formulações sobre a existência de um processo de centralização efetivo ou da permanência de um quadro onde os poderes municipais e senhoriais se sobrepunham aos da Coroa.

Enquanto essa divisão espacial e das jurisdições no reino estavam bem definidas, em outros locais do império o padrão mudava. No espaço político-administrativo em Portugal existiam duas categorias de terras: as *correições* — que eram terras sob a jurisdição real, e as ouvidorias — que eram terras sob a jurisdição dos donatários. Argumenta-se que somente em fins do século XVIII a jurisdição real — *correições* — teria assumido um lugar de destaque no conjunto do quadro espacial em detrimento da jurisdição senhorial, quando desaparecem formalmente as ouvidorias.[88] Dentro de um quadro espacial com jurisdições bem definidas, é possível dimensionar não só a maior ou menor intensidade do poder exercido por cada uma delas nos períodos analisados, mas também as formas de intervenção e tutela da Coroa sobre os poderes senhorial e municipal.

Quanto ao quadro espacial e à divisão das jurisdições em Minas Gerais, nunca existiram corregedorias e ouvidorias separadas, como em Portugal,[89] sendo que ao ouvidor de cada comarca coube também a jurisdição de correge-

---

86 HESPANHA, António Manuel. A constituição do Império português. Revisão de alguns enviesamentos correntes. In: BICALHO, Maria Fernanda, FRAGOSO, João &GOUVÊA, Maria de Fátima. *O Antigo Regime nos Trópicos*: a dinâmica imperial portuguesa (séculos XVI_XVIII). Rio de Janeiro: Civilização Brasileira, 2001. p.175.

87 *Ibidem*, p.172.

88 MONTEIRO, Nuno Gonçalo. Os Conselhos e as comunidades. In: HESPANHA, António Manuel (Coord.). *História de Portugal*. O Antigo Regime (1620-1807). Lisboa: editorial Estampa, 1993. p.315.

89 MONTEIRO, Nuno Gonçalo. *loc.cit.*

dor. Sobrepunham, além dessas jurisdições, as de provedores da fazenda e dos defuntos e ausentes, capelas e resíduos, e de juízes dos feitos da Coroa. Era uma situação bastante complexa que alargava demasiadamente os campos de atuação dos ouvidores. Desenvolveram-se nesses espaços diferentes tipos de sociabilidade não só entre integrantes das estruturas de poder político-administrativo, como também entre estes e as sociedades dos locais para onde eram designados.

Sem perder de vista o contexto sócio-histórico no qual se inseriu o grupo de ouvidores que atuaram nas Minas e suas particularidades, dentro do recorte temporal do estudo, 1711 a 1808, foi feito levantamento dos ministros que atuaram nas quatro comarcas de Minas — Vila Rica do Ouro Preto, Rio das Velhas, Rio das Mortes e Serro do Frio — totalizando 84 indivíduos sobre os quais será produzido estudo prosopográfico. A despeito das críticas sobre as limitações do método, entende-se que para o estudo proposto sobre as trajetórias dos ouvidores mineiros essa é uma opção necessária e adequada aos principais problemas sobre a investigação acerca dos perfis sociais, da mobilidade social e até sobre os padrões de remuneração e carreira que distinguiram esse grupo de ministros régios.[90] Tanto em arquivos brasileiros quanto em portugueses, o extenso conjunto de fontes documentais disponível para a investigação abrangente sobre origens geográficas e familiares, formação e padrões de carreiras é outro fator favorável à utilização do método prosopográfico numa "dimensão de análise marcadamente estatística".[91]

Grande parte do acervo consultado para essa pesquisa encontra-se em arquivos portugueses, especificamente na Biblioteca Nacional de Lisboa e no Arquivo Nacional da Torre do Tombo. Um dos grupos de fontes pesquisado em Portugal foi o conjunto de volumes manuscritos compilados e organizados por Frei Luís de São Bento, denominados *Memorial de ministros,* depositados

---

90 HEINZ, Flávio M. (Org.). *Por outra história das elites*. Rio de Janeiro: FGV, 2006, p. 8.

91 CAMARINHAS, Nuno. *Juízes e administração da Justiça no Antigo Regime: Portugal e o império colonial, séculos XVII-XVIII*. Lisboa: Fundação Calouste Gulbenkian, 2010, p. 26. O autor salienta, conforme classificou Lawrence Stone, que há dois grandes grupos de "utilizadores do método". Sendo que o outro grupo, a escola elitista anglo-saxônica, privilegia os estudos de casos aprofundados sem grande investimento estatístico.

na Biblioteca Nacional de Lisboa. *O Memorial de ministros* possibilitou o levantamento biográfico dos magistrados que atuaram nas comarcas de Minas, permitindo identificar os lugares ocupados por eles em outros espaços administrativos, assim como aspectos relacionados à progressão de suas carreiras. A consulta a esse grupo de fontes foi imprescindível para o levantamento de dados sobre origem geográfica, familiar, e também alguma informação sobre trajetórias e perfil social e político dos ouvidores de comarca.

No Arquivo Nacional da Torre do Tombo, encontram-se os exames de *Leitura de bacharéis*, uma série documental imprescindível para cumprir os objetivos desta pesquisa. São processos de habilitação para a entrada no serviço régio realizados pelo Desembargo do Paço com o objetivo de investigar as origens étnico-religiosas e atestar os pré-requisitos de formação profissional necessários com dados sobre a vida familiar dos candidatos aos cargos. Esta documentação fornece dados valiosos sobre processos de habilitação e/ou investidura nos cargos de magistratura, origens e vínculos sóciais dos ocupantes de cargos no ultramar.

Para complementação dos dados levantados nas fontes referidas acima, dois fundos foram fundamentais para a investigação sobre o perfil dos ouvidores e sua carreira: o *Registro geral de mercês* e os *Livros das chancelarias régias*, ambos tambem pertencentes ao Arquivo Nacional da Torre do Tombo. Outros fundos importantes para a complentariedade de informações foram as Habilitações para a Ordem de Cristo e as de Familiares do Santo Ofício, que, além de ampliarem a coleta de informações sobre origens sociais e trajetórias dos ministros ouvidores, permitiu ainda levantar dados sobre os serviços e sua remuneração pela Coroa. Foi realizado também o levantamento de informações constantes nos livros de Assentos de Leituras de bacharéis para todo o século XVIII, nos autos e certidões de residência, nos concursos de bacharéis, nas consultas sobre propostas de nomeação para lugares de Justiça, nos lembretes para consulta sobre proposta de nomeação para lugares de Justiça.

Ao longo de toda pesquisa, todos os dados encontrados nessas fontes foram sistematizados em quadros ao longo dos quatro capítulos que abordam as origens, formação, entrada para o serviço régio, a remuneração dos serviços e as trajetórias dos ouvidores de comarca.

Para a discussão sobre a remuneração dos serviços foram consultados —também no fundo *Ministério do Reino* — as séries de decretos e decretamentos de serviços encontrados para o grupo de ouvidores, as quais contribuíram muito para se pensar as trajetórias desses ministros. Também importante foi a documentação do fundo *Feitos Findos: inventários orfanológicos e registro geral de testamentos e fundo geral*, no qual constam processos cíveis e crime, libelos — entre outras peças de processos judiciais que auxiliaram na descoberta de dados sobre ministros que não continuaram no serviço régio — ou informações sobre os finais de carreira e vida dessa magistratura letrada.

Deve-se fazer menção ao levantamento de fontes que se encontra basicamente sob guarda do Arquivo Público Mineiro, dos arquivos históricos das câmaras municipais de Ouro Preto/ Mariana e das outras cidades que foram cabeças de comarca em Minas no século XVIII. Fontes igualmente importantes para o presente estudo são divididas em três grupos.

Um primeiro grupo seriam os regimentos do cargo de ouvidor e de outros ofícios ligados à ouvidoria constantes dos fundos da Seção Colonial e das Câmaras Municipais pertencentes ao Arquivo Público Mineiro. A legislação impressa seria basicamente a do *Código Phillipino*. A "legislação de circunstâncias e local"[92] que são alvarás, decretos e ordens-régias, destinados a regular funções e novas atribuições dos oficiais de Justiça, publicados na *Colleção Chronologica de Leis Extravangantes*.

O segundo grupo são as provisões, tanto para os cargos, como para os salários ou emolumentos, referentes a oficiais de Justiça e aos ministros nomeados pelo rei durante a primeira metade do século XVIII, e que se encontram, basicamente, nos fundos "Seção Colonial", Arquivo Público Mineiro e também nos livros de "Registro de Provisões". Esses documentos possibilitam uma compreensão da natureza e do estatuto jurídico dos oficiais de Justiça em Minas, das possibilidades de ganho, e possibilitam ainda acompanhar parte da trajetória dos magistrados através de promessas de progressão na carreira contidas nas provisões.

---

92 HOLANDA, Sérgio Buarque. "Política e administração de 1640-1763". In:_____ *História geral da civilização brasileira. A época colonial: administração, economia e sociedade*. Rio de Janeiro: Bertrand Brasil, 1997, p. 46.

Um terceiro grupo já é mais complexo. Nele encontram-se as correspondências entre ouvidores e outras instâncias de poder do império português, parte dos documentos do acervo denominado AHU (Arquivo Histórico ultramarino). Através delas é possível investigar as comunicações político-administrativas decorrentes das ações executadas pelas ouvidorias de comarca em Minas. No movimento de correspondências entre as várias instâncias administrativas é importante desvendar o pulsar das relações de poder e disputas entre diferentes grupos em contato com os ouvidores. A partir dessa documentação é possível fazer uma interpretação das relações estabelecidas por esses magistrados em âmbito local e dos interesses em torno dos quais se movimentavam para construírem redes de poder.

Buscou-se compreender, em primeiro lugar, o significado e as diferentes atribuições que o cargo de ouvidor assumiu na monarquia portuguesa da era moderna. Através de um levantamento das leis, regimentos e estatutos legais que regulamentaram a atuação desses ministros no império português, foi feita uma análise que objetivou compreender as atribuições do cargo e dimensionar os poderes concedidos aos ministros régios, sobretudo nas comarcas mineiras. Essencialmente, a intenção é a de situar o papel atribuído, de forma particular nas Minas, a esses ouvidores, e, por decorrência, destacar o que era esperado desses agentes do poder régio em relação a suas atuações em âmbito local do ponto de vista da legislação.

Em seguida, foram investigadas as origens sociais e geográficas do grupo de 84 ouvidores e definiram-se, assim, seus perfis e os de suas famílias, assim como aspectos relacionados à formação e aos investimentos necessários para a entrada no serviço régio. Tudo isso, relacionado às estratégias de mobilidade social e ao processo de enriquecimento dessas elites letradas através do serviço régio, levou a uma investigação aprofundada sobre as possibilidades de remuneração que o cargo viabilizou aos ouvidores mineiros. O processo de remuneração do cargo de ouvidor nas Minas constituiu-se de forma diferenciada em relação às demais áreas do império português, destacando-se, sobretudo, a multiplicação das possibilidades de ganhos lícitos, costumeiros e até ilícitos, conforme será discutido no capítulo 3.

Encerra-se este estudo com uma discussão sobre as trajetórias dos ministros que atuaram como ouvidores nas Minas setecentistas e o peso que a atuação e a experiência administrativa como ouvidores de comarcas tiveram na construção de suas carreiras e em seus projetos de mobilidade social ascensional.

CAPÍTULO 1

OS REGIMENTOS E OUTROS INSTRUMENTOS QUE REGULAMENTAVAM A ATUAÇÃO DOS OUVIDORES: ESTATUTO JURÍDICO-FUNCIONAL OBSERVADO NA PARTE AMERICANA DO IMPÉRIO PORTUGUÊS

Foi necessária e de fundamental importância à Coroa portuguesa a constituição de um corpo de magistrados "formados na cultura de lealdade ao rei".[1] Igualmente importante foi a elaboração de um corpo de leis capaz de assegurar suporte jurídico para o funcionamento das estruturas administrativas. Pela diversidade espacial e social do império, tal corpo de leis deveria ser dinâmico para que se adequasse às situações específicas de cada uma das realidades do império.

Com as adaptações necessárias, na América Portuguesa prevaleceu parte da legislação vigente no Reino. Desde 1603, o Código Filipino[2] era a lei básica e geral implantada e a "legislação extravagante" visava legislar e dar suporte jurídico a realidades específicas que surgiam da expansão do Império. Despachava-se uma série de leis do centro político para outras áreas dos domínios portugueses: alvarás, cartas e ordens-régias tinham o objetivo de resolver impasses entre os interesses da política metropolitana e as demandas dos locais a que se dirigiam. Buscou-se adequar regimentos de órgãos, instituições, cargos

---

[1] FIGUEIREDO, Luciano R. A. "Estudo crítico: Rapsódia para um bacharel", *op. cit.*, p. 72. A idéia de que o estabelecimento da autoridade real no Antigo Regime esteve associado à constituição de um corpo de magistrados cujos interesses estavam intimamente ligados aos da Coroa está presente nas obras de Stuart Schwartz, especialmente em SCHWARTZ, Stuart B. *Burocracia e sociedade no Brasil colonial, op. cit.*, p. 10.

[2] ALMEIDA, Cândido Mendes. *Auxiliar jurídico servindo de apêndice à décima quarta edição do Código Philippino ou Ordenações do Reino de Portugal*. Rio de Janeiro: Thipographia do Instituto Philomathico, 1869, 286 p.

e ofícios às necessidades administrativas dos diferentes contextos no espaço ultramarino.

O estudo desse aparato legal tem importância considerável para a compreensão da prática político-administrativa na América Portuguesa. Essas leis eram registradas nas secretarias dos governos das capitanias e, muitas vezes, também copiadas nos livros das câmaras locais, através dos quais as determinações da Coroa eram reproduzidas naquelas localidades.

No que diz respeito à regulamentação do funcionamento administrativo da América Portuguesa, em particular interessa-nos os diplomas legais denominados "regimentos", sobretudo aqueles emanados no século XVIII e que regulamentavam a atuação dos ouvidores na capitania de Minas Gerais. A análise desses regimentos permite perceber a diversidade das atribuições vinculadas ao cargo de ouvidor em diferentes níveis e espaços político-administrativos em que esses magistrados atuavam.

Acompanhar o desenvolvimento desses diplomas legais produzidos ao longo do tempo, tanto para o reino como para o ultramar, permite a análise da construção de uma espécie de "genealogia" do cargo de ouvidor no império. As divisões das estruturas político-administrativas, o alcance dos poderes desses ministros régios em relação a diferentes realidades sociais encontradas são alguns dos aspectos que o estudo desses regimentos e leis circunstanciais facilita conhecer melhor. Além disso, com o conhecimento de todo esse estatuto jurídico-funcional, temos a possibilidade de vislumbrar contradições entre o perfil ideal de funcionamento político-administrativo expresso nesse aparato legal e os meios sociais em que eram aplicados. Assim como perceber contradições existentes entre o perfil ideal dos agentes do poder — que se esboça a partir da legislação — e suas posições no interior das hierarquias em que estavam inseridos.

A análise de regimentos, de artigos do Código Filipino, de ordens-régias e de outras leis buscará evidenciar continuidades ou descontinuidades que possibilitam entender melhor o que José Subtil aponta como "a capacidade ordenadora do poder real". Esta se expressa nos aparatos legais que tentavam estabelecer e ordenar a administração do império, numa

> (...) nova distribuição do Poder, de forma a tornar efetivo o alargamento da esfera política sob controle central, necessariamente, uma nova mediação dos agentes administrativos com o poder central (...) esta nova distribuição do poder tendeu a alterar as matrizes de legitimação da autoridade, cuja essência passou a ser a da competência técnica e da lealdade política.[3]

Cada regimento dispõe itens que regulamentam as ações dos ouvidores, mas também o sentido político atribuído a esses magistrados no interior das diferentes jurisdições em que essa magistratura exerceu o poder — como a da Coroa e a dos senhores de terras. Por isso, conhecer quem são esses agentes e suas trajetórias no serviço régio é fundamental para se discutir em que medida novas formas de distribuição do poder, expressas nos aparatos legais reguladores da administração, corresponderam na prática às do poder central.

Primeiramente, analisam-se as disposições do Código Filipino referentes aos ouvidores, os regimentos dos tribunais da relação no Brasil (1609, 1652 e 1751)[4] e as prescrições do cargo de ouvidor, constantes nas cartas de doação aos capitães donatários e no regimento dos capitães-mores.[5] Além desses itens, foram selecionados alguns pontos dos regimentos dos ouvidores-gerais de 1619, 1626, 1628, 1630, 1642, 1651, 1658.

O estudo de dois regimentos, o de 1669 e o de 1770 — passados respectivamente aos ouvidores João de Abreu e Silva (do Rio de Janeiro) e Luís Peleja (de São Paulo) — será verticalizado, uma vez que eles foram a base legal de atuação dos ouvidores de comarca em Minas.[6]

---

3   SUBTIL, José. "Os poderes do centro", op. cit., p. 144.
4   ALMEIDA, Cândido Mendes, op. cit.
5   Todas as informações sobre esses documentos foram coletadas da *Relação Sistêmica de Cargos e Órgãos*, encontrada em SALGADO, Graça (Coord.). *Fiscais e Meirinhos*, Rio de Janeiro: Editora Nova Fronteira, 1985.
6   Pela carta de 20/05/1711, enviada em resposta à do ouvidor da comarca de Ouro Preto, Manoel da Costa Amorim — que solicitava regimento para as recém-criadas ouvidorias das comarcas de Minas —, por intermédio do seu Conselho ultramarino, o rei ordenava que se usassem os sobreditos regimentos do Rio de Janeiro e São Paulo. AHMI: Casa Setecentista, acervo da Prefeitura, Ref. 02, fl. 10.

O estatuto jurídico e a regulamentação da atuação dos ouvidores no império: do Reino ao ultramar

No dicionário de Bluteau, o termo "ouvidor" é definido como aquele que "ouve e sentencia com outros as causas e pleitos (...)".[7] No latim, seria o *auditor*. A definição é bastante precisa, mas na prática, particularmente no Brasil, esses magistrados tiveram suas atribuições muito ampliadas em relação a seu significado dicionarizado original. Com exceção da atuação dos ouvidores em órgãos colegiados — quais sejam: em tribunais superiores — raramente os magistrados sentenciavam juntos. As exceções eram as juntas de Justiça, compostas pelas autoridades administrativas mais importantes dos lugares. As juntas estabelecidas nas Minas do século XVIII reuniam outras autoridades, como governadores, provedores e, em alguns casos, até vereadores das câmaras para, junto com os ouvidores, decidirem sobre problemas administrativos e de justiça. Quando as juntas se reuniam para julgar crimes cometidos por pessoas nobres a quem se deveria atribuir pena de degredo, somente poderiam ser compostas pelo ouvidor, governador e pelo provedor da Fazenda. Era o que estabelecia, quanto a privilégios que pessoas nobres teriam em seus julgamentos, o Regimento de 1669, passado ao ouvidor-geral do Rio de Janeiro e Repartição Sul e igualmente utilizado pelos ouvidores mineiros.

No livro 1 do Código Filipino, os artigos XI, XLI e LII definem os princípios para a atuação dos ouvidores do crime da Casa da Suplicação e da Casa do Porto.[8] Os títulos sobre os ouvidores das casas da Suplicação e Porto recomendavam que elas recebessem apelações dos feitos-crimes provenientes das corregedorias. Hierarquicamente superiores aos corregedores de comarcas e ouvidores de terras, os ouvidores das casas da Suplicação e Porto julgavam processos em que cabiam recursos e apelações. Esses magistrados desfrutavam de

---

7   Verbete OUVIDOR. In: BLUTEAU, Raphael. *Vocabulário portuguez & latino: áulico, anatômico, arquitetônico*. Coimbra: Colégio das Artes da Companhia de Jesus, 1712-1728. v. 8 p. 161-162.; VIEIRA, Domingos. *Grande dicionário português ou tesouro da língua portuguesa*. Porto: Ernesto Chardran e Bartolomeu A. de Morais, 1871, p. 610.

8   São, respectivamente, os títulos: XI, "dos ouvidores do crime da casa de suplicação"; XLI, "dos ouvidores do crime da casa do porto"; e LII, "dos ouvidores da alfândega de Lisboa".

posição privilegiada, tendo atingido os patamares mais elevados de progressão na carreira como "desembargadores". Entretanto, em relação à hierarquia interna, tanto na Casa da Suplicação quanto na do Porto, eles não ocupavam os cargos mais importantes, quais sejam: os de regedores e chanceleres.

No que diz respeito às instâncias inferiores no reino, os ouvidores geralmente eram nomeados por senhores de terras, correspondendo a uma magistratura senhorial em âmbito local, onde conviviam com outras magistraturas régias, tais como provedores e auditores. Entretanto, ouvidores praticamente não estavam sujeitos às correições régias, já que, normalmente, concedia-se essa isenção a senhores de terras.[9] Por essa razão, corregedores — que correspondiam aos ouvidores nas jurisdições senhoriais — raramente estavam autorizados a entrar nas terras que não pertenciam à jurisdição da Coroa.

No livro 2 do Código, o artigo XLV trata da jurisdição dos senhores de terras. Nele, há vários parágrafos regulamentando as funções dos ouvidores. Cabia a eles a mesma jurisdição que aos corregedores das comarcas. Ou seja: cabia a cada senhor de terras a nomeação de um ouvidor para administrar a justiça nos seus domínios e, também, fazer correições. Deveriam assinar todas as sentenças que proferissem e não poderiam, em hipótese alguma, passar cartas de seguro.[10] Nos casos de ouvidores nomeados por senhores de terras, é importante salientar que os critérios de acesso ao cargo nem sempre seguiam o que estava determinado pelo Desembargo do Paço. Os ouvidores eram advertidos para não impedir ou dificultar o andamento da justiça das Casas Reais nas ditas terras. Diferente dos ouvidores em tribunais superiores, esses ministros estavam em posição de menor destaque no que respeita à progressão na carreira e administravam a justiça no âmbito exclusivo daquela jurisdição senhorial. Segundo José Subtil,[11] "o estatuto político e jurisdicional dessas ouvidorias" podia variar segundo as diferentes cláusulas constantes nas cartas de doação e, em

---

9   SUBTIL, José. "Ouvidores e ouvidorias no império português do Atlântico". In: _____. *Actores, territórios e redes de poder, entre o Antigo Regime e o Liberalismo*. Curitiba: Juruá, 2011. 383 p.

10   Segundo Subtil, as cartas de seguro eram requeridas por réus que precisavam de segurança e proteção quando eram libertados. SUBTIL, José. *O Desembargo do Paço (1751-1833), op. cit.*, p. 154.

11   SUBTIL, José. "Ouvidores e ouvidorias no império português do Atlântico", *op. cit.*, p. 16

alguns casos, elas estavam sujeitas a correição — o que significava divisão jurisdicional com o magistrado nomeado pelo rei: o corregedor.

Entretanto, o autor chama a atenção para um aspecto relevante no que diz respeito a origem, fundamento e qualidade/intensidade do poder desses magistrados na jurisdição senhorial, ao afirmar que o donatário, ao

> (...) constituir uma casa... constituía, uma corte pessoal... uma unidade política e social estabelecida em torno de laços de dependência e interdependência (...) De entre os ofícios que asseguravam o funcionamento dessas estruturas haverá que assinalar o ouvidor encarregue de exercer as jurisdições delegadas e ser o oficial mais importante da área jurisdicional.[12]

Embora houvesse situações em que a Coroa pudesse intervir para, por meio de correições, limitar a ação desses ouvidores senhoriais, quase sempre se concedia aos senhores o privilégio de isenção a correições.

No caso do Brasil, nem sempre os ouvidores nomeados pelos donatários eram homens letrados, já que os critérios para nomeação desses magistrados numa jurisdição senhorial não comportavam as mesmas exigências para aqueles que atuavam no serviço régio. Assim, nas nomeações acabavam se reproduzindo mais as relações de poder no interior da jurisdição senhorial do que os aspectos profissionais e as exigências para a operacionalização da administração da justiça.[13]

Os títulos constantes no Código Filipino eram todos enunciados circunstanciais, com o intuito mais de advertir e de criar mecanismos para limitar a ação dos ministros do que para regular o exercício de suas funções, como ocorre com os demais regimentos que versavam sobre a atuação de ouvidores. Essa legislação procurou criar meios legais para impor limitações que gradualmente se estabeleceram em relação à jurisdição senhorial, principalmente no que diz respeito à América. Se, na prática, o poder central — qual seja: a Coroa — efetivamente não levou a cabo o processo de centralização, a legislação produzida está repleta de medidas centralizadoras, muito embora vários autores venham

---

12 *Ibidem*, p. 18-19.

13 SILVA, Maria Beatriz Nizza da. *Ser nobre na Colônia, op. cit.*, p. 168.

salientando que o "poder real partilhava o espaço político com poderes de maior e menor hierarquia".[14] As medidas centralizadoras previstas pela legislação cediam, muitas vezes, espaço aos usos e aos costumes, que acabavam por se afirmar na prática político-administrativa no império como importantes instrumentos utilizados por essa magistratura ávida de promoção — ao mesmo tempo social e econômica.

Antônio Manuel Hespanha traça com precisão a divisão das "circunscrições jurisdicionais" para as sociedades do Antigo Regime, especialmente no século XVII, nas quais há unidades com hierarquias bem definidas no "espaço laico". Em ordem crescente, são três níveis hierárquicos: a) os concelhos; b) as comarcas, provedorias e ouvidorias com funções diferenciadas em um mesmo plano; e c) os distritos das relações, que eram os tribunais superiores. Correspondem aos níveis de aplicação da justiça nos concelhos pelos juízes-ordinários, nas comarcas pelos ouvidores/corregedores e nos tribunais pelos desembargadores.

Desde as primeiras iniciativas de Portugal para a colonização da América, incluíam-se no rol de determinações para aqueles que aqui se fixavam a de administrar justiça. Consta nas cartas de doação a prerrogativa dos capitães donatários de nomear ouvidores para suas capitanias. Em 1534, na carta de doação da capitania de Pernambuco a Duarte Coelho, são descritas as atribuições que o ouvidor, então nomeado pelo sobredito capitão, deveria exercer. Eram as seguintes:

a. Conhecer por ação nova de apelação e agravo na capitania e até dez léguas de onde estivessem todas as causas cíveis de até cem mil réis sem apelação ou agravo.
b. Sentenciar causas-crime até a pena máxima de morte natural para pessoas de condição inferior,[15] juntamente com o capitão donatário. Sobre os fidalgos, aplicar a pena de até dez anos de degredo ou pena de cem cruzados sem apelação ou agravos.

---

14 HESPANHA, António Manuel. "A constituição do Império: revisão de alguns enviesamentos correntes", *op. cit.*, p.16-66.

15 Entre pessoas de condição inferior, são citados escravos, gentios, peões cristãos e homens livres.

c. Sentenciar "morte natural" aos hereges que lhes fossem entregues pelo Eclesiástico.

O ouvidor também presidia a eleição de juízes-ordinários e outros oficiais de justiça, juntamente com o capitão donatário. Já neste período dos séculos XVI e XVII, os poderes concedidos aos ouvidores não se limitavam ao campo da judicatura. Ao presidirem as eleições de juízes-ordinários e de vereadores, ouvidores executavam atividade com forte apelo político para as localidades onde atuavam. Assim sendo, ocupavam lugar de destaque nas relações de poder local por atribuições que lhes eram conferidas em regimentos.

Em 1548, com a instituição do Governo Geral, criou-se o cargo de ouvidor-geral, que funcionava como instância superior para a administração da justiça no Estado do Brasil. Tais magistrados eram nomeados pelo rei, cabendo ainda aos donatários a prerrogativa de nomear ouvidores para suas capitanias.[16] A jurisdição senhorial e a real passaram a ser mais bem delimitadas a partir desse contexto. Contudo, com a implantação do Governo Geral, reforça-se, a partir da legislação, a preponderância da jurisdição da Coroa sobre os donatários, já que o rei passou a ter prerrogativa de interferir na nomeação dos ouvidores das capitanias junto com os donatários. Até a criação da Relação do Brasil (1609), manteve-se essa estrutura judiciária com a nomeação de um ouvidor-geral e os demais ouvidores de capitania.

Com o avanço da colonização na América a partir do século XVII, a estrutura que se estabeleceu com o Governo Geral passou a não corresponder às necessidades existentes quanto à administração da justiça, e foi criado o primeiro tribunal superior no Brasil.

Os regimentos das relações do Brasil[17] (07/03/1609), da Bahia (12/09/1652) e, posteriormente, da relação do Rio de Janeiro (13/10/1751) são bastante eluci-

---

[16] Segundo Varnhagen, o primeiro ouvidor-geral teria sido nomeado em 1549, mas não se tem notícia do teor de seu regimento, o que impede falar de novas atribuições ou alterações. Quanto aos ouvidores das capitanias, a partir de então eles poderiam ser nomeados também pelo rei. VARNHAGEN, Francisco. *História geral do Brasil*. 3ª ed. São Paulo: Melhoramentos, 1927. v. 19. p. 266.

[17] MENDONÇA, Marcos Carneiro. *Raízes da formação administrativa do Brasil*. Rio de Janeiro: IHGB; Conselho Federal de Cultura, 1972, p. 659-692.

dativos, já que estavam subordinados a esses tribunais os ouvidores de instâncias inferiores, como os da Repartição Sul e das demais capitanias. A criação de tribunais superiores na América buscou resolver, essencialmente, o problema da morosidade dos serviços da justiça. Em situações em que era necessário recorrer a uma instância superior existente apenas no Reino, impunha-se o prolongamento da resolução dos conflitos, ações e causas, e isso inviabilizava os negócios e a própria administração.

No parágrafo introdutório do primeiro Regimento da Relação da Bahia (ou Relação do Brasil), declarava-se ser preciso mandar certo número de desembargadores para a "boa administração da justiça e expediente dos negócios". Como o próprio texto da lei indica, ainda em 1609 o aumento populacional, as novas descobertas de terras e o incremento do comércio exigiram a criação de um tribunal de justiça, visto que, sozinhos, os ouvidores-gerais já não eram capazes de administrar a justiça como convinha ao "serviço do rei" e para o bom andamento dos negócios. Portugal não tardaria a reproduzir no Brasil a estrutura administrativa da metrópole, sendo que o tribunal recém-criado deveria ser a "réplica da Casa da Suplicação; o curso dos processos e o organograma administrativo, idênticos".[18]

A Relação do Brasil deveria funcionar como a última instância para os processos judiciais do cível e do crime, iniciados no nível das ouvidorias das comarcas ou dos juízes-de-fora. O regimento que institui seu funcionamento é genérico quando se refere ao recebimento de processos iniciados em outras instâncias. Declara apenas que os mesmos deveriam ser recebidos de quaisquer partes do Brasil. O mais importante é saber, nesse caso, o que o regimento dessas relações determinou como atribuições a seus ouvidores.

Segundo o regimento de 1609, o desembargador ouvidor da Relação da Bahia tinha jurisdição e alçada tanto no crime como no cível em toda a capitania, conhecendo por "ação nova" todos os delitos e crimes, assim como os feitos cíveis, inclusive os da cidade de Salvador. Cabia a esse magistrado despachar na relação todos os "instrumentos de agravo", "cartas testemunháveis" e "feitos crimes" que viessem de quaisquer partes do Brasil para os casos em

---

[18] WEHLING, Arno. *História administrativa do Brasil: administração portuguesa no Brasil de Pombal a D. João (1777-1808)*. Brasília: Funcep, 1986, p. 154.

que cabia a apelação das partes àquele tribunal. Nos casos não previstos pelo regimento, os ouvidores-gerais do tribunal deveriam usar o regimento do corregedor do crime e do cível da Corte.[19]

Extinta a Relação do Brasil, em 1626,[20] retorna-se à nomeação de ouvidores- gerais para atuarem como instância superior de justiça. Stuart Schwartz afirma que o fim da Relação do Brasil deveu-se não só ao problema da invasão holandesa, mas, sobretudo, a uma série de conflitos entre diversos segmentos sociais e do poder. Relações conflituosas entre esses magistrados régios e grupos sociais das localidades onde atuavam parecem ter sido uma constante. Mesmo em diferentes níveis hierárquicos — ou seja: dos tribunais superiores às ouvidorias de comarcas — essa magistratura letrada catalisou muitos conflitos. Defensores de sua jurisdição, "conciliadores", julgadores de divergências entre elites locais, por vezes envolvidos com grupos sob seu julgamento, era comum que esses magistrados se tornassem o centro de muitas disputas, na expectativa de mercês régias que assegurassem a ascensão na carreira.

Em 1619, com o Estado do Brasil dividido e com a criação do estado do Maranhão, surgem os ouvidores-gerais nomeados para a Repartição Sul e para o próprio estado do Maranhão. A Repartição Sul abrangeu as capitanias do Rio de Janeiro, Espírito Santo e São Vicente. Segundo o regimento que a instituiu (1619), o ouvidor-geral deveria, nos casos de apelação e agravos, remeter os processos à Relação do Brasil.

Pelos regimentos de 1619, 1626, 1628, 1630 e 1642 regulou-se a atuação dos ouvidores-gerais até a reinstalação do Tribunal Superior da Relação da Bahia, em 1652. No de 1619, relativo à Repartição Sul, constam quatorze itens referentes à atuação dos ouvidores:

---

19 Outras prescrições desse regimento são: alçada até 15$000 (quinze mil réis) nos bens de raiz e nos de móveis até o valor de 20$000 (vinte mil réis); fazer três audiências semanais, juntamente para o cível e crime, as segundas, quartas e sextas-feiras, pela tarde, e acompanhado pelo meirinho da Relação e seus homens.

20 Excelente análise do processo de extinção do tribunal da relação do Brasil encontra-se em SCHWARTZ, Stuart B. *Burocracia e sociedade no Brasil Colonial*, op. cit., p. 153-172.

a. Teria o ouvidor-geral poderes, jurisdição e alçada correspondentes aos dos corregedores de comarcas no Reino.
b. Teria alçada em casos cíveis de até vinte mil réis em bens móveis e dezesseis mil réis em bens de raiz.
c. Devia conhecer por ação nova causas cíveis e crimes, ocorridas à distância de até cinco léguas de onde estivesse.
d. Poderia passar cartas testemunháveis de sentenças interlocutórias e instrumentos de agravo à Relação do Brasil.
e. Despachar, sozinho, as apelações vindas dos ouvidores ou juízes-ordinários das capitanias, mas nos casos em que o valor ultrapassasse sua alçada a apelação era transferida para a instância superior.
f. Passar cartas de seguro, confessativas ou negativas, nos casos permitidos aos corregedores do reino, e também os alvarás de fiança, tal como os corregedores das ilhas.
g. Deviam, os ouvidores, fazerem correições nas capitanias sob sua jurisdição e concederem as mesmas audiências que os corregedores do reino.
h. Autorizavam e fiscalizavam as despesas de Justiça, e ainda deveriam prover serventias de ofícios na ausência dos capitães das capitanias.

Nesse período de divisão do Estado do Brasil e da criação do estado do Maranhão coube ao ouvidor-geral executar as tarefas de fiscalizar o comércio do pau-brasil e impedir a escravização e venda de índios sem permissão. Como instância geral e superior de justiça na colônia, ficou a seu cargo tirar residência a cada três anos aos capitães e ouvidores das capitanias da Repartição Sul.

Os itens mencionados foram mantidos nos regimentos de 1626 e 1630, com apenas as seguintes alterações:

a. Os ouvidores não fariam correições nas capitanias sob sua jurisdição;
b. As apelações e os agravos deviam ser enviados à Casa da Suplicação do Reino.

c. Somente poderiam tirar devassas nos casos previstos no regimento dos corregedores do Reino.

Sobre os regimentos citados, é importante frisar que a partir deles todas as atribuições dos corregedores de comarca no Reino são efetivamente anexadas às funções dos ouvidores. Isso significou a ampliação dos poderes desses magistrados, que passaram, nesse momento, a serem nomeados exclusivamente pelo rei. Assim, enquanto no Reino os corregedores eram magistrados régios e os ouvidores eram, geralmente, magistrados senhoriais, na América Portuguesa desde o século XVII os ouvidores incorporaram as atribuições dos corregedores. Outro ponto relevante é que, pelo regimento do ouvidor-geral da Repartição Sul de 1630, as apelações e os agravos deveriam passar para a Casa da Suplicação em Portugal. Nesse período não havia tribunal superior na colônia, mas sim um ouvidor-geral das partes do Brasil, ao qual não se subordinava o da Repartição Sul. Isso demonstra que essa área do império português na América, já desde o século XVII, estava sob os olhares atentos dos poderes do centro político no Reino. Por outro lado, os ouvidores-gerais, magistrados que até então julgavam apelações e agravos como instância superior em toda a colônia, perderam a prerrogativa a partir de 1630 para a Casa da Suplicação do Reino.

Com a extinção da Relação do Brasil, nomeia-se novamente um ouvidor-geral das partes do Brasil, ouvidor que deveria ser letrado e cumpri, a partir de 1628 de acordo com regimento, algumas atribuições: permanecer na capitania onde o governador-geral residisse, só podendo se ausentar mediante determinação do mesmo governador, e:

a. Conhecer por ação nova até cinco léguas de onde estivessem, sem apelação, as causas cíveis de até sessenta mil réis, recebendo agravos e apelações de quantias acima de vinte mil réis dos ouvidores das capitanias sob sua jurisdição.
b. Ter alçada até a pena de morte para as pessoas de condição inferior, mas juntamente com o governador-geral. Nos casos de discordância, conceder apelação para o corregedor da corte em Lisboa. Para

pessoas de "melhor qualidade", poderia sentenciar pena de degredo de até cinco anos.
c. Fiscalizar sem abrir processo à administração da Justiça nas capitanias, além de ter que informar ao rei sobre o funcionamento das câmaras.
d. Passar sentenças e cartas em nome do rei, como chanceler da ouvidoria.
e. Conhecer, em qualquer parte das capitanias onde atuasse (não pertencendo a donatários), os casos em que as partes pretendessem acusar e demandar o capitão, em qualquer causa cível ou crime.

A partir daí, passaram os ouvidores-gerais a se orientar pelos regimentos dos corregedores das comarcas do Reino. Deviam informar ao rei qualquer interferência do governador nas matérias de justiça, impedindo o curso e a execução dessas intromissões. Demarcando-se bem, desde já, a independência da jurisdição concedida aos ministros letrados nomeados pela Coroa em relação aos governadores. Nos casos de levante de índios, devia visitar a capitania na qual estivesse ocorrendo o levante a fim de solucioná-lo. Para julgarem causas que o regimento não prescrevesse solução, seria necessária a formação de uma junta de justiça composta pelo governador, chanceler e provedor.

No Regimento de 1630 manteve-se, com algumas alterações, a maior parte das atribuições dos ouvidores. Entre as alterações, está a mudança no valor da alçada em causas cíveis, que passou de sessenta para cem mil réis, ampliando-se assim as possibilidades de atuação desses ministros no julgamento de causas cíveis. Além disso, os ouvidores só proferiam sentenças em casos de morte natural, juntamente com o governador-geral e o provedor-mor dos defuntos. São atribuídas novas tarefas ao ouvidor-geral:

a. Servir de auditor da guerra e de juiz dos feitos da Coroa.
b. Fazer visita às capitanias do Estado do Brasil no terceiro ano de exercício do cargo, procedendo como os corregedores das comarcas no Reino.

c. Tomar residência aos capitães e ouvidores das capitanias ao final de seu período.
d. Fazer uma relação do estado em que se encontra a administração da Justiça em cada capitania.
e. Prover o que não estivesse provido, comunicando ao rei.
f. Atuar nos agravos dos eclesiásticos junto com duas pessoas nomeadas pelo governador-geral.

O que se depreende da legislação citada é que a jurisdição e os poderes dos ouvidores aumentaram à medida que a Coroa passou a assumir maior controle sobre o governo e a administração na colônia. De funcionários inicialmente nomeados pelos capitães donatários, sem qualquer exigência para assumir a responsabilidade de administrar a Justiça, passaram a ser nomeados pelo rei, com a exigência de serem letrados. Nota-se, ainda, que a sobreposição de funções tornou-se cada vez mais comum. Além de administrarem a justiça como ouvidores, assumiram também as atribuições de corregedores. Interferiam na jurisdição eclesiástica como juízes da Coroa. Legalmente, nem o governador-geral poderia interferir nas matérias de Justiça — como consta do regimento de 1628. Outro aspecto importante a ser salientado é o de que os ouvidores, em certas ocasiões, poderiam prover ofícios em serventia nas comarcas sob sua jurisdição, o que lhes conferiu grande poder nas localidades em que atuavam. Com a criação da Repartição Sul, toda a administração e governo ficaram divididos em polos independentes, sendo que o ouvidor-geral da sobredita repartição se subordinava diretamente aos tribunais superiores da metrópole.

Tendo como base a legislação, é visível que o papel dos ouvidores no conjunto da estrutura administrativa portuguesa para o Brasil tornou-se fundamental. De outro lado, tanto o poder, quanto a sobreposição de atribuições vêm sendo apontados como aspectos relevantes para a morosidade na administração. Não faltam indicações disso na historiografia sobre a "ineficácia" das estruturas administrativas coloniais.[21]

---

21 Caio Prado Jr. seria um dos maiores defensores da tese da ineficácia da administração portuguesa no Brasil colonial. Em *Formação do Brasil contemporâneo,* afirma que a confusão de funções e competências, entre outros fatores, contribuiriam para que grande parte do

Em 1642, surge novo regimento para ouvidores-gerais da Repartição Sul. Além das atribuições já conhecidas, eles deveriam fiscalizar donatários, sobretudo os poderes e as jurisdições por eles praticados, com cuidado especial para que não excedessem o prescrito nas cartas de doação. Ficaram encarregados de visitar as minas de São Paulo e de arrecadarem os tributos da Fazenda Real. Caso não houvesse provedores, deviam conhecer os agravos provenientes dos juízes-de-órfãos. Além dessas atribuições, foi determinado que fizessem autos dos excessos cometidos pelos governadores ou capitães-mores, apresentando-os diante dos corregedores do crime da Corte.

No regimento de 1642, acentuou-se ainda mais o caráter político do cargo de ouvidor no nível da Repartição Sul com a fiscalização dos donatários e do governador ou capitão-mor. Sem dúvida, essas atribuições lhes renderam grandes adesões, com a formação de "redes de amizades" ou, em outras circunstâncias, de grandes ódios, por tomarem posições de defesa de suas prerrogativas, adotando posições pouco contemporizadoras em relação a diferentes grupos de poder local.

Os regimentos de 1651 e 1658 configuram praticamente a reedição do de 1642, com dois itens que merecem nota: no de 1651, consta já a remessa de relatório ao Conselho ultramarino, com o intuito de colocar os membros desse órgão a par das correições feitas pelos ouvidores durante suas visitas às capitanias; e no regimento de 1658, as apelações e os agravos pertenceriam à alçada do Tribunal da Relação do Brasil (Bahia), que passa a atuar como órgão e instância superior para todas as partes do Brasil ao ser reinstalado em 1652.

No novo tribunal superior, algumas alterações foram feitas em relação ao antigo regimento de 1609, como a separação dos juízes: do cível e do crime. O valor da alçada em bens móveis e de raiz (15$000 e 20$000) permanecia o mesmo. As atribuições também seriam as mesmas para os dois magistrados. Além disso, eles deveriam servir de auditores, cada qual nos casos cíveis e crimes.

A estrutura apresentada pela legislação consultada mostra a pretensão de uma forte hierarquização por parte da Coroa no que concerne à administração da Justiça. Entretanto, à medida que se desenvolviam as atividades co-

---

território permanecesse "desgovernado" Ver: PRADO JR., Caio. *Formação do Brasil contemporâneo*, op. cit., p. 302-333.

loniais e a população aumentava, a existência de apenas um tribunal, na Bahia, não correspondia satisfatoriamente à realidade da Repartição Sul, cada vez mais importante econômica e politicamente. A distância — e a consequente demora no andamento dos processos relativos às regiões mais afastadas do único centro de decisões em instância superior até então existente — indicava a insuficiência de apenas um tribunal superior para o vasto território colonial na América. Tal problema somente foi solucionado bem mais tarde, com a criação da Relação do Rio de Janeiro, em 16 de fevereiro de 1751, com regimento de 13 de outubro.[22]

Esse novo tribunal, a partir de então, ficou responsável pelas treze comarcas do sul da colônia: Rio de Janeiro, São Paulo, Ouro Preto, Rio das Mortes, Sabará, Rio das Velhas,[23] Serro do Frio, Cuiabá, Goiazes, Parnaguá, Espírito Santo, Itacazes e Santa Catarina — além de todas as judicaturas, ouvidorias e capitanias que aí se criassem. Em relação a suas atribuições, foram mantidas, de modo geral, aquelas desempenhadas pelos ouvidores da Relação da Bahia.[24] Em seu regimento, estava prescrita a separação entre o juíz do cível e do crime, cada um deles com seu ouvidor. Atuavam de forma semelhante aos ouvidores do crime e cível da Relação da Bahia, entretanto, no tribunal do Rio de Janeiro os valores das alçadas foram atualizados para 150$000 réis em bens móveis e 120$000 réis em bens de raiz.[25] Este tribunal passou também a funcionar como segunda instância para processos vindos dos juízes-de-fora e dos ouvidores de capitanias ou das comarcas por ele jurisdicionadas. Seus ouvidores deveriam usar o Regimento dos Corregedores da Corte do Cível e do Crime.

---

22 WEHLING, Arno e Maria José. *Direito e justiça no Brasil Colonial: o Tribunal da Relação do Rio de Janeiro (1751-1808), op. cit.*, p. 121.

23 Apontar Sabará e Rio das Velhas como sendo duas comarcas é fato curioso, visto que Sabará era vila cabeça da comarca do Rio das Velhas durante todo o século XVIII e não uma comarca independente.

24 Outros dados importantes sobre as atribuições dos ouvidores nesse tribunal superior do Rio de Janeiro são: fariam duas audiências por semana, alternadas: as do crime, as segundas e sextas-feiras, e as do cível, as terças e quintas-feiras. WEHLING, Arno e Maria José. *Direito e justiça no Brasil Colonial: o Tribunal da Relação do Rio de Janeiro, op. cit.*, p. 150.

25 *Ibidem*, p. 150-151.

Acompanhar a edição de todos esses aparatos legais para o funcionamento de tribunais e cargos em toda América Portuguesa é um ótimo recurso para perceber, de forma mais nítida, os meandros de um processo gradual e contínuo de reafirmação da autoridade régia em todo o império. Arno Wehling e Maria José Wehling chamam a atenção para a simplificação corrente em se justificar a criação ou recriação desses tribunais superiores apenas pelos aspectos de caráter demográfico (crescimentos populacional e das cidades e vilas e desenvolvimento de atividades econômicas) ou pela necessidade de tornar mais ágil o andamento da justiça, coibindo a morosidade.

Segundo esses autores, há dois aspectos definidores da criação do Tribunal da Relação do Rio de Janeiro. Um, a "necessidade de reafirmação" da autoridade régia e, outro, a "existência de problemas judiciais concretos".[26] Entre eles, deve-se citar a "morosidade nas decisões judiciais", o que prejudicava o bom andamento das atividades econômicas desenvolvidas na extensa e conflituosa área mineradora da região Centro Sul. Nesse sentido, contribuíram para a criação do tribunal superior no Rio de Janeiro em 1751 os "interesses de administradores, mineradores e — não sem importância, como se vê pelo parecer de Castelo Branco — de bacharéis desejosos de alargar suas oportunidades profissionais num segmento burocrático promissor de bens, prestígio e poder".[27] Esse aspecto é muito significativo quando se estuda os ouvidores de comarca das Minas e suas trajetórias no serviço régio, pois houve um aumento de ministros atuantes na região que foram nomeados desembargadores do Tribunal da Relação do Rio de Janeiro.

Para a criação desse novo tribunal, convergiram diversos interesses da Coroa. Questões mais específicas vinculadas à importância crescente da região mineradora e os problemas relativos à produção e à arrecadação juntam-se à necessidade mais geral de reafirmação da autoridade régia por intermédio de um corpo de burocratas fiéis ao processo de centralização administrativa.

As prescrições para ouvidores-gerais, ouvidores de capitanias ou das repartições de governo estavam bem definidas, além das prescrições previstas

---

26 *Ibidem*, p. 131.

27 *Ibidem*.

para ouvidores integrantes dos tribunais superiores da colônia. É preciso, entretanto, conhecer como foi regulada a atuação de ouvidores em instâncias inferiores concernentes ao quadro espacial das comarcas, especialmente em Minas no século XVIII. Nessas instâncias inferiores, esses magistrados exerceram funções e atribuições ainda mais diversas do que aquelas até então desempenhadas.

Pela leitura e análise dos regimentos de 1669 e 1700, constata-se um alargamento das atribuições e funções que os ouvidores deveriam desempenhar, o que implicou, na maioria dos casos, significativo aumento de poderes dessa magistratura régia no âmbito das comarcas. Contudo, é preciso salientar que, com criação de um tribunal superior no Rio de Janeiro, algumas mudanças foram implantadas em relação aos ouvidores. A proximidade com uma instância superior, desde o início implicou certa perda de jurisdição pelos ouvidores de comarca sobre assuntos eclesiásticos, os quais exerciam na qualidade de juízes da Coroa.

Por decreto régio de 8 de abril de 1752, foi retirada essa jurisdição.[28] Nesse decreto foi determinado que a atribuição de juízes da Coroa passasse a ser exercida por um desembargador do recém-fundado tribunal superior no Rio de Janeiro.[29] Embora, do ponto de vista da hierarquização, ouvidores de comarcas tenham perdido algumas atribuições para os desembargadores do novo tribunal no Rio de Janeiro, também é preciso verificar em que medida esses ministros se adaptaram às novas regras e, até mesmo, como tiraram proveito delas, como será visto capítulos seguintes.

---

28 APM, SC. 92, doc. 94

29 Em correspondência ao governador Gomes Freire de Andrada, o bispo de Mariana, dom Frei Manoel da Cruz, alega que as desordens e desconcertos provocados pelo ouvidor de Vila Rica (Caetano da Costa Matoso) "foram a última disposição que moveu a Sua Majestade a tirar por um decreto os juizados da Coroa a todos os ouvidores do Brasil". Há nessa declaração indícios dos inúmeros conflitos ocorridos entre as jurisdições secular e a eclesiástica, e também evidências do grande poder que então era exercido pelos ouvidores de comarca. AHMI. Casa Setecentista do Pilar. Copiador de Cartas Particulares, d. Frei Manoel da Cruz, fl. 139 e verso.

Os ouvidores de comarca e seus regimentos

Para entender melhor a estrutura e o funcionamento das ouvidorias de comarcas em Minas, é preciso analisar minuciosamente os regimentos passados a dois ministros reais nomeados ouvidores das capitanias do Rio de Janeiro em 1669 e de São Paulo em 1700,[30] visto terem sido os regimentos aplicados aos ouvidores de comarca em Minas Gerais.

O primeiro ouvidor da comarca do Ouro Preto, Manoel da Costa Amorim, fez em 1711 uma representação ao rei em que solicitava novo regimento que definisse a jurisdição que teriam nas Minas. Em resposta à representação feita pelo ouvidor, o rei ordenou a seu ministro que usasse os dois regimentos citados, acrescentando-se apenas o direito de tirar devassas de morte.[31] Um primeiro ponto a observar é que deveriam ser usados os dois regimentos, e não apenas um ou outro — como certamente ocorria em cada um dos lugares a que eles se destinavam. Além deles, os ouvidores das comarcas em Minas deveriam usar o regimento dos corregedores das comarcas do Reino.[32]

Já o regimento passado a João de Abreu e Silva, em 1669, determinava que o ouvidor residisse na cidade de São Sebastião, no Rio de Janeiro, por ser a principal naquela repartição e por oferecer melhores condições, tanto para as pessoas requererem justiça, como para acomodar o ministro.[33] Ele deveria, apenas uma vez em seu triênio, fazer correições nas capitanias sob sua jurisdição. No caso dos ouvidores das comarcas em Minas, deviam residir nas vilas "cabeças de suas comarcas": Vila Rica de Ouro Preto, Vila Real de Nossa Senhora da Conceição de Sabará, Vila de São João del-Rei e Vila do Príncipe. Recomendava-se a vigilância sobre os donatários, para que não se excedessem nos poderes que lhes eram concedidos pelas cartas de doação. Este item não teve aplicação para as Minas setecentistas, onde já não existiam capitães do-

---

30 Esses regimentos estão transcritos em vários códices da Seção Colonial do Arquivo Público Mineiro (SC. 01, 02) e também fazem parte dos documentos reunidos no Códice Costa Matoso.
31 AHMI, Casa Setecentista, acervo Prefeitura, códice 02, fl. 10. Carta do rei ao ouvidor Manoel da Costa Amorim, 20/05/1711.
32 APM, SC 01, fl. 70v.-74 e APM, SC 01, fl. 75-78v.
33 A cópia dos dois regimentos aqui trabalhados encontra-se no APM, SC 01, fl. 70v.-74 e 75-78v.

natários. Entretanto, a determinação é indicativa de que, pelo menos no plano político-institucional, a Coroa buscava mecanismos para controlar as ações daqueles a quem outrora havia entregado a tarefa de promover a colonização, ocupação e defesa do território.[34] A vigilância sobre outras instâncias de poder foi exercida também pelos ouvidores de Minas, mas em relação aos poderes locais e ao governador. Com relação aos poderes locais, essa vigilância se deu, sobretudo, ao exercer suas atividades correcionais sobre câmaras e outros oficiais subalternos. Além disso, eram responsáveis por realizar visitas às minas, para colocar em arrecadação os direitos da Fazenda Real.

Os ouvidores deveriam conhecer por "ação nova" todos os feitos cíveis e crimes, tendo alçada de até 100$000 mil réis. Aos feitos que excedessem esse valor cabia apelação das partes para a Relação da Bahia. Mas isso ocorreu apenas até a criação do Tribunal da Relação do Rio Janeiro, em 1751, o qual passou a jurisdicionar todas as comarcas da região centro-sul. Em relação aos crimes de escravos, os ouvidores teriam alçada em todas as penas, até a de morte, e, nos casos de peões brancos infratores, julgariam sozinhos penas de degredo.

O regimento de 1669 prescrevia a formação de juntas de justiça para julgar casos mais graves de pessoas brancas e de qualidade. De acordo com o lugar social do infrator, a sentença só seria proferida por uma junta formada pelo ouvidor, governador e um terceiro adjunto, que deveria ser, preferencialmente, o provedor-mor dos defuntos e ausentes. No caso de seu impedimento, o provedor-mor da fazenda ou o provedor da fazenda da capitania, consecutivamente. Caso não houvesse unanimidade por parte da junta no julgamento de pessoas nobres, seria dada apelação para a Relação da Bahia. No caso das juntas de justiça criadas na capitania de Minas Gerais por ordem régia de 24 de fevereiro de 1731, poderiam ser julgado,s em "última pena, os delinquentes bastardos, carijós, mulatos e negros".[35] As juntas de justiça foram o meio encontrado para solucionar com rapidez casos de maior gravidade passados em regiões mais afastadas, os quais, em princípio, deveriam ser julgados em tribu-

---

34 RICUPERO, Rodrigo, *op. cit.*

35 COELHO, José João Teixeira. *Instrução para o Governo da Capitania de Minas Gerais*. Introdução de Francisco Iglesiasm, *op. cit.*, p. 105.

nais superiores que muitas vezes estavam muito distantes, como era o caso de Minas em relação ao Tribunal da Relação da Bahia.[36]

Também é importante ressaltar a intenção de se reproduzir no contexto das Minas Gerais uma estrutura colegiada de decisões, a exemplo do funcionamento dos tribunais superiores. Desde 1710 formavam-se frequentemente essas juntas, das quais participavam pelo menos dois ouvidores e o governador. Elas se formavam para decidir sobre a sempre delicada questão dos modos de cobrança dos quintos reais e mesmo sobre donativos que seriam enviados à Coroa em função de cerimoniais.[37] Conforme a legislação/regimentos, esse esforço também deveria ser feito para preservar hierarquias e divisões sociais vigentes no período, concedendo-se formas distintas de julgamento para crimes ou violações da lei cometidas por indivíduos pertencentes a diferentes estamentos.

Outras atribuições constantes no regimento de 1669 eram: conhecer as apelações e agravos que existissem dos oficiais de justiça; passar cartas de seguro nos mesmos casos que podem passar os corregedores das comarcas, e também cartas negativas ou confessativas nos casos de resistência à justiça e nos de morte; e julgar com os adjuntos a necessidade de liberdade de presos nos casos de defesa, exceto os presos por crimes hediondos.

Quanto aos direitos previstos no regimento, os principais eram aqueles que tratam das imunidades de cargo de ouvidor, pois nem governadores nem câmaras poderiam mandar prendê-lo ou suspendê-lo do exercício do cargo, exceto no flagrante de crime. Nos casos de excessos, o governador ou a câmara deviam preparar autos e enviar ao Conselho ultramarino para o rei julgar. Todos os oficiais de justiça e guerra deviam obediência ao ouvidor. Contudo, nem sempre essas imunidades prevaleceram. Nas Minas, houve alguns casos, ainda na primeira metade do século XVIII, em que ouvidores foram rigorosamente punidos. Como exemplo, pode-se citar o caso do ouvidor da comarca de Vila Rica e Ouro Preto, Caetano Furtado de Mendonça, preso e enviado a Portugal

---

36 Ver sobre as juntas de justiça: WEHLING, Arno. *História administrativa do Brasil: administração portuguesa no Brasil de Pombal a D. João (1777-1808)*, op. cit., p. 151-172

37 APM, SC 06, fl. 6, 6v, 7v, 8, 150 e 150v.

por desacato ao bispo, no início da década de 1740.[38] Além dele, também Caetano da Costa Matoso teve problemas com a jurisdição eclesiástica ao longo do seu período de exercício do cargo na ouvidoria e, também, em suas atribuições como juiz da Coroa.

De um lado, esses magistrados, que agiam com grande autonomia[39] na prática administrativa, tinham prerrogativas que se sustentavam num aparato legal que lhes definia atribuições e poderes. Tal aparato legal fora constituído, como está claro, para assegurar a jurisdição da Coroa sobre outras jurisdições concorrentes, como a senhorial e a eclesiástica. Segundo Russell Wood, essa "magistratura funcionava como olhos e ouvidos do monarca, emitia opiniões independentes sobre os vice-reis e governadores e limitava alguns excessos dos Senados das Câmaras".[40]

De outro lado, com relação aos diversos conflitos vividos por esses magistrados, não foram raros os casos em que eles se valeram dessas imunidades — muitas vezes previstas em regimento — para não cumprirem inclusive determinações reais. Um bom exemplo é o caso da cobrança pelos ouvidores de uma oitava de ouro pela revisão das licenças dos ofícios mecânicos e de pessoas de loja aberta. Esse procedimento foi comum entre ouvidores em Minas durante toda a primeira metade do século XVIII, mas no período de exercício no cargo de ouvidor por Caetano da Costa Matoso proibiu-se, por decreto-régio,[41] a cobrança dessas propinas. O ouvidor em exercício não acatou de imediato a

---

38 O ouvidor Caetano Furtado de Mendonça, em todo o período em que esteve na ouvidoria da comarca de Vila Rica de Ouro Preto, envolveu-se em conflitos com a câmara de Vila do Carmo em relação ao processo eleitoral do ano de 1743. Como juiz da Coroa, ordenou a suspensão de obra de uma capela com casa e entrou em atrito com o vigário da vara, Simão da Silveira, em 1742. Já em 1744, entrou em conflito com o bispo do Rio de Janeiro, dom João da Cruz, quando este foi em visita a Vila Rica. No mesmo ano, o bispo escreve ao rei para comunicar sua satisfação pela prisão do ouvidor, que foi enviado ao Limoeiro, e sugere em carta o encaminhamento do processo contra o ministro. AHU, Cons. Ultram., Brasil/-MG, Caixa 42, docs. 92 e 99; Caixa 43, doc. 81; Caixa 44, docs. 2, 110.

39 HESPANHA, António Manuel. "A constituição do Império: revisão de alguns enviesamentos correntes", *op. cit.*, p. 46.

40 RUSSELL-WOOD, A. J. R. "Governantes e agentes". In: BETHENCOURT, F.; CHAUDHURI, K. (Orgs.). *História da expansão portuguesa*. Lisboa: Círculo de Leitores, 1998. v. 3. p. 180-181.

41 APM, SC. 93, fls. 47-47v. Em: 06/10/1750.

resolução e continuou a realizar a cobrança como de costume. Consta na documentação que ele teria feito as cobranças e depositado as quantias até que a contenda fosse resolvida. Foi arguido em sua residência sobre esse procedimento, considerado inadequado.

O Regimento de 1700 passado ao ouvidor de São Paulo, Luiz Peleja — regimento pelo qual ouvidores de comarca em Minas também deveriam se pautar — mantém algumas atribuições e traz adições em relação ao de 1669. Os parágrafos sobre correições e conhecimento sobre os feitos cíveis e crimes foram mantidos, mas fixaram-se as alçadas nos bens de raiz até 80$000 e nos móveis até 100$000 réis. Não mencionava se os julgamentos deveriam ser feitos pelas juntas de justiça, mas tão somente que caberia, em alguns casos, o direito à apelação para Relação da Bahia. Poderia o ouvidor passar carta de finta até cinquenta cruzados, lançando-se nos moradores sobre suas fazendas. Também receberia denuncias sobre descaminho de ouro e quintos, fazendo diligências. No caso de confirmação, faria o necessário para sua recuperação.

Nesse Regimento de 1700 se percebe a preocupação com situações próprias à realidade das descobertas de ouro que se realizaram em fins do século XVII e princípio do XVIII na região de Minas. Talvez por isso mesmo tenha sido este o regimento indicado ao ouvidor Manoel da Costa Amorim (1711) quando fez consulta sobre o aparato legal no qual deveria pautar sua atuação. Nele, novas funções são conferidas aos ouvidores de comarca. Como eram demorados os recursos contra a jurisdição eclesiástica, eles deveriam assumir o ofício de juiz dos feitos da Coroa nas vilas e comarcas. Também passaram a ser chanceler da ouvidoria, com mesmo selo e direitos que se cobravam na chancelaria do Reino. Todos os provimentos passados pelo governador seriam selados pelo ouvidor, de forma que se incorporassem os direitos cobrados dos providos à Fazenda para o pagamento dos "filhos da folha".

Assim como no de 1669, o de 1700 prescrevia a utilização do regimento dos corregedores das comarcas inserido nas ordenações, livro I, título LVIII, com 57 parágrafos.

Os ouvidores na América Portuguesa ocuparam funções diversificadas que transcendiam o exercício da judicatura e abarcavam áreas de governo distintas. No caso dos ouvidores de comarca em Minas durante a primeira metade do século XVIII, essa sobreposição de funções aconteceu normalmente, com a acumulação dos cargos de corregedores e provedores. Na função de corregedor, executavam uma série de atribuições de grande importância para o funcionamento cotidiano de outras instituições, como as câmaras, e também relacionadas com a vida social dos locais para os quais eram nomeados. Como corregedores, estavam sob responsabilidade dos ouvidores fazer eleição dos juízes e oficiais do concelho; inquirir uma vez por ano os oficiais de justiça; fiscalizar a cadeia, os forais, as rendas do concelho e as posturas da câmara; devassar os carcereiros; e verificar se havia usurpação dos direitos reais. Tais atribuições colocavam sob sua vigilância outros órgãos da administração local.

Outras recomendações desse regimento direcionavam-se para problemas de ordem social ou para práticas de sociabilidades desenvolvidas por uma dada comunidade. Deveria, nesses casos: zelar pela manutenção da ordem e dos "bons costumes", verificando as licenças dos ofícios médicos e mecânicos; e observar se, nos conventos de freiras ou donas, recebiam-se homens para manter conversações ilícitas e, também, se os aposentados por idade, doença ou aleijão não eram fraudadores. Havia ainda atribuições ligadas a melhorias das condições de sobrevivência, tais como a obrigação de mandar plantar árvores de fruto, zelar pelas benfeitorias dos lugares e mandar povoar os locais despovoados. Como corregedor, deveria conceder pelo menos três audiências por semana.

Os três regimentos mencionados, os de 1699, 1700 e o dos corregedores do reino, constituíam a base legal para a atuação dos ouvidores de comarca em Minas, e tudo indica que eles desempenharam papel importante na orientação dos magistrados. Uma análise pormenorizada dos três mostra que os dois primeiros, de 1669 e 1700, têm um caráter mais geral do ponto de vista da prática judiciária cotidiana. Outro ponto importante é que o regimento de 1669 pertencia ao cargo de ouvidor-geral do Rio de Janeiro e sua Repartição Sul; o de 1700, ao ouvidor da Vila de São Paulo e sua comarca. Se ambos deveriam ser considerados pelos ouvidores das recém-fundadas comarcas de Minas, teriam juridicamente a mesma importância que as circunscrições jurisdicionais apontadas. Os recursos, as apelações e os agravos seguiriam diretamente para o Tribunal da Relação da Bahia ou depois de 1751 para o Tribunal da Relação do Rio. No conjunto da estrutura administrativa, essa situação se apresenta de forma ambígua, pelo menos do ponto de vista de sua hierarquia. Ou seja, ouvidores de comarcas em Minas exerciam a mesma jurisdição e possuíam o mesmo regimento que seu superior imediato na estrutura administrativa, o ouvidor-geral do Rio de Janeiro e Repartição Sul.

A legislação exposta mostra, ao longo do tempo, os esforços e as medidas da Coroa para centralizar e controlar o governo e a administração em seu império. Entretanto, no âmbito da prática político-administrativa e da construção de redes clientelares, ocorreu ao mesmo tempo um processo interno nas colônias de crescente "descentralização" das suas estruturas de poder.[42] Para Russell Wood, os colonos foram hábeis ao perceberem essa "quebra na cadeia de autoridade e a indecisão dela resultante", o que, junto com outros fatores integrantes das relações entre centro e periferias, levou a "estratégias de negociação, resistências, evasão ou simples desconsideração".[43]

Em relação ao regimento do corregedor de comarca utilizado pelos ouvidores, pode-se dizer, de maneira geral, que suas prescrições eram cumpridas, sobretudo aquelas que determinavam sua atuação como presidente das eleições dos concelhos e como fiscal das receitas e despesas da câmara, das posturas, da cadeia e dos carcereiros — e ainda nas correições e revisões aos ofícios médicos e mecânicos. No nível de uma realidade local, essas eram as atividades que mais aproximavam os ouvidores da vida política e social dos lugares para os quais eram designados.

Os conflitos vividos por ouvidores em Minas no período quase sempre se vinculavam à prática das atribuições até então apresentadas e discutidas. Foram inúmeros os atritos relacionados à cobrança de propinas por parte dos ouvidores para que fossem revistas licenças concedidas a oficiais mecânicos e a pessoas de loja aberta. Também em relação à fiscalização das receitas e despesas

---

42 Orienta essa suposição a idéia da persistência de um modelo de decisões polissinodal próprio ao Antigo Regime Português, trabalhado por Hespanha em "A representação da sociedade e do poder". In: HESPANHA, António Manuel. *História de Portugal: o Antigo Regime*. Lisboa: Estampa, 1993, p. 121-155.

43 RUSSELL-WOOD, A. J. R. "Centros e periferias no mundo luso-brasileiro, 1500-1808". *Revista Brasileira de História*, v. 18, n. 36, 1998, p. 243.

da câmara, encontram-se na documentação muitos relatos de desentendimentos com os ministros reais. As adversidades e os conflitos resultantes da prática administrativa dos ouvidores não previsto no aparato legal que os respaldavam constituem-se pontos importantes a serem explorados ao longo deste estudo.

Seu entendimento permite compreender melhor as opções dos ouvidores como grupo em sua trajetória funcional nas Minas e seus interesses como parte de uma elite letrada que buscava enriquecimento e mobilidade ascensional numa estrutura social ainda relativamente rígida. Para além de conflitos intra-autoridades — provenientes, em grande medida, desse alargado espectro de atuação explicitado no estudo da legislação — houve adversidades mais enfrentadas por essa magistratura. Muitas delas encontram sua origem nos limites dos regimentos e em sua convivência com outras formas jurídicas que respaldaram a administração no contexto do império e que ganharam força nas Minas setecentistas, como foi o *direito costumeiro*. Costumes locais muitas vezes foram utilizados por esses ouvidores como referência para atos e procedimentos administrativos que careciam de justificativa por não estarem previstos em regimento e, muitas vezes, por serem contrários às determinações régias.

No conjunto da estrutura administrativa, os ouvidores foram magistrados que ocuparam diversas funções. Atuavam desde as instâncias de poder central, com assentos nos tribunais superiores no reino e na colônia, passando por instâncias intermediárias, como ouvidores de capitania e das repartições criadas com as divisões de governo na colônia, até em contato direto com instâncias de poder local, enquanto ouvidores de comarca.

É nesse quadro espacial de distintas esferas de poder em que os ouvidores atuavam que se empreende o esforço de compreender melhor uma dessas esferas: a realidade das comarcas em Minas. Nela, esses magistrados desempenharam importante papel na administração da justiça e atuaram constantemente em outras áreas do governo político e econômico, áreas importantes para assegurarem suas possibilidades de ganho e remuneração. Trata-se, basicamente, da atuação desses ministros no âmbito das quatro comarcas mineiras à frente de suas ouvidorias, cuja estrutura não era similar à de órgãos colegiados, pois nelas as decisões dependiam exclusivamente do ouvidor.

Muitas confusões são feitas em relação à própria estrutura que existia na colônia quando se trata de cargos de ouvidores de capitanias e de comarca. Em Minas nunca houve um ouvidor da capitania ao qual se subordinavam os das comarcas, enquanto divisão espacial menor. Existiam quatro comarcas com seus ouvidores, e cada um deles usava o mesmo regimento e possuía poderes e atribuições geralmente idênticas. Às vezes as provisões utilizavam a denominação de "ouvidor-geral da comarca", o que ocorreu para todas as comarcas que existiram em Minas no século XVIII, o que não denotava, a princípio, superioridade hierárquica para aqueles que recebiam essa denominação. Já no Rio de Janeiro, e em outras partes, até a criação do Tribunal da Relação, existiram ouvidores-gerais das capitanias.

Não é possível, pois, compreender efetivamente as estruturas administrativas coloniais sem conhecer mutuamente a legislação e a divisão espacial em que atuavam ministros e oficiais administrativos em suas realidades específicas. No caso de Minas, é ainda mais essencial compreender o perfil, os interesses e as trajetórias construídas pelo grupo de ouvidores nas comarcas mineiras e verificar seu percurso funcional no serviço régio. Assim, pode-se compreender melhor a estrutura político-administrativa estabelecida nas Minas e os conflitos daí resultantes, a partir do que é possível identificar os interesses que moviam os agentes da Coroa no exercício de seus cargos.

CAPÍTULO 2

Ministros régios que atuaram nas Minas: origens e perfis do grupo

Origens familiares e o perfil sócio-econômico do grupo de ouvidores que atuou nas Minas

Traçar o perfil do grupo de magistrados que veio para as Minas, apresentando suas origens familiares e sua formação/profissionalização para o ingresso na magistratura, é tarefa essencial deste trabalho — que investiga o papel e o sentido da atuação dessa elite letrada no campo político-social das Minas no século XVIII. O cargo de ouvidor de comarca era um dos mais importantes na estrutura dos poderes em âmbito local no caso específico das Minas, diferentemente do que ocorria com o cargo nas comarcas do Reino[1] ou, até mesmo, em outras regiões do Império.[2] Atingir uma ocupação como essa nos serviços régios configurava para muitos desses indivíduos e para suas famílias a possibilidade de compensar esforços e investimentos feitos em um longo e dispendioso processo de formação.

É importante salientar que o papel das famílias na construção dessas elites letradas era também essencial, e compreender suas origens é desvelar mecanismos nem sempre explícitos de ascensão no interior de um grupo social e, até mesmo, de mobilidade social para outros grupos em alguns casos. Para

---

[1] Para maior detalhamento das jurisdições do cargo de ouvidor no Reino e sobre as limitações da autoridade dessa magistratura em relação a outros cargos político-administrativos em Portugal no século XVIII, ver: CAMARINHAS, Nuno, *op. cit.*, p. 118 e seguintes.

[2] SUBTIL, José Manuel Louzada Lopes. "Ouvidores e ouvidorias no império português do Atlântico", *op. cit.*

o período estudado, mobilidade social ainda era um fenômeno extraordinário e dependente de mecanismos excepcionais de legitimação. Conforme salienta António Manuel Hespanha, pelo longo tempo em que ocorre "a mudança mais se presume do que se nota". E quando é rápida e notória, figurava como um "milagre".[3] A mobilidade era, em grande medida, ainda no século XVIII, dependente de um poder régio e extraordinário capaz de "legitimar, enobrecer, emancipar", perdoar defeitos de nascimento; ou seja, um aspecto que na sociedade de Antigo Regime era incomum, embora cada vez mais corriqueiro, como veremos no grupo estudado.

Origens geográficas

Inicialmente, são discutidas as naturalidades do grupo, cuja característica mais marcante é a de uma grande diversidade quanto aos locais de nascimento, tanto no Reino quanto no ultramar. Entenda-se que "ultramar" designa, aqui, as várias capitanias do Brasil e a Praça de Nova Colônia (Sacramento), de onde eram naturais alguns ouvidores que atuaram nas Minas. No grupo de magistrados em questão não havia indivíduos originários da África e de outras possessões orientais do império português no século XVIII. Em princípio, este dado não é surpresa, já que Stuart Schwartz, em seu estudo sobre o Tribunal da Relação da Bahia (1609-1751), enfatizara a "total ausência de juízes nascidos no Estado Português da Índia e nas colônias da África Ocidental",[4] devido a pouca expressiva população de origem européia nessas áreas.

A origem geográfica dessa magistratura letrada configura-se como elemento importante em seu perfil, uma vez que espaços de origem refletem mais do que uma lista de naturalidades, em particular quando se trata de indivíduos designados para atuarem no ultramar, onde, muitas vezes, a relação entre quadro espacial, vida social e relações de poder é perceptível.[5] Perceber se há no grupo a construção de uma identidade forjada a partir do espaço geográfico

---

[3] HESPANHA, António Manuel. "A mobilidade social no Antigo Regime". Rio de Janeiro, *Tempo*, v. 1, n. 21, p. 121-143, 2007.

[4] SCHWARTZ, Stuart B. *Burocracia e sociedade no Brasil colonial, op. cit.*, p. 226-325.

[5] CLAVAL, Paul. *Espaço e Poder*. Rio de Janeiro: Jorge Zahar, 1979.

de origem — como é o caso dos ouvidores originários do Brasil, ou daqueles originários de áreas específicas de Portugal — é essencial para analisar a partir de que elementos esses ministros organizaram suas relações sociais. Além disso, pode ajudar a compreender melhor a relação existente entre algumas das cisões ocorridas nos diferentes grupos das elites reinóis, a exemplo da que existiu entre a nobreza das províncias e a nobreza de corte, conforme salienta Nuno Monteiro.6 Nesse sentido, entender como os ouvidores posicionavam-se no campo político do Portugal moderno, no qual

> (...) existiu uma demarcação entre as elites aristocráticas da corte e as da província, com ampla tradução até no vocabulário oficial, onde se reconhecia a existência de uma clara distinção entre "principal nobreza dos meus reinos"... "e o resto da nobreza da corte ou das províncias".7

O grupo de magistrados que tiveram suas naturalidades e origem espacial identificadas ficou constituído de 83 indivíduos, nascidos em diversas localidades do reino e do Brasil (Quadro I).

QUADRO I
Naturalidades (total 83 indivíduos)

Número de ouvidores	Comarca de nascimento
21	Lisboa
13	Brasil
4	C. Viana
5	C. Miranda
5	C. Vila Real
4	Ilhas
3	C. Alcobaça
3	C. Porto
3	C. Guarda
2	C. Alenquer

---

6 MONTEIRO, Nuno. "Elites locais e mobilidade social em Portugal, *op. cit.*, p.45
7 *Ibidem.*

2	C. Beja
2	C. Guimarães
2	C. Barcelos
2	Não identificados
1	C. Aveiro
1	C. Lamego
1	C. Coimbra
1	C. Braga
1	C. Valença
1	C. Lagos
1	C. Bragança
1	C. Pinhel
1	C. Évora
1	C. Faro
1	C. Vila Viçosa
1	C. Viseu
1	C. Santarem
1	Nova Colónia (Sacramento)
1	C. Castelo Branco

Fonte: Produzida pela autora, a partir de dados extraídos de acervos do ANTT, DP, Leituras de Bacharéis e Biblioteca Nacional, Memorial de Ministros.

Um primeiro aspecto relevante a ser discutido em relação ao grupo dos ouvidores é a origem geográfica predominante no seu conjunto. A maioria dos ministros é natural das comarcas de Portugal e somam o percentual de 72%, por oposição ao grupo originário do Brasil, que, ao longo de todo o século XVIII, soma apenas 15%.

Há no grupo proveniente de Portugal grande diversidade quanto a suas comarcas de origem. Entretanto, se se consideram essas comarcas no interior de províncias maiores, é possível perceber algumas polarizações no espaço reinol associadas ao grupo. Evidencia-se a preponderância de magistrados originários da região da Estremadura, com 27 (31%) indivíduos, dos quais 21 (24%) são da cidade de Lisboa.

Estudos mais gerais sobre estudantes[8] da Universidade de Coimbra e sobre a magistratura régia[9] têm apontado para o predomínio, quanto à origem geográfica, de indivíduos formados em leis e canônes que seguiram a carreira no serviço régio, oriundos das regiões da Beira e Estremadura. Outro dado importante é o número reduzido de ouvidores naturais das comarcas do sul, ou seja, das províncias do Alentejo e Algarve, o que também se confirma no caso do grupo de ouvidores das Minas. No quadro de distribuição da população reinol no século XVIII, a província do Alentejo é a que apresenta a menor densidade populacional, com descréscimos em sua população, do que não havia se recuperado ainda em 1801.[10] Quanto ao Algarve, que também apresenta nesse quadro geral baixa densidade populacional, soma-se o fato mencionado por Schwartz em seu estudo sobre os desembargadores da Bahia, de que esta região do reino era a que "menos ligações tinha com o Brasil ou com o comércio brasileiro".[11] Juntos, esses aspectos permitem uma melhor compreensão sobre a irrelevância do número de magistrados que atuou nas Minas oriundos dessa região. Pode-se dizer que as origens geográficas dos ministros em geral, e particularmente dos ouvidores de comarca em Minas, relacionavam-se a fatores de ordem demográfica e a outros de ordem política, social e econômica.

O número expressivo de alunos e magistrados oriundos do centro político do império tende a refletir, segundo Nuno Camarinhas,[12] o retrato da população geral, no qual a região de Lisboa e do centro apresentam concentrações mais significativas da população, com destaque para uma população urbana em que um número relevante de famílias se dedicaria às "estrátegias de conquista no campo burocrático". Há, entretanto, um aspecto que é necessário destacar no que diz respeito ao número de ouvidores naturais do Centro na

---

8 ALMEIDA, Joana Estorninho. *A forja dos homens: estudos jurídicos e lugares de poder no séc. XVII*. Lisboa: Imprensa de Ciências Sociais, 2004. 189p.

9 CAMARINHAS, Nuno, *op. cit.*

10 SERRÃO, José Vicente. "O quadro humano". In: HESPANHA, António Manuel (Coord.). *História de Portugal: o Antigo Regime*. Lisboa: Estampa, 1997. p. 51

11 SCHWARTZ, Stuart B. *Burocracia e sociedade no Brasil colonial, op. cit.*, p. 225.

12 CAMARINHAS, Nuno. *Juízes e administração da justiça no Antigo Regime*. Lisboa: FCG/FCT, 2010.

primeira metade do século e ao aumento significativo deles na segunda metade, o que não se explica apenas por fatores demográficos, mas, sobretudo, por fatores políticos.

A importânica crescente do Atlântico Sul no interior do império[13] e, consequentemente, a relevância que teve a ocupação de cargos para parte das elites reinóis — em especial os de ouvidor, intendente e outros mais elevados na estrutura burocrática. Sobretudo, para aquela elite letrada que, a partir do centro político, conseguia mobilizar a seu favor redes sociais certamente influentes nos processos de concursos destinados às nomeações para cargos no serviço régio. Ainda com relação à crescente preponderância de Lisboa como local de origem dessa magistratura letrada, especialmente entre os ouvidores estudados no século XVIII e que atuaram em Minas, provavelmente ela reflete um quadro mais geral de distinção entre elites portuguesas, as quais também disputavam entre si a ocupação de espaços no serviço régio.

Quanto a outras províncias, em especial as duas do norte de Portugal, confirmam-se as relações entre espaço e poder.

Demonstram essas relações dados sobre os dois grupos originários das comarcas da região do Minho, com 14 indivíduos (16%), e Trás-os-Montes, com 11 indívduos (12%), se analisados por períodos e em relação a outros aspectos presentes nessas áreas. Ao longo do século XVIII, o Minho possuiu um número estável de magistrados originários da região, número que, embora pequeno, é bem representativo em relação ao que se observa em outras regiões. A província do Minho era a segunda menor do reino, mas no século XVIII abrigava um quarto da população e a maior densidade populacional ao longo de todo o período, muitas vezes denominada como "um verdadeiro alfobre de gente".[14] O mais importante, porém, era que nessa província encontrava-se uma importante sede do poder secular, o Tribunal da Relação do Porto, e outra eclesiástica, o Arcebispado de Braga — o que certamente contribuiu e estimulou os investimentos das famílias na formação de uma elite letrada na região.[15]

---

13 ALENCASTRO, Luiz Filipe de. *O trato dos viventes: formação do Brasil no Atlântico Sul, séculos XVI e XVII*. São Paulo: Companhia das Letras, 2000. 525 p.

14 SERRÃO, José Vicente. "O quadro humano", *op. cit.*, p. 48.

15 CAMARINHAS, Nuno, *op. cit.*, 142-147.

Já Trás-os-Montes apresenta um quadro específico, com um número bastante significativo de magistrados originários da região na primeira metade do século XVIII e um brusco descréscimo na segunda metade. Quanto a aspectos demográficos dessa província, é importante ressaltar que, embora ocupasse território maior do que o da província do Minho, Trás-os-Montes apresentou uma densidade populacional muito inferior ao longo do século e foi apontada como uma das províncias que apresentou perdas significativas de sua população (18%) entre 1706 e 1732. Entretanto, recuperou-se e cresceu 62% até o final do século.[16] Esse fator positivo, contudo, não se refletiu nem mesmo na manutenção do número de magistrados originários da província, que apresentou redução significativa de nomeações se observados os ouvidores mineiros cuja origem era da região. As três nomeações de magistrados vindos da província na segunda metade do século compreendem duas da comarca de Miranda e uma de Bragança. As duas províncias do norte constituem, juntas, a origem de um número bastante significativo de magistrados que atuaram nas Minas, apesar de seu afastamento geográfico do centro.

QUADRO 2
Naturalidades, por região

Região		N° de bacharéis naturais da região nomeados na 1ª metade do século XVIII	N° de bacharéis naturais da região nomeados na 2ª metade do século XVIII	N° total por região
Portugal (61)	Minho	7	7	14
	Trás-os-Montes	9	3	11
	Beira	4	5	9
	Estremadura	10	17	27 (21 de Lisboa)
	Alentejo	3	1	4
	Algarve	1	2	3
Ilhas (04)	Ilha de Fayal	2	-	2

---

16   SERRÃO, José Vicente. "O quadro humano". op.cit., p. 51.

	Ilha Graciosa	1	-	1
	Ilha de São Jorge	1	-	1
Brasil (13)	Bahia	2	2	4
	Minas Gerais	-	4	4
	Pernambuco	1	-	1
	São Paulo	-	1	1
	Rio de Janeiro	-	3	3
Outras (1)	Colônia do Sacramento	1	-	1
Não identificados	-	1	-	1

Fonte: Produzido pela autora a partir de dados extraídos dos acervos da ANTT, DP, Leituras de Bacharéis e Biblioteca Nacional, Memorial de Ministros.

São pouco expressivos os ouvidores orginários de Coimbra, na província da Beira, contrastando com a tendência apresentada nos estudos de Nuno Camarinhas sobre os magistrados em geral, nos quais não só Coimbra se destaca, como, dentro dela, a cidade de Coimbra esteve entre os territórios que mais contribuíram para os efetivos gerais de juízes e magistrados da Coroa. Nesse sentido, o grupo de magistrados nomeados para as Minas como ouvidores de comarca apresenta algumas diferenças quando comparado às análises de grupos de estudantes e magistrados em geral que atuaram em todo o império português moderno, com relação a suas origens geográficas. Como exemplo, deve-se mencionar a relevância das duas províncias do Norte, Trás-os-Montes e Minho, já enfatizada antes, e essa inexpressividade da cidade de Coimbra, já que esta última localidade foi um espaço de origem/naturalidade de um número significativo de juízes e magistrados no geral.

Reproduzem-se para o grupo de ouvidores algumas das conclusões desses estudos mais gerais:[17] a preponderância de magistrados nascidos em Lisboa; o número irrelevante daqueles nascidos nas comarcas do sul de Portugal; o grande número de magistrados provenientes de espaços urbanos, como vilas

---

17 CAMARINHAS, Nuno, *op. cit.*, p. 148. E também dados de: SUBTIL, José. *Dicionário de desembargadores (1640-1834)*. Lisboa: Ed. da UAL, 2010, p. 17.

e cidades (Quadro 3); e o número significativo deles, sobretudo a partir da segunda metade do século XVIII, nascidos no Brasil. Este último aspecto merece ser analisado com maior cuidado, buscando, sobretudo, compreender até que ponto esses ministros nascidos no Brasil e suas famílias estavam enraizadas na região de onde procediam.

Os magistrados originários do Brasil são 13 (15%) no total, sendo que apenas três indivíduos, dois da Bahia e um de Pernambuco, foram nomeados ouvidores para Minas durante a primeira metade do século XVIII. Desses ouvidores naturais da Bahia, somente António Ferreira Vale nasceu na cidade de Salvador, porque seu pai, o desembargador André Leitão de Mello, serviu como juiz de fora da cidade e no tribunal da relação existente lá.[18] Retornou ao reino com sua família depois de ter sido nomeado desembargador do Porto em 1710. João Pacheco Pereira, também natural da Bahia, teve pai e avós paternos e avô materno naturais da província do Minho, e mãe e avó materna naturais do Recôncavo Baiano. A família, em parte reinol, deslocou-se para o Brasil e se estabeleceu definitivamente na Bahia, onde nasceu o bacharel. O outro ouvidor natural do Brasil nomeado na primeira metade para as Minas, Gonçalo de Freitas Baracho, era natural de Pernambuco e viveu em Recife até ir para a universidade de Coimbra. Já seus pais permaneceram ali até a morte.

Quanto aos ouvidores nascidos no Brasil e nomeados para as Minas na segunda metade do século XVIII, há dois da Bahia, Antonio Luis Pereira da Cunha e Antonio Ramos da Silva, cujos pais e avós também eram naturais da mesma capitania. Dos três ouvidores nascidos no Rio de Janeiro, Inácio José de Alvarenga Peixoto, Joaquim Carneiro da Silva e Paulo Fernandes Viana, apenas o primeiro possuía o pai, avós paternos e avô materno naturais do Reino, enquanto os outros possuíam pais e avós já naturais do Brasil. José de Goes Ribeiro Lara de Morais, ouvidor nascido em São Paulo, também tinha pai e avós paternos naturais de Lisboa. Assim, a maioria dos ouvidores nascidos no Brasil, mesmo aqueles que possuíam pais ou avós naturais do Reino, tinham suas famílias já enraizadas nessas localidades, com apenas uma exceção: a do ouvidor Antonio Ferreira Vale.

---

18   Sobre desembargadores da Relação da Bahia e suas redes sociais, ver trabalho de SCHWARTZ, Stuart B. *Burocracia e sociedade no Brasil colonial*, op. cit., p. 226-325.

No grupo de ouvidores mineiros nascidos no Brasil, importa salientar aqui os quatro que são da capitania de Minas, principalmente dois desses magistrados, que, já em fins do século XVIII, foram nomeados para ouvidores de suas comarcas de origem: Lucas Antonio Monteiro de Barros, comarca de Vila Rica; e José Gregório de Morais Navarro Leme, comarca do Rio das Velhas. São exceções, pois a Coroa, na maior parte dos casos, manteve o critério das nomeações de juízes/corregedores que fossem de localidades diferentes daquelas para as quais eram designados. Esse critério é predominante no conjunto, uma vez que a maioria dos ouvidores de Minas foi escolhida entre magistrados de origem reinol, especialmente na primeira metade do século XVIII.

Outro aspecto importante é que os quatro ouvidores nascidos nas Minas possuíam famílias, avós e pais já naturais de Minas e enraizadas na capitania, aspecto que confirma mais uma vez que, apesar das dificuldades de acesso a uma formação letrada, certo grupo da elite mineira investiu em estratégias de ascensão social que passavam por conquistas no campo burocrático e pelo caminho das Letras.[19]

Quando se trata da definição das origens geográficas de um grupo, é relevante especificar, para além da localização espacial, a natureza dos lugares dos quais provinham os indivíduos. A historiografia que trata do tema, no entanto, tem apontado sempre as dificuldades conceituais quanto à classificação dos lugares como "urbano" e "rural".[20]

Para José Vicente Serrão, "os critérios de identificação do que é população urbana, são diversos, complexos e suceptíveis duma controvérsia quase interminável (...)".[21] Com exceção da categoria "cidade" — que era também jurídica e não apenas demográfica no período em questão —, sedes episcopais e demais localidades, pela diversidade de realidades que comportavam,

---

[19] Sobre as raízes familiares dos estudantes mineiros em Coimbra, locais de nascimento, trajetórias e outros aspectos sobre os nascidos em Minas que estudaram na Universidade de Coimbra, no Reino, e sobre o processo de construção das elites mineiras nos Setecentos, ver: VALADARES, Virginia Maria Trindade. *Elites Mineiras setecentistas: conjugação de dois mundos*, op. cit.

[20] SERRÃO, José Vicente. "O quadro humano", *op. cit.*, p. 56-57

[21] *Ibidem*, p. 56.

trazem dificuldades quanto a uma definição precisa em relação aos adjetivos "urbano" e "rural".

Os estudos que identificam a qualidade dos lugares de que são originários os estudantes e magistrados portugueses, como os trabalhos de Joana Estorninho e Nuno Camarinhas, indicam que, na composição dessas elites letradas reinóis, predominaram indivíduos nascidos em espaços urbanos.

Entretanto, Camarinhas chama atenção para o peso das pequenas localidades na composição do perfil dos indivíduos que buscaram o caminho das Letras, visto que muitos deles eram naturais dessas localidades.[22]

A partir das pesquisas com o grupo de ministros régios que atuou nas Minas como ouvidores, percebe-se que o quadro não se diferenciou muito daquele traçado para o efetivo geral de indivíduos que seguiu a carreira burocrática em todo o império, uma vez que quase 37 desses ouvidores nasceram em cidades e 39 declaram que nasceram em vilas. Quanto aos 39 ouvidores que nasceram em vilas, é preciso registrar que parte significativa dessas vilas não eram vilas principais de suas comarcas, mas tratavam-se de pequenas localidades.

Mesmo que pequenas, nas vilas havia uma estrutura concelhia, ou seja: possuíam câmaras municipais. Como se verá adiante, essas câmaras foram espaços privilegiados de reprodução do poder das elites municipais/locais portuguesas na época moderna e muitos desses magistrados aqui estudados faziam parte dessas elites.[23] (Quadro 3).

---

22 CAMARINHAS, Nuno, *op. cit.*, p. 148.
23 MAGALHÃES, Joaquim Romero. *Concelhos e organização municipal na época moderna.* Coimbra: Imprensa da Universidade de Coimbra, 2011. 253 p.

QUADRO 3
Distribuição dos ouvidores por categoria do local de nascimento

Tipo de localidade	Número de ouvidores
Cidades	37
Vilas	39
Outras localidades, termos e freguesias	9

Fonte: Produzido pela autora a partir de dados extraídos dos acervos da ANTT, DP, Leituras de Bacharéis e Biblioteca Nacional, Memorial de Ministros.

A origem geográfica e o tipo de localidade de onde se originou a maioria dos ouvidores de Minas, assim como suas famílias (Quadro 4), conjugam-se com aspectos marcantes do ponto de vista das origens sociais. Espacialmente, os ouvidores e suas famílias estavam enraizados em cidades e vilas. A partir desses espaços, buscaram se constituir ou se preservar como parte de uma elite "ciosa dos seus lugares e funções",[24] para quem a abertura de caminhos no serviço régio representava uma das mais importantes possibilidades de ascensão e mobilidade social. A maioria dos pais e avós dos ouvidores era natural da mesma localidade de nascimento que eles, e, mesmo aqueles ascendentes que nasceram em localidades diferentes, eram oriundos de cidades ou vilas em sua maioria.

Duas regiões também se destacam no quadro das origens geográficas dos familiares dos ouvidores, em consonância, de modo geral, com os dados levantados para ministros régios apresentados por Camarinhas.[25] A região da Estremadura — e nela as famílias estabelecidas na cidade de Lisboa — destacam-se. É necessário chamar a atenção para uma divergência: no efetivo geral de magistrados, a contribuição da província do Minho é fraca, ao passo que para o efetivo de ouvidores que atuaram nas Minas sua contribuição é bastante representativa. Se somada com a província de Trás-os-Montes, atinge um pata-

---

24 MAGALHÃES, Joaquim Romero. *Concelhos e organização municipal na época moderna*. Coimbra: Imprensa da Universidade de Coimbra, 2011. p.25.

25 CAMARINHAS, Nuno. *Juízes e administração da justiça no Antigo Regime*. Lisboa: FCG/FCT, 2010

mar equivalente à contribuição sempre tão relevante de magistrados oriundos da cidade de Lisboa, aspecto de grande importância, como se verá adiante, para o conjunto das relações sociais e de poder estabelecidas nas Minas.

QUADRO 4
Origem geográfica de pais e avós identificada nas Leituras de Bacharéis

ORIGEM	Pai U	Pai R	Avô Paterno U	Avô Paterno R	Avó paterna U	Avó paterna R	Mãe U	Mãe R	Avô materno U	Avô materno R	Avó materna U	Avó materna R
A mesma do ouvidor	46	5	40	07	35	07	58	4	43	5	47	5
Outras	16	1	18	2	18	1	8	1	14	3	11	2
Trás-os-montes	8	-	8	-	8	-	8	-	8	-	8	-
Minho	13	-	13	3	13	1	14	1	13	2	11	2
Beira	4	-	4	-	4	-	6	-	5	2	5	2
Estremadura	17	4	15	3	15	3	17	3	16	2	15	1
Alentejo	3	-	2	-	2	-	3	-	2	-	2	-
Algarve	2	1	2	1	2	1	2	-	2	1	2	-
Brasil	9	1	8	2	9	2	11	1	11	1	11	2
ultramar/ outras localidades no estrangeiro e ilhas	6	-	6	-	-	1	5	-	4	-	4	-

Fonte: Produzido pela autora a partir de dados extraídos de acervos da ANTT, DP, Leituras de Bacharéis e Biblioteca Nacional, Memorial de Ministros.
U= cidades, vilas e arraiais; e R=fazendas, propriedades rurais e paragens.

Isso porque, conforme muitos estudos de demografia histórica, a região do Minho foi uma das principais províncias portuguesas a contribuir com emigrantes para as Minas no século XVIII.[26] Em relação ao espaço geográfico, as fa-

---

26 Para estudos mais gerais sobre a demografia histórica e a estrutura familiar em Portugal, tem-se o importante trabalho de ROWLAND, Robert. "Sistemas familiares e padrões demográficos em Portugal: questões para uma investigação comparada". *Ler História*, v. 3, n. 24,

mílias dos ouvidores que atuaram nas Minas apresentavam certa estabilidade e enraizamento com gerações fixadas numa mesma localidade, traço que, certamente, contribuiu para que essas famílias pudessem arcar com penosos e longos processos de formação e investimentos para atuação dos filhos no serviço régio.

Origens sociais

Analisar as origens sociais dos ouvidores é uma tarefa importante, porém bastante complicada, visto que as fontes apresentam lacunas e podem, muitas vezes, induzir a equívocos. Alguns casos são passíveis de serem resolvidos com o cotejamento dos diferentes fundos documentais, mas nem sempre isso é possível. Enquanto foi possível identificar a naturalidade da maior parte dos magistrados que atuaram nas Minas pela consulta a dois grupos de fontes — Leituras de Bacharéis e Memorial de Ministros —, para discutir suas origens sociais, no entanto, foi necessário ampliar as fontes, incorporando dados encontrados nas chancelarias régias, no Registro Geral de Mercês, nas Habilitações da Ordem de Cristo e nas Habilitações do Santo Ofício.

Foram identificadas algumas categorias de ocupação para ascendência dos ouvidores até os avós, mas é preciso fazer algumas ressalvas quanto aos resultados que a documentação permitiu produzir. Quanto à identificação da categoria "ocupação das mães e avós maternas e paternas", a documentação não oferece muitos dados concretos. Quase que exclusivamente, mães e avós maternas e paternas eram mencionadas quando representavam qualquer tipo de impedimento. No caso das Leituras, essas avós foram citadas sempre quando, por exercerem ofícios mecânicos, obrigavam os habilitandos a pedirem dispensa por essa condição. Mesmo assim, às vezes os dados da leitura de bacharéis estão em flagrante desacordo com aqueles que aparecem em outros

---

p. 12-32, 1984. O autor dedica-se a investigação comparativa e às características da organização dos grupos domésticos portugueses de até 23 comarcas diferentes, analisando aspectos como nupcialidade, celibato e outros, que contribuem para a compreensão das famílias portuguesas. Quanto a padrões de ocupação das Minas no início do século XVIII, há o ensaio de RAMOS, Donald. "Do Minho a Minas". *Revista do Arquivo Público Mineiro*, Belo Horizonte, v. 44, n. 1, p. 134-152, 2008. Nesse ensaio, o autor discute as semelhanças entre as estruturas familiares das Minas e as das regiões do norte de Portugal.

fundos. É o caso do ouvidor João Alves Simões, em cujo exame de leitura no Desembargo do Paço de 1728 aparece, segundo inquirição feita pelo corregedor do cível de Lisboa, Manoel Gomes de Oliveira, como filho de pais que

> (...) vivem de suas fazendas, que em outro tempo lavraram pessoalmente, e hoje as lavram por seus criados e trabalhadores; os avós paternos e maternos lavravam em terras próprias de que viviam e não me constou tivessem outra ocupação mecânica.[27]

Já em 1751, quando o bacharel teve deferida pelo rei uma mercê do hábito da Ordem de Cristo após ter exercido o cargo de ouvidor da comarca do Rio das Velhas, enfrentou problemas com suas provanças. Nas inquirições feitas, consta que o ministro régio possuía qualidades pessoais e limpeza necessária, mas como seu pai havia sido mercador, o avô paterno, lavrador de suas fazendas, o materno, carpinteiro de carros, e as duas avós, padeiras em suas casas, não foi julgado pela Mesa capaz de entrar na Ordem. Recebeu dispensa régia dos impedimentos de mecânica. Entretanto, seus serviços prestados até a data de 13 de janeiro de 1751 ficaram cassados. A ausência de informações importantes sobre a origem familiar do ministro em seu processo de leitura no Desembargo, como as condições de carpinteiro do avô materno e de padeiras de ambas as avós, é indício importante de que a manipulação ou ocultação de informação nos processos de inquirição sobre origens familiares poderiam ocorrer com certa frequência.

Há outros episódios em que se verificou divergência de informações em processos de inquirição sobre ascendência dos que eram examinados pelo Desembargo do Paço e por outras instituições no mesmo período em Portugal.

A historiografia tem apontado a possibilidade de manipulações das provanças, em que testemunhas eram convocadas e inquiridas sobre as origens familiares daqueles que, ao receberem mercês dos hábitos das ordens militares, pretendessem se habilitarem. Em *O nome e o sangue*, Evaldo Cabral de Mello discute exaustivamente o longo processo de Felipe Paes Barreto, sargento-mor e senhor de engenho, a quem o rei agraciou com a mercê do hábito da Ordem

---

27 ANTT, DP/Leitura de Bacharéis, Maço 19, n. 14, 1728.

de Cristo. O autor demonstra como os processos de habilitação poderiam se tornar "manipulações genealógicas" para esconder ascendência indesejável no caso das pretensões aos estatutos nobilitantes. No caso do sargento-mor, tratava-se de esconder "um costado sefardita" que o impossibilitava de entrar para a Ordem de Cristo.[28] Júnia Ferreira Furtado discutiu as manipulações das inquirições de genere da descendência de Chica da Silva e do contratador João Fernardes de Oliveira para habilitação à Ordem de Cristo.[29] Além disso, a autora declara que, no exame de leitura do contratador João Fernandes prestado no Desembargo de Paço houve manipulação de sua idade, tendo em vista que era exigida idade mínima para advogar, e ele na ocasião ainda não havia completado 25 anos.

Para além da questão da divergência de informações — o que pode guardar relação com mecanismos e estratégias para burlar o controle do Desembargo do Paço no momento de entrada dos ministros no serviço régio — o caso apresentado revela como processos de mobilidade social ocorriam no interior das famílias ao longo de, pelo menos, três gerações. Processos que corriam progressivamente de forma efetiva até concretizar o objetivo de entrar para o serviço régio, assegurando assim as possibilidades que esse estatuto de ministro régio abarcava na sociedade do Antigo Regime — particularmente no século XVIII. O processo ascensional é mesmo excepcional no caso do ouvidor João Alves Simões, o qual finaliza sua carreira como desembargador da Casa da Suplicação, sobretudo quando se considera sua ascendênica mecânica.[30]

Outro aspecto a ser realçado prende-se às categorias de ocupação declaradas nas fontes como "pais e outros ascendentes", que "vivem de suas quintas, fazendas e terras de suas rendas, nobremente e/ou segundo as leis da nobreza", que designam coisas muito diferentes do ponto de vista das classificações so-

---

28 MELLO, Evaldo Cabral. *O nome e o sangue: uma parábola familiar no Pernambuco colonial*. Rio de Janeiro: Topbooks, 2000. 308 p.

29 FURTADO, Júnia Ferreira. *Chica da Silva e o contratador dos diamantes*: o outro lado do mito. São Paulo: Companhia das Letras, 2003, p. 59. Ver também a p. 98.

30 ANTT, RGM, D. João V, liv. 21, fl. 482 v. ; ANTT, CHAN, D. José I, liv. 66, fl. 180, 24/07/1754. Mercê e provisão de desembargador da Casa da Suplicação. A Mercê era de desembargador da Casa da Suplicação, com exercício como intendente geral do ouro do Rio de Janeiro. Aposentou-se e foi recolhido ao Reino.

ciais existentes à época. É o caso dos fidalgos, que, segundo declaram as fontes, viviam de suas rendas e terras e eram socialmente distintos dos nobres em geral e não titulados, os quais viviam de fazendas e terras nobremente e ocupavam cargos honrados da república.[31] Havia ainda outros que, não sendo exatamente nobres, também viviam de suas terras nobremente ou segundo as leis da nobreza. Entretanto, julgou-se necessário manter aqui a designação como ela aparece nas fontes, uma vez que o que ela denota é a natureza de uma atividade econômica associada às propriedades fundiárias. E é claro uma tendência à reprodução de um modelo de ser nobre ou viver as leis da nobreza.

É fundamental, portanto, avaliar as origens sociais a partir de dois quadros ao mesmo tempo. Primeiro, levando-se em conta o que aparece na documentação como principal atividade econômica desenvolvida no seio das famílias dos magistrados, isto é: as categorias identificadas como meio de sustentação delas. E, segundo, associá-las com as formas de distinção social presentes no grupo, como títulos e mercês, capazes, naquela sociedade portuguesa do século XVIII, de definir melhor, e em conjunto com aspectos materiais ou econômicos, a real condição social de seus membros. Compreende-se assim a diversidade social incorporada ao "conceito de nobreza" no Portugal moderno.[32]

A maior distinção que se pretendia enfatizar nas fontes para da seleção feita nomeadamente pelo Desembargo do Paço era, todavia, a que separava os oficiais mecânicos, lavradores que lavravam a própria terra, pequenos negociantes que trabalhavam com "loja aberta" daqueles que "viviam a lei da nobreza". A distinção entre nobres e mecânicos foi, segundo Nuno Monteiro, essencial em Portugal desde fins do século XVI, o que era em si bastante semelhante à realidade inglesa. Entretanto, havia uma singularidade em Portugal: a forte identificação entre ser nobre e "viver como tal". Viver segundo as leis da

---

31 MAGALHÃES, Joaquim Romero. *Concelhos e organização municipal na época moderna*, op. cit.

32 Para uma distinção clara entre as categorias sociais de *nobre* e *fidalgo* no Portugal Moderno, consulte-se a extensa obra de Nuno Monteiro, em especial: "Poder senhorial, estatuto nobiliárquico e aristocracia". In: HESPANHA, António Manuel (Coord.). *História de Portugal: o Antigo Regime*, op. cit., p. 297-338. E ainda: MONTEIRO, Nuno. *Crepúsculo dos grandes: a casa e o patrimônio da aristocracia em Portugal*, op. cit. Em especial o capítulo I. Também: MONTEIRO, Nuno. *Elites e Poder*. Lisboa: ICS, 2007. 333 p.

nobreza, como viviam os nobres, acabava por figurar, do ponto de vista jurídico, prova de serem nobres os que assim viviam.[33]

O viver nobremente, ou segundo as leis da nobreza, "implicava não trabalhar com as mãos, não ser descendente de oficial mecânico, ter criadagem e (por vezes) escravos".[34] Soma-se a isso, como demonstra a análise do grupo de ouvidores que atuou nas Minas, que um número muito pequeno de ouvidores possuía ascendência fidalga. Nesse sentido, o grupo reflete as conclusões de uma historiografia sobre as elites no Portugal moderno, segundo a qual houve um "alargamento da noção de Nobreza" ao mesmo tempo em que se tornou mais restrito o acesso ao grupo de "fidalgos".[35] Segundo Nuno Monteiro, a própria

> (...) ampliação da classificação de nobreza face ao alargamento do estrato terciário urbano, com o correspondente risco de banalização, foi obrigando a doutrina jurídica a criar diferenciações internas e estatutos privilegiados intermédios. É o conceito de nobreza civil ou política (por oposição a nobreza natural).[36]

O conceito de *nobreza civil* ou de *nobreza política* é, certamente, apropriado para se refletir sobre a hipótese de ascensão e mobilidade social no grupo de ministros estudados. Uma vez que foi por meio de suas trajetórias profissionais que eles conquistaram, indiscutivelmente, os estatutos nobilitantes — pelo exercício de um cargo de Justiça bastante importante na estrutura político-administrativa —, sendo que muitos chegaram ao estatuto de desembargador.

Traço marcante no grupo é a diversificação significativa de suas origens sociais, com indivíduos provenientes de famílias de fidalgos,[37] de nobres/no-

---

33 MONTEIRO, Nuno. *Elites e Poder, op. cit.*, p. 49

34 MAGALHÃES, Joaquim Romero. "Os nobres da governança das terras". In: MONTEIRO, Nuno G.F.; CARDIM, Pedro; CUNHA, Mafalda Soares (Orgs.). *Optima pars: elites ibero-americanas do Antigo Regime*. Lisboa: ICS, 2005, p. 69.

35 MONTEIRO, Nuno. *O crepúsculo dos grandes: a casa e o patrimônio da aristocracia em Portugal, op. cit.*, p. 28-29.

36 *Ibidem*, p. 26.

37 MONTEIRO, Nuno Gonçalo. "Notas sobre nobreza, fidalguia e titulares nos finais do Antigo Regime", *Ler História*, n. 10, p. 15-51, 1987.

breza da terra/nobreza política,[38] de negociantes, de mecânicos e de lavradores. Como já dito, há um grupo de ascendentes desses magistrados numericamente bem expressivo se considerados os avós paternos e maternos, cuja atividade econômica principal esteve vinculada à posse e uso de bens fundiários e, portanto, a uma produção rural/agrícola que, direta ou indiretamente, por meio de rendas, assegurou a existência dessas famílias. Embora seja importante frisar que do ponto de vista social e mesmo econômico essas famílias se posicionavam em diferentes níveis, desde as mais abastadas e ricas até aquelas que viviam de suas terras sem ter que "lavrar em terras alheias", embora muitas vezes fossem famílias pobres.

Ainda mais diversificado do que o primeiro, entretanto, pouco expressivo se considerados os avós, outro grupo é aquele cuja natureza das ocupações está intimamente ligada ao contexto urbano. Isso indica um movimento ascencional e de mobilidade espacial e social direcionado a vilas e cidades, como já demonstrado. São pais negociantes de grosso trato, desembargadores, militares, letrados, advogados, juízes, médicos, proprietários de ofícios e oficiais mecânicos, que exerciam ocupações políticas, governativas, administrativas e econômicas decorrentes, quase sempre, do dinamismo de vilas e cidades naquele período — tanto no Reino quanto no ultramar.

Quanto à atividade/ocupação, aqueles que viviam dos rendimentos de suas propriedades ou de suas terras nobremente somam ao todo 33% da ascendência paterna dos ouvidores estudados. Há um índice bem maior deles se considerados os avós maternos e paternos, em que, respectivamente, têm-se 57% e 61% entre aqueles cuja categoria foi identificada como de pessoas que viviam nobremente dos rendimentos de suas terras e fazendas. Pela diferença do índice, esses dados indicam que muitos pais migraram dessa categoria para outras mencionadas no Quadro 5, sugerindo um cenário de mudanças no perfil dessas famílias que, conforme se verá ao longo de três gerações, investiram em estratégias de ascensão social.[39] Assim, mais uma vez, o que se percebe é uma mudança no perfil espacial e de atividades a que se dedicavam os ascendentes

---

38 MAGALHÃES, Joaquim Romero. "Os nobres da governança das terras", *op. cit.*
39 HESPANHA, António Manuel. "A mobilidade social na sociedade de Antigo Regime, *op. cit.*

dos magistrados, de modo que um percentual significativo dos pais migrou da categoria dos que viviam de suas terras nobremente para atividades relacionadas ao serviço régio.

Como exemplo, têm-se os pais de ouvidores que foram militares, desembargadores e advogados e proprietários de ofícios. Em grande medida, todas essas atividades estão relacionadas ao contexto urbano, qual seja: a vilas ou cidades em que se concentravam os órgãos de uma estrutura administrativa régia. Isso, entretanto, não caracteriza descenso no que diz respeito à mobilidade, mas apenas uma mudança de estratégia dessas famílias em seus projetos de mobilidade social ascencional. No caso das famílias dos ouvidores, estratégias de ascensão e mobilidade associadas à expansão dos serviços régios e sua burocracia também para o ultramar.

É preciso considerar que os pais de ouvidores que eram desembargadores, um total de oito, e os pais que foram advogados ou juízes e que não chegaram aos patamares mais elevados da carreira, somando quatro, são representativos dessa situação em que se passa do viver nobremente de suas terras e fazendas para o serviço régio. Conforme já dito, isso não representa descenso no que diz respeito ao processo de mobilidade ascensional, nem mesmo quando alguns desses ouvidores cujos pais eram desembargadores não chegaram ao mesmo patamar de progressão na carreira, como foi o caso, por exemplo, de Antonio Ferreira Valle, filho do desembargador André Leitão de Mello, que, ao retornar das Minas enriquecido pelos diamantes, recebe por renúncia de seu pai o Hábito da Ordem de Cristo[40] e, em 1748, a mercê do ofício de alcaide do bairro da Rua Nova.[41] Mesmo que o ouvidor não tenha seguido o mesmo percurso do pai tornando-se desembargador, não é possível dizer que houve descenso na posição social do magistrado, uma vez que, pelos serviços prestados pelo pai, já estavam assegurados os bens honrosos e nobilitantes de que o filho necessitava e a riqueza que ele conquistara nas Minas.

Conforme já salientado e, também, com base na historiografia das elites portuguesas do Antigo Regime, estão incorporados aos grupos de familiares

---

40 ANTT, RGM, D. João V, liv. 15, fl. 163 v. e 164, 30/04/1736. Mercê de tença efetiva no valor de 28$000 e 12$000 para lograr a título do hábito de Cristo.

41 ANTT, RGM, D. João V, liv. 37, fl. 497.

dos ouvidores dos quais se tratou até agora os "vários graus de nobreza e de fidalguia".[42] As distinções numa mesma categoria social resultavam em privilégios e isenções também diferenciados. No caso das diferentes hierarquias nos estatutos de fidalgos da Casa Real, tem-se para cada grau/escalão um valor diferenciado da pensão que se concedia a título de moradia por mês. Enquanto um fidalgo cavaleiro poderia receber valores entre 1$600 (mil e seiscentos réis) até 2$000 (dois mil réis) de moradia, com o acréscimo de um alqueire de cevada por dia para a alimentação dos cavalos, um cavaleiro fidalgo recebia apenas $750 (setecentos e cinquenta réis) e um alqueire de cevada/dia.

Houve casos em que os agraciados com o estatuto de "Cavaleiro Fidalgo" recebiam uma pensão com valor reduzido em função de aspectos familiares específicos, como foi o caso do ouvidor Bernardo Pereira Gusmão, que era filho natural de cavaleiro fidalgo e por isso recebeu a mercê com desconto da terça parte, ficando com $600 réis apenas de moradia ao mês, com um alqueire de cevada/dia.[43] (Quadro 5).

QUADRO 5
Ocupações de que vivem os ascendentes dos ouvidores

Categorias/ Ocupação/do que viviam	Pai	Mãe	Avô paterno	Avó paterna	Avô materno	Avó materna
Vivem de suas Quintas, fazendas e terras/ de suas Rendas, nobremente e/ ou segundo as leis da nobreza	27 (33,33%)	-	41	-	37	-
Negociante de grosso trato	10 (12,34%)	-	4	-	2	-
Militares	11 (13,58%)	-	6	-	7	-

---

42 MONTEIRO, Nuno Gonçalo; CUNHA, Mafalda S. "Governadores e capitães-mores do Império atlântico português nos séculos XVII e XVIII". In:_____; CARDM, Pedro; CUNHA, Mafalda S. *Optima Pars: elites ibero-americanas do Antigo Regime, op. cit.*, p. 194 *et seq.*

43 ANTT, RGM, D. José I, liv. 23, fl. 471.

Desembargadores	8 (9,87%)	-	-	-	1	-
Proprietários de ofícios	6 (7,40%)	-	-	-	3	-
Letrados/Juiz/Advogados e Médicos	4 (4,93%)	-	2	-	3	-
Religiosos (padres, presbíteros)	4 (4,93%)	-	-	-	-	-
Vive de suas fazendas e negócios	2 (2,46%)	-	2	-	2	-
Oficial mecânico	5 (6,17%)	-	7	2	4	-
Ocupação na Casa Real (Reposteiro e Guarda-jóias)	2 (2,46%)	-	-	-	-	-
Oficial do conselho da fazenda	1 (1,23%)	-	-	-	-	-
Gente da segunda condição	1 (1,23%)	1	1	1	1	1
Lavrador	-	-	3	1	4	2
Total de identificados no conjunto de 86 magistrados (94,18%)	81	1	67	4	64	3

Fonte: Produzido pela autora a partir de dados extraídos de acervos do ANTT, DP, Leituras de Bacharéis; Registro Geral de Mercês; Chancelarias Régias, HOC, HTSO.

Ao compararem-se os Quadros 5 e 6, foi possível observar que quatro ouvidores têm ascendência entre fidalgos da Casa Real e que apenas dois são netos de fidalgos pela via paterna, enquanto somente 1é neto materno também de fidalgo da Casa Real, acumulando ascendência fidalga tanto pelo lado materno quanto pelo paterno. O primeiro deles, Baltasar de Morais Sarmento,[44] cujo pai André de Morais Sarmento, era fidalgo cavaleiro, assim como o avô paterno e o avô materno também eram fidalgos cavaleiros, natural da vila de Vinhaes. O segundo, José Francisco Xavier Lobo Pessanha,[45] cujo pai e o avô

---

44 ANTT, DP, Leitura de Bacharéis, Maço 19, n. 18, 18/5/1725.
45 ANTT, DP, Leitura de Bacharéis, Maço 24, n. 44, 25/2/1761.

paterno eram fidalgos e naturais da vila de Loulé. Quanto aos outros dois, a fidalguia veio apenas na geração paterna pela via dos serviços prestados ao rei.

Quanto à posição desses ascendentes no quadro das categorias de ocupação, tem-se que dois deles têm pais desembargadores, um capitão-mor e outro que vivia das rendas de suas fazendas e propriedades. Ou seja, entre pais e avós reconhecidos como pessoas de conhecida nobreza, que viviam dos rendimentos de suas fazendas e propriedades ou "à lei da nobreza", e exerciam os cargos honrados da república, não era significativo entre eles o estatuto de fidalgo da Casa Real.[46]

Há, ainda, seis ouvidores cujos pais possuíam o título de cavaleiros fidalgos. Nesse grupo, os avós não possuíam títulos e eram proprietários de terras ou de ofícios. Os pais desses ouvidores titularam-se pela via dos serviços como "desembargadores", "capitães" e guarda-jóias de El Rei.[47] Enquanto no grupo dos fidalgos cavaleiros apenas houve a manutenção dos títulos pela via do "filhamento", no dos cavaleiros fidalgos ocorreu certa mobilidade com a titulação dos pais pela via dos serviços régios e a manutenção e acréscimo de três estatutos de fidalguia para os ouvidores. Isso demonstra uma tendência à mobilidade ascensional no grupo. Embora o título de "cavaleiro fidalgo" pertencesse ao segundo escalão da hierarquia do estatuto de fidalgos da Casa Real e possuísse uma pensão menor do que a dos fidalgos cavaleiros, alcançá-lo era conquistar enorme prestígio em uma sociedade de ordens.

Pode-se afirmar que a maior parte dos ouvidores estudados originava-se de famílias de proprietários de terras que viviam de seus rendimentos. Sua distinção dos outros corpos sociais se devia apenas "pelo modo de vida à lei da nobreza",[48] segundo Joaquim Romero Magalhães, e, em alguns casos, por exercerem cargos na governança das vilas, ou seja: uma "simples nobreza" com bens

---

46 Sobre as hierarquias dos estatutos de fidalgos da Casa Real, ver: CAMARINHAS, Nuno, *op. cit.*, p. 199

47 O pai do bacharel João Gualberto Pinto de Morais Sarmento, Estevão Pinto de Mascarenhas, era Moço da câmara do Guarda-Roupa e Guarda-Jóias do rei dom José I. ANTT, CHAN, D. Maria I, liv. 3, fl.127v.

48 MAGALHÃES, Joaquim Romero. "Os nobres da governança da terra", *op. cit.*, p. 67.

fundiários.[49] Nesse grupo social, o investimento para que os filhos seguissem o caminho das Letras traduz-se mais como vontade de distinção, de mobilidade social e de acúmulo dos "benefícios honrosos e proveitosos que pelo exercício político"[50] grande parte desses indivíduos conquistava. Se, de um lado, parece pouco expressivo que em um universo de 84 ouvidores apenas 4,6% receberam o título de fidalgo cavaleiro e 10,4% o de cavaleiros fidalgos, não se pode deixar de enfatizar outras formas de distinção mais expressivas no conjunto de ministros aqui estudados. Essas formas são importantes indicadores de uma mobilidade ascensional, dado o perfil de suas famílias, em que a presença de ascendência não nobre é digna de nota também. É preciso salientar que cerca de 20% dos pais de ouvidores eram negociantes, mecânicos e "gente da segunda condição". Levando-se em conta a ascendência pelos avós maternos e paternos, o número de mecânicos sobe para dezoito. Houve entre esses bacharéis muitos que precisaram no exame de Leitura solicitar a dispensa por "defeito de mecânica".

É significativo que uma das formas de distinção social mais presente no grupo foi o estatuto de desembargador, a que chegaram aproximadamente 61% dos ouvidores das Minas. Em princípio apenas um dado sobre progressão na carreira, ele deve ser compreendido tanto pela distinção que o título conferia aos ministros régios, como também pela importância dos vários privilégios e isenções que o acompanhavam.[51] Segundo Nuno Monteiro, esse estatuto é "equiparado ao de fidalgo"[52] e, portanto, a mobilidade social ascensional no grupo de ouvidores das Minas é surpreendente, como mostra o Quadro 6.

Além disso, nota-se que desse grupo ascendente participaram muitos cuja origem familiar vinculava-se às categorias não só de negociantes, como também de mecânicos e lavradores, ou "gente da segunda condição".

---

49   MONTEIRO, Nuno Gonçalo; CUNHA, Mafalda Soares. "Governadores e capitães-mores do império atlântico português nos séculos XVII e XVIII", *op. cit.*, p. 195.

50   MAGALHÃES, Joaquim Romero. "Os nobres da governança da terra", *op. cit.*, p. 71.

51   Carta de privilégio de desembargador. ANTT, Chancelaria de D. Maria I, liv.33, fl.05 a 07. 18/03/1788.

52   MONTEIRO, Nuno Gonçalo. Poderes e circulação das elites em Portugal. In: _____. *Elites e Poderes*. Lisboa: ICS, 2003. p.125.

QUADRO 6
Estatutos nobilitantes nas famílias dos ouvidores

Categorias/ Classificação social	Avô paterno	Avô materno	Pai	Bacharel / Ouvidor
Fidalgo cavaleiro da casa real e cavaleiro fidalgo	2	3	10	13
Moço da Câmara do Guarda-roupa	-	-	1	-
Capelão fidalgo e escudeiro fidalgo com foro de cavaleiro fidalgo	-	-	-	1
Cavaleiro professo na Ordem de Cristo	4	2	7	43
Cavaleiro professo na Ordem de São Tiago	-	1	-	-
Título de conselheiro	-	-	-	9
Título de desembargador ou privilégio do uso da beca	-	1	8	49
Familiar do Santo Ofício	2	2	6	13
Barão/Visconde no Império do Brasil	-	-	-	1

Fonte: Produzido pela autora a partir de dados extraídos de acervos da ANTT, DP, Leituras de Bacharéis; Registro Geral de Mercês; Chancelarias Régias Habilitações da Ordem de Cristo; Habilitações do Santo Ofício.

Outro aspecto que deve ser mencionado em relação à situação familiar desses indivíduos é que nem sempre eram filhos de legítimo matrimônio, e nesses casos necessitavam que seus pais solicitassem mercê de legitimação para realizarem o exame no Desembargo do Paço. Foi o caso de Bernardo Pereira Gusmão e António Rodrigues Banha, sendo o primeiro filho natural de fidalgo e o segundo filho de desembargador.

Em relação à qualidade de nascimento ilegítimo, também os filhos de religiosos mencionados foram todos legitimados posteriormente com vistas a realizarem o exame no Desembargo do Paço e seguirem a carreira das Letras. A historiografia[53] tem dado pouca atenção a essa questão da ilegitimidade, já que do ponto de vista de estudos mais gerais ,o percentual de ilegítimos é pouco significativo, mas nesse estudo somam 7% do total dos ouvidores cujo nascimento foi marcado pela condição de ilegítimo. O nascimento ilegítimo em si, assim como a origem mecânica, não foi elemento impeditivo para seguir a carreira das Letras. Como foi o caso dos ouvidores mencionados acima, uma vez solicitadas as legitimações, e concedidas, depois faziam o exame no Desembargo e davam prosseguimento a suas carreiras.

Quanto a outros estatutos sociais nobilitantes no período e com índices significativos revelados na pesquisa, aparecem em primeiro lugar os hábitos da Ordem de Cristo. Apesar da "grande abertura no acesso aos hábitos das ordens militares"[54] ao longo do século XVII e das consequências desse processo de extensão do ponto de vista das honras que o estatuto de cavaleiro de uma ordem militar conferia, ao longo do século XVIII e para o padrão de obtenção do hábito das ordens pelos ouvidores não há indicativo de que tenha havido um descenso, pelo menos em toda a primeira metade do Setecentos, visto que cerca de 50% foram cavaleiros professos na Ordem de Cristo.

Deve-se acrescentar que este foi um padrão generalizado entre magistrados régios,[55] assim como para além de um capital simbólico que o estatuto possuía no contexto do império português moderno. Especialmente para aqueles magistrados que atuavam em áreas como as Minas, acrescenta-se o importante mercado de hábitos entre os beneficiários e interessados nessa aquisição, conforme salienta Fernanda Olival,[56] mercado no qual não eram incomum as renúncias em terceiros. Ou seja: agraciados renunciavam o hábito em favor de outros que, impossibilitados de aceder ao estatuto por alguma má-

---

53 CAMARINHAS, Nuno, op. cit., E também dados de: SUBTIL, José, op. cit., p.601

54 MONTEIRO, Nuno. *Crepúsculo dos grandes: a casa e o patrimônio da aristocracia em Portugal (1750-1832)*, op. cit., p. 28.

55 CAMARINHAS, Nuno. op. cit., p. 184.

56 OLIVAL, Fernanda. *As ordens militares e o Estado Moderno: honra, mercê e venalidade em Portugal (1641-1789)*. Lisboa: Estar, 2001. 570 p.

cula, recebiam-no como renúncia em pagamento de dívidas.[57] Bem menores são os índices de beneficiários dos hábitos das ordens militares entre os pais e avós dos ouvidores, o que se explica, certamente, pela forte relação observada entre serviços régios e concessão de mercê do Hábito de Cristo, quase sempre atribuída a magistrados após doze anos de serviços prestados.

Aqui fica evidente um aspecto importante do grupo de ouvidores de comarcas em Minas, cuja diversidade de origens sociais e categorias profissionais entre os ascendentes é um indicador de que eles não integravam um grupo autônomo, nem apresentavam uma tendência marcante no que diz respeito à autoperpetuação.[58] Assim, estavam mais afeitos às mudanças, às mobilidades social e profissional, mesmo se se beneficiassem com os parâmetros tradicionais de uma sociedade estamental onde determinados estatutos nobilitavam. Pela própria natureza do perfil familiar dessa magistratura, percebe-se que eles se adaptaram muito bem ao contexto de mudanças próprio ao século XVIII, em especial, como ocorreu com as reformas pombalinas.

Um percentual menor dessa magistratura, 15,4%, pertenceu à rede de familiares do Santo Ofício,[59] que foi honra mais restrita no grupo, mas não menos importante do ponto de vista dos privilégios que com ela se conquistava.[60] É improvável que se possa explicar esse percentual menos significativo da familiatura entre ouvidores de Minas no século XVIII em comparação com o elevado número deles que foram agraciados com o Hábito de Cristo, pelo ca-

---

57 ANTT, RGM, D. Maria I, liv. 5, fl. 152v, 10/04/1780. Entre os ouvidores, têm-se alguns casos de renúncia de tenças, como foi o caso de Francisco Moreira Matos, que, no final de sua vida, renunciou à tença efetiva de 30$000 réis com mercê do Hábito de Cristo em favor de António José de Souza, para pagamento de dívidas.

58 Em um importante estudo sobre o Tribunal da Relação do Rio de Janeiro, Arno e Maria José Wehling levantam essas hipóteses para o grupo de magistrados que compuseram o tribunal e chegam a conclusões bastante próximas do que aqui se apresenta como perfil dos ouvidores que atuaram nas Minas. Aliás, muitos deles também foram nomeados desembargadores daquele tribunal. WEHLING, Arno e Maria José. *Direito e justiça no Brasil Colonial: o Tribunal da Relação do Rio de Janeiro (1751-1808)*, op. cit., p. 265-268.

59 OLIVAL, Fernanda. "Mercado de hábitos e serviços em Portugal (séculos XVII-XVIII)". *Análise Social*, vol. 38, n. 68, p. 743-769, 2003.

60 Os privilégios em questão são, em sua maioria, isenções concedidas a familiares do Santo Ofício, sobretudo impostos no nível concelhio. CAMARINHAS, Nuno, op. cit., p.193-196.

ráter rigoroso das inquirições que precediam à admisão ao Santo Ofício, visto que as qualidades necessárias à aprovação estavam presentes no perfil deles e de suas famílias. É mais provável que esse menor índice se justifique em função das reformas introduzidas pelo Marquês de Pombal, em especial aquelas que afetavam a necessidade de averiguação da pureza de sangue, como a lei que decretou o fim da distinção entre cristãos-velhos e cristãos-novos, o que reduziu o "capital simbólico da pertença"[61] ao estatuto de familiar do Santo Ofício. Gradualmente, as reformas políticas se fizeram sentir do ponto de vista social, esvaziando de sentidos e reduzindo a atratividade pela pertença a alguns corpos sociais e promovendo outros estatutos nobilitantes.

Essas formas de distinção não eram concedidas apenas a indivíduos provenientes de famílias nobres ou que viviam "à lei da nobreza", mas também a outros grupos familiares listados: mecânicos, lavradores, negociantes, proprietários de ofícios e letrados. Excetuando-se os letrados, que desfrutavam de prestígio conferido pelos estudos jurídicos na universidade e, portanto, atribuída a eles "certa nobreza" pela via das Letras,[62] para os demais grupos familiares as formas de distinção social aqui explicitadas têm peso ainda maior para se pensar a questão das possibilidades de mobilidade social. Para muitos desses magistrados e suas famílias — que faziam investimentos, muitas vezes elevados no processo de formação —, alcançar primeiro a honra de entrar para o serviço régio e depois aceder aos ínumeros estatutos nobilitantes passíveis de serem pleiteados por eles era o resultado esperado. Muitas vezes esse processo estratégico de mobilidade ascensional era demorado, lento e, em uma sociedade de ordens, procurava conciliar a ascensão econômica com a social. Nesse sentido, é também importante ressaltar alguns casos, que, para além do perfil mais geral expressado nos quadros apresentados, são esclarecedores dessas estrátegias familiares de mobilidade nas diferentes categorias sociais apresentadas.

---

61 SILVA, Antonio Delgado. *Coleção da Legislação Portuguesa*. Lisboa: Tipografia Maigrense, 1844. v. 4. p. 381 *apud* CAMARINHAS, Nuno. *Ibidem*, p. 196. Lei de 25 de março de 1773 e confirmada por aviso de 11/03/1774.

62 HESPANHA, António Manuel. "A nobreza nos tratados jurídicos dos séculos XVI a XVIII". *Penélope*, Lisboa, n. 12, 1993, p. 32.

O primeiro caso a ser destacado é o do ouvidor Sebastião de Souza Machado, cuja trajetória profissional como ministro régio encerrou-se com o cargo de ouvidor nas Minas, de onde foi levado preso para o Limoeiro, onde permaneceu até a morte. Magistrado natural da vila das Velas no bispado de Angra, Sebastião de Souza Machado era filho de Sebastião Gomes da Fonseca, pintor e morador na cidade de Lisboa. Consta na Leitura de Bacharéis que seu pai era perito na Arte, que possuía boa estimação e que era muito abastado de bens. A mãe do bacharel era Catarina Vieira Machado, natural da vila das Velas, e os avós maternos eram pessoas das principais da vila e viviam de suas fazendas e lavouras sem nunca terem exercido ocupação mecânica. Pai de origem mecânica, porém bem-sucedido e abastado de bens, uniu-se com esposa filha de pessoas tidas como principais da ilha. Tal modelo prevalece na análise dos ouvidores com ascendência mecânica, em que as famílias investiam em estratégias para nobilitação que poderiam relacionar-se com os casamentos realizados entre famílias com maior distinção social e também se apoiando nas filhas e filhos, com o objetivo de conquistar uma mobilidade social ascendente.

No caso da família do ouvidor, havia duas irmãs do ministro que foram recolhidas ao convento da ilha. Ele fora mandado para a Universidade de Coimbra, onde se formou em Canônes, o que o habilitava para uma carreira tanto no serviço régio quanto no eclesiástico.[63] Era bacharel no ano em que fez a leitura, casado com a filha do contratador das madeiras da cidade de Lisboa, a qual viria a ser ama-de-leite do infante Alexandre, o que rendeu ao magistrado uma nomeação como provedor das obras dos órfãos do reino do Algarve.[64] Embora a mobilidade ascencional tenha ficado pela metade do caminho com a prisão do ouvidor — que não acedeu aos estatutos nobilitantes — ainda assim seus herdeiros não figuram exatamente como vítimas de um descenso.

Consta no inventário do magistrado que ele teve oito filhos, cinco homens e três mulheres. A descendência do ministro era numerosa se comparada com o padrão mais geral do grupo, mas três filhos faleceram, dois foram professores dominicanos no Estado da Índia e uma filha religiosa professou no

---

63 ANTT, DP, Leitura de Bacharéis, Maço 04, n. 13, 07/05/1719.
64 ANTT, CHAN, D. João V, liv. 65, fl. 134 v.27/07/1724

convento da Rosa. O magistrado deixou uma fortuna de 15:825$222 (quinze contos, oitocentos e vinte e cinco mil e duzentos e vinte e dois réis) para os três filhos que se habilitaram para receber a herança. Não consta que algum de seus descendentes tenha chegado a exercer ofícios mecânicos. Portanto, apesar da ausência de estatutos nobilitantes mais elevados, como o de fidalgos, o ouvidor Sebastião de Souza Machado e seus filhos são um exemplo bastante eficaz das estratégias de mobilidade social que uma família com origem mecânica podia adotar para a ascensão.[65]

Outro caso importante de ascensão e mobilidade entre magistrados de origem familiar mecânica é o de Matias Pereira de Sousa, natural de Lisboa, ouvidor da comarca do Rio Velhas a partir de 1725. Seu pai fora caixeiro e depois escrevente do tesoureiro da alfândega, de onde recebia ordenado. O avô paterno era passamaneiro e o materno era oficial de tanoeiro. Suas duas avós eram pessoas de "segunda condição".[66] O avô materno, natural da vila de Almada, ao tempo em que exercia o ofício de tanoeiro foi procurador do conselho e almotacé, sendo que sempre conservou sua oficina aberta até a morte, motivo pelo qual o bacharel foi reprovado em duas ocasiões distintas de sua vida e precisou ser "dispensado de mecânica" por graça régia.[67] Na primeira, para fazer exame de leitura no Desembargo do Paço; e na segunda, em 1732, quando recebeu mercê do hábito de Cristo. Todavia, nas suas provanças a Mesa não o considerou capaz de entrar na ordem.

Na petição que fez solicitando dispensa pelas complicações que resultaram das provanças para receber o hábito da Ordem de Cristo, o ministro iniciou com os seguintes termos: "Diz o doutor Matias Pereira de Souza, Cavaleiro Fidalgo da Casa de Vossa Magestade...",[68] e logo enumera uma série de serviços prestados tanto por ele, quanto por seus familiares, invocando os méritos do tio, que lutara em várias campanhas da guerra contra Espanha, e aqueles que ele próprio havia feito no Brasil como juiz de fora do Rio de Janeiro, como ouvidor da mesma capitania e como ouvidor do Rio das Velhas. Mes-

---

65 ANTT, Inventários, Maço 28, doc. 08, 1762
66 ANTT, TSO, HOC. Maço 48, n. 11, 05/6/1732
67 ANTT, DP, Leitura de Bacharéis, Maço 25, n. 7, 22/01/1720
68 ANTT, TSO, HOC, Maço 48, n. 11, 05/6/1732. Petição com solicitação de dispensa.

mo antes de ir para o Brasil, em 1721, o ministro tornou-se "familiar do Santo Ofício",[69] assim como seu pai, que já possuía o estatuto. Finalizou sua carreira como desembargador da Relação do Porto, em que é aposentado, em 1750.[70]

Em sua habilitação como familiar consta que era o único filho homem de seu pai, que era rico e solteiro. Entra com o pedido de informação da limpeza de sangue de Clara Josefa Rita de Gusmão em 1734. O parecer de aprovação das diligências da noiva somente é aprovado em 1751, o que indica que o ouvidor se casou muito tarde.

Embora nada se possa falar sobre a descendência do ministro, se é que existiu, está claro que teve um processo de mobilidade social ascensional considerável, uma vez que, mesmo tendo origens mecânicas, alcançou vários estatutos nobilitantes, conforme descrito, e o título de desembargador da Relação do Porto. Outro dado importante é que o próprio ministro se declara em petição "cavaleiro fidalgo da Casa Real", mercê que não foi encontrada para confirmar o acesso a esse estatuto, mas que é evidência suficientemente forte já que se tratava de uma petição que solicitava ao rei dispensa de ascendência mecânica.

Pela peculiaridade da ascendência paterna, um último caso a ser mencionado é o do ouvidor Cipriano José da Rocha. Filho de presbítero do hábito de São Pedro, depois de já ter contraído o estado de clérigo de ordem sacra. O ouvidor foi legitimado no final da vida de seu pai, que não possuía quaisquer outros herdeiros ascendentes nem descendentes. O ouvidor teve como mãe mulher solteira, filha de pais que nunca exerceram ofícios mecânicos e viviam de suas fazendas. Feita em 1707,[71] a legitimação parece ter aberto portas para o ouvidor, que, em 1719, realizou a leitura de bacharel[72] no Desembargo do Paço, já com 34 anos, casado e abastado de bens. Antes disso, atuou, desde 1711, como advogado na vila da Barca, de onde era natural, e fora nomeado pelo donatário como ouvidor em 1716. Depois de entrar para o serviço régio, já com larga experiência no reino, foi designado para juiz-dos-órfãos da Bahia, em 1733, com promessa de um lugar de ouvidor nas Minas sem concurso, o que se realizou

---

69 ANTT, TSO, Maço 3, doc. 58.
70 ANTT, CHAN, D. João V, liv. 130, fl. 197v.
71 ANTT, CHAN, D. João V, liv. 134, fl. 9v, 15/05/1707. Carta de legitimação.
72 ANTT, DP, Leitura de Bacharéis, Maço 1, n. 3, 02/07/1719.

em 1735. Retornou a sua vila de origem no Reino depois desse período de seis anos na comarca do Rio das Mortes, onde faleceu, depois de ter dado boa residência[73] do cargo anterior. Deixou descendência distinta. Seu filho, Tomás Pedro da Rocha, foi desembargador do Paço e conselheiro da rainha D. Maria I, recebeu o estatuto de fidalgo da Casa Real em 1781.[74] Pelo menos dois de seus netos seguiram a carreira das Letras, sendo que um deles era, já em 1803, desembargador da suplicação.[75] Embora não haja ascendência mecânica na família do ouvidor, se considerada a particularidade de seu nascimento, sua trajetória, a de seu filho e netos mencionada comprova uma mobilidade social ascensional bem apoiada na ascensão econômica das famílias. O caminho do ouvidor foi pontuado pela ascensão econômica, e ele não obteve quaisquer dos estatutos nobilitantes mencionados como relevantes para se considerar a mobilidade social no período. Mas seu filho chegou aos mais considerados títulos e estatutos nobilitantes para o caso da magistratura letrada que ascende pela via dos serviços régios e, portanto, coroando de sucessos as estratégias dessa família da província do Minho para uma mobilidade ascensional.

Não se pode deixar de mencionar também o número significativo de magistrados que foram filhos de militares, entre eles capitães, sargentos, alferes e "coronel".[76] Como principal categoria de ocupação aparecem os serviços militares, mas todos também são tidos nas Leituras como pessoas que viviam nobremente e abastadamente, ou que eram das principais famílias da vila ou cidade onde viviam. Somam um percentual de 13% das ascendências parternas dos ouvidores. A categoria dos militares[77] pode ser considerada como equivalente à de juízes no Portugal moderno. Nos casos de pais dos ouvidores mencionados pertencendo às ordenanças, são identificados pelas testemunhas como

---

73 ANTT, DP, Leitura de Bacharéis, Maço 1, n. 17, 2/12/1777.
74 ANTT, CHAN, D. Maria I, liv. 09, fl. 206, 01/03/1781
75 SUBTIL, José. *Dicionário dos desembargadores (1640-1834)*, op.cit., p. 518-519.
76 Na Leitura do Bacharel Jose de Goes Ribeiro Lara de Moraes, natural de São Paulo, seu pai, natural da cidade de Lisboa, era o coronel Manoel Antunes Belém Andrade. ANTT, DP, Leitura de bacharéis, Maço 28, n. 11. 14/5/1766.
77 HESPANHA, António Manuel. "Conclusão". In:_____. *Nova história militar de Portugal*. Lisboa: Círculo de Leitores, 2004. v. 2. p. 62 e seguintes.

indivíduos que gozavam de foro especial e, portanto, de reconhecimento no interior das hierarquias sociais. Uma patente militar era em si um instrumento de nobilitação na sociedade de Antigo Regime, mesmo que seu titular tivesse exercido ofícios mecânicos e/ou se sua origem estivesse vinculada a famílias de mecânicos.[78] Mesmo desfrutando de prestígio social, o número significativo de magistrados com ascendência paterna nessa categoria, tanto nos efetivos mais gerais de juízes e magistrados — fato salientado por Nuno Camarinhas, quanto no grupo de ouvidores que atuaram em Minas, sugere que o caminho das Letras era uma via de manutenção e de ampliação dos estatutos nobilitantesbastante procurados para os filhos dessas famílias.

Um exemplo específico é o do ouvidor do Serro do Frio, Domingos Manuel Marques Soares,[79] filho de "sargento-mor de câmara". Seu avô materno era capitão. Naturais de Arrifana, em vila da Feira, além do ouvidor, que teve uma carreira bem-sucedida e chegou a desembargador do Porto, o irmão mais velho Fernando José Marques Soares também seguiu a carreira das Letras. É um indício suficiente da importância que se atribuía à carreira letrada e à magistratura régia, mesmo em famílias que desfrutavam de prestígio e distinção social pela possibilidade de manutenção ou ampliação desse prestígio.

Ao tratar das estratégias familiares de mobilidade social ascensional, sobretudo aquelas que buscavam legitimar a ascensão econômica e a riqueza, é muito significativo o percentual de ouvidores cuja ascendência paterna era de comerciantes de grosso trato, que representavam 12,34% do total de indivíduos pesquisados. Os grandes comerciantes, gradualmente, adquiriram importância econômica no império português ao longo dos séculos XVI e XVII, já que, conforme salienta Júnia Furtado,

> (...) as necessidades de um importante comércio de cabotagem transoceânico, ligando as metrópoles às suas respectivas colônias, requeriam capitais vultosos e estrutura organiza-

---

78 COSTA, Ana Paula Pereira. *Atuação de poderes locais no Império Lusitano: uma análise do perfil das chefias militares dos Corpos de Ordenanças e de suas estratégias na construção de sua autoridade. Vila Rica, (1735-1777)*. Dissertação (Mestrado em História) – PPGHIS-UFRJ, Rio de Janeiro, 2007. 164 p.

79 ANTT, DP, Leitura de bacharéis, Maço 08, n. 23.

cional que nem o Estado sozinho, nem o pequeno comerciante tradicional, eram capazes de responder.[80]

Entretanto, segundo a autora, somente a partir de meados do século XVIII é que os comerciantes passaram a viver uma integração mais efetiva nos "negócios do Reino e à sociedade".[81] Essas famílias desenvolveram estratégias de nobilitação enquanto não se "consagrou", a partir da ascensão de Pombal ao poder, "a compatibilidade entre nobreza e o comércio por grosso".[82] Por meio dessas estratégias, buscava-se a legitimação social necessária ao reconhecimento dos ricos homens, uma vez que nessa sociedade, ainda marcada por vários aspectos do Antigo Regime,

> (...) a riqueza pode constituir um meio legítimo de mudança de estado se ela não resultar de um processo ilegítimo de aquisição de bens. Por isso, em vez de legitimar a mobilidade social, a riqueza carece, pelo contrário, ela própria de legitimação.[83]

Não é difícil entender por que um número significativo de famílias de comerciantes de grosso trato investiu na formação de seus filhos na Universidade de Coimbra e na entrada deles para o serviço régio. Estrategicamente, esse comportamento atendia a interesses de ascender aos estatutos nobilitantes relevantes para aquela sociedade de ordens e, portanto, abria portas para uma mobilidade social ascensional de um grupo enriquecido, mas, ainda assim, socialmente excluído. Além disso, poderiam assegurar em diferentes espaços de poder aliados a seus interesses, que, muitas vezes, mantiveram-se entrelaçados — como se verá adiante em algumas trajetórias desses magistrados que atuaram nas Minas.

É importante mencionar que o percentual de ascendentes que foram comerciantes de grosso trato é quase equivalente ao dos militares e é superior

---

80 FURTADO, Júnia Ferreira. "Fidalgos e Lacaios". In:_____. *Homens de negócio: a interiorização da metrópole e do comércio nas Minas setecentistas*. São Paulo: Hucitec, 2006, p. 35.

81 *Ibidem*, p. 41.

82 MONTEIRO, Nuno Gonçalo. *Crepúsculo dos Grandes, op. cit.*, p. 28.

83 HESPANHA, António Manuel. *A mobilidade social na sociedade de Antigo Regime, op.cit.*, p. 129.

ao de outras categorias, como as de ascendentes desembargadores e juízes/letrados/advogados. Apresenta-se um padrão diferenciado dessa categoria sócio-profissional em relação ao efetivo geral dos magistrados do império português, conforme tabela produzida por Nuno Camarinhas, na qual grandes comerciantes figuram como ascendentes de apenas 4% dos magistrados com identificação das ascendências.[84]

Terceira principal ascendência do grupo de ouvidores de Minas, os comerciantes de grosso trato buscavam a conciliação entre estratégias de nobilitação e certa racionalidade prática na condução dos negócios, com a expansão significativa de redes de influência, nesse caso para uma das regiões mais importantes do império no século XVIII. Pelo menos cinco dos ouvidores filhos de comerciantes de grosso trato chegaram a desembargadores de tribunais superiores, sendo que três deles tiveram pais estrangeiros (um francês, um de Hamburgo e um da República de Genova).

Entre esses filhos de comerciantes de grosso trato, destaca-se José Carvalho Martens. Natural da cidade do Porto, não só teve ascendência paterna estrangeira como também seu pai e avô paterno foram luteranos. O pai do ouvidor "fez-se católico" quando veio para o Porto e casou-se com filha de lavradores, que "viviam honradamente de suas fazendas" e que se declaravam todos "nobres". Os avós paternos eram pessoas de consideráveis negócios.[85] O pai, Henrique Martens, já era falecido na época dos exames de leitura no Desembargo. O que se enfatiza nas inquirições é que ele e o avô do bacharel eram pessoas de crédito e consideráveis negócios na "praça comercial" do Porto e que eram limpos de sangue e sem ofício mecânico algum.

Depois de atuar, a partir de 1732, como ouvidor da Vila do Príncipe, foi nomeado, em 1741, para a Relação do Porto; em 1748, para a Casa da Suplicação;[86] e, em 1766, como conselheiro da Real Fazenda, ocasião em que recebe carta do título de "conselheiro e fidalgo da Casa Real".[87] Exemplo claro de uma estratégia de mobilidade social e de mudança de estado bem-sucedida,

---

84 CAMARINHAS, Nuno, op. cit., p. 150
85 ANTT, DP, Leitura de bacharéis, Maço 42, n. 2
86 ANTT, RGM, D. João V, liv. 23, fl. 154 e 154v.
87 ANTT, CHAN, D. José I, liv. 28, fl. 86.

o ouvidor não se casou, mas teve filha com mulher solteira no período em que esteve na América, a qual legitimou e instituiu como herdeira de seus bens, honras e títulos, filha que se casou com outro desembargador, Francisco Roberto de Sá Ferrão.[88] O neto do ouvidor também se tornou desembargador, foi transferido em 1835 do posto de presidente do Depósito Público de Lisboa para presidente da Praça de Leilões. Era fidalgo cavaleiro.[89]

Outras classificações sócio-profissionais nas famílias dos ouvidores mineiros são menos significativas, como as dos proprietários de ofícios, letrados, juízes, advogados, médicos e oficiais do conselho da Fazenda, mas para todas elas há uma relação com o universo das elites letradas ou com a ocupação de postos na administração local, em que se conheciam bem as possibilidades que as carreiras no serviço régio ofereciam para ampliação ou manutenção de privilégios, honras e mercês de estatutos nobilitantes.

Os perfis e as origens sócio-familiares dos ministros que atuaram nas Minas como ouvidores de comarca eram acentuadamente diversificados. Não é possível, por isso mesmo, dizer que se constituíam como grupo social autônomo e que tendiam para sua autorreprodução por meio da ocupação de cargos no serviço régio. Muito ao contrário, percebe-se uma série de grupos sociais distintos, pertencentes, até mesmo, a estamentos diferentes e, quase sempre, bem-sucedidos economicamente, buscando se legitimarem e ascenderem socialmente por meio do caminho aberto pela formação jurídica na Universidade de Coimbra. Tal caminho mostrou-se bastante eficaz para ouvidores mineiros, na medida em que permitiu acesso a muitos deles a uma nobreza cível e política,[90] com destacado papel nas estruturas administrativas do império.

---

88 ANTT, MR, decretamentos de serviços, Maço 154, n. 4-10/06/1790.
89 SUBTIL, José. *Dicionário de desembargadores (1640-1834), op.cit.*, p. 337-338.
90 MONTEIRO, Nuno Gonçalo. "Elites locais e mobilidade social em Portugal nos finais do Antigo Regime". *Análise Social*, v. 32, n. 41, p. 335-368, 1997.

Formação na universidade e acesso ao serviço régio: o peso das origens e do mérito acadêmico

O caminho até as Minas podia ser longo e oneroso.

A princípio, pode-se dizer que eram necessários investimentos bastante significativos na formação em cânones ou leis. A formação, que transcorria de modo geral na Universidade de Coimbra, dependia, em grande medida, das possibilidades que as famílias possuíam para assegurar a manutenção e a permanência dos filhos estudantes. Embora, segundo Joana Estorninho de Almeida, não houvesse no ato da matrícula dos estudantes nenhuma exigência quanto à origem social ou quanto às possibilidades econômicas de manutenção, uma série de exigências — como a de jurar a permanência em Coimbra e a de apresentar-se com trajes adequados ao estudo — produzia uma seleção ao longo do processo de formação que era o contrapeso da aparente abertura social da universidade.

Para a autora,

> (...) esta abertura social da universidade permitia, aparentemente, a entrada de um universo de estudantes bem mais diversificado do que aquele que é comum pensar-se para época (...) a seleção social ia sendo feita naturalmente. (...) com a obrigação de permanecer na cidade — e, inerentemente, com os custos que essa obrigação acarretava — e com a obrigação do exame em latim, que implicava um investimento anterior. Mais tarde, com os (...) custos exponenciais dos actos e dos graus das faculdades.[91]

Embora não houvesse uma fiscalização da universidade sobre as origens sociais dos estudantes — o que se reflete no grupo de ouvidores estudados, entre os quais existiam filhos ilegítimos e de padres, de mecânicos, lavradores, indivíduos portanto que apresentavam alguns "defeitos" do ponto de vista da estratificação social vigente na época — outros mecanismos de seleção atuavam desde o início da formação dessa elite letrada. Era necessário, então, que as famílias pudessem arcar com o ônus de uma formação dispendiosa e, em alguns

---

[91] ALMEIDA, Joana Estorninho, *op. cit.*

casos, contar ainda com alguma proteção de outros mais abastados. Os alunos menos afortunados poderiam tornar-se criados, para, assim, graduar-se em cânones ou leis, habilitando-se a realizar os exames no Desembargo do Paço.

Do ponto de vista da formação, pode-se dizer que o grupo de ouvidores aqui estudado é uma parte privilegiada de um processo de seleção rigoroso que acontecia ao longo de muitos anos de estudo, incluindo os da Universidade de Coimbra, em que se graduavam em uma das faculdades mencionadas. Alguns trabalhos sobre estudantes da universidade têm apontado que um número muito significativo de matriculados não chegava a se graduar devido ao elevado custo de manutenção ao longo do tempo. Especificamente para uma carreira da magistratura, somente poderiam almejar os serviços régios aqueles que conseguissem levar adiante sua formação na universidade até se graduarem. Conforme já dito, a maior parte dos ouvidores não era sequer de cidades próximas à universidade. Muitos vinham do ultramar e todos deveriam se comprometer em permanecer na cidade de Coimbra durante todo o processo de formação. Para o caso daqueles que se graduavam em Canônes ou Leis, como os ouvidores de Minas, o tempo de permanência poderia variar entre 5 a 8 anos, sendo que, ao final do quinto ano, o aluno que realizasse os "atos e exames públicos e fosse aprovado em todas as disciplinas" recebia certificado da universidade, o que lhes permita o exercício da profissão.[92] Mas somente ao final do oitavo ano, com a formatura em direito, é que poderiam se candidatar à magistratura da Coroa.

Ao longo de todo esse período de formação, os estudantes de Coimbra estavam provisoriamente desenraizados, longe da convivência familiar e, segundo Virgínia Valadares,

> (...) ocupando, na Universidade, um lugar intermediário entre o corpo docente da instituição, com plena autoridade doutoral, em relação ao qual se sentiam inferiores como aprendizes do saber, e a população (moradores comuns da cidade de Coimbra), na sua grande maioria inculta, em relação à qual eram superiores intelectualmente. [93]

---

92 VALADARES, Virgínia. *Elites mineiras setecentistas: conjugação de dois mundos*, op. cit., p. 163.
93 *Ibidem*. p. 211.

Entretanto, gozavam de foro privilegiado. Não eram julgados nem presos pela Justiça Comum. Apesar do foro acadêmico, os alunos da universidade permaneciam sob vigilância de homens de armas, denominados "verdeais", que faziam a vigilância no bairro em que residiam, prendendo aqueles que tivessem mau comportamento e/ou que infringissem os estatutos da universidade.[94] Além disso, os estudantes e futuros examinandos do Desembargo do Paço precisavam considerar que um dos aspectos que se levava em conta para a entrada no serviço régio e durante os exames era a informação sobre os procedimentos do aluno na universidade e em Coimbra.

As informações de "bem morigerado", boa vida e costumes, eram essenciais nas inquirições que se faziam pelo Desembargo. Mesmo desenraizados e longe de suas famílias, esses indivíduos deveriam manter conduta irreparável para não correrem o risco de criar entraves ao desenvolvimento de suas futuras carreiras, nas quais as famílias investiam não apenas seus cabedais, mas também, como visto anteriormente, expectativas de reconhecimento e mobilidade ascensional.

Quanto à escolha das faculdades que cursavam, foram identificados 42 ouvidores formados em Leis e 26 em Cânones. Aqueles que se formaram em Cânones também poderiam seguir carreira eclesiástica, além da carreira nos serviços régios, mas não foi essa a escolha que predominou.

Constitui aspecto peculiar em relação aos efetivos gerais de matriculados na Universidade de Coimbra e aos ministros régios em geral que, segundo dados de Joana Estorninho e de Nuno Camarinhas, escolheram em maior número a formação em Cânones. Joana Estorninho[95] preocupa-se com a formação dos alunos e os estudos jurídicos, mas focando apenas o século XVII. É bastante natural a predominância de um maior percentual dos alunos que se matriculavam em Cânones.

---

94 LAMY, Alberto de. *A academia de Coimbra (1537-1990)*. Lisboa: Rei dos Livros, 1990, p. 28. *apud* VALADARES, Virgínia. *Elites mineiras setecentistas*: conjugação de dois mundos, *op. cit.*, p. 75

95 ALMEIDA, Joana Estorninho, *op. cit.*, p. 42-55. A autora explica essa preferência dos alunos matriculados na Universidade de Coimbra pelos estudos jurídicos, por finalizarem estudos em Direito Canônico, pelas maiores oportunidades de inserção na administração tanto civil como eclesiástica burocratizada no período moderno. Como ocorreu também em outros países da Europa, como França, e em faculdades jurídicas italianas.

Já no trabalho de Nuno Camarinhas[96] sobre juízes e administração da justiça, tem-se um período de análise mais alargado com referência a todo o século XVIII, no qual — pelo menos após o período de reformas nas universidades promovidas por Pombal — enfatizava-se uma alteração nesse quadro das preferências dos alunos de Coimbra — ou pelo menos maior equilíbrio entre a formação em Canônes e em Leis.

Portanto, destaca-se o aspecto de os ouvidores mineiros terem sido escolhidos com maior frequência, mesmo durante a primeira metade do século XVIII, entre aqueles cuja formação tenha sido feita em Leis, e não em Cânones, como ocorria em maior número nos efetivos gerais de ministros régios. Há nisso evidências da preferência por uma justiça régia mais laica nas Minas desde o início do século, o que se refletiu, mais tarde, em inúmeros conflitos entre as jurisdições régias e eclesiásticas após a implantação do Bispado de Mariana.[97]

QUADRO 7
Formação

Formação na universidade de Coimbra	Nº	%	Diploma obtido		
			Bacharel	Licenciado	Doutor
Leis	42	61,8	39	1	2
Cânones	26	38,2	23	3	
Total	68	100	62	4	2

Fonte: Produzida pela autora a partir de dados extraídos de acervos do ANTT, DP, Leituras de Bacharéis (68 de 86 = 79% de leituras encontradas)

Quanto ao diploma obtido pelos ouvidores na universidade, uma maioria muito expressiva obteve o diploma de bacharel, que lhe permitia realizar

---

96 CAMARINHAS, Nuno, *op. cit.*

97 AGUIAR. Marcos Magalhães. "Estado e Igreja na Capitania de Minas Gerais: notas sobre mecanismos de controle da vida associativa". *Revista Varia Historia*, Belo Horizonte, n. 21, p. 42-67, 1999.

exames para a carreira da magistratura régia no Desembargo do Paço e se candidatar aos concursos para provimento dos cargos.

O tempo para a obtenção dessa formatura como bacharel era de oito anos aproximadamente, mas poderia ocorrer em tempo menor desde que o aluno fosse aprovado nos atos acadêmicos e em todas as disciplinas. Em seu estudo sobre os estudantes mineiros em Coimbra, Virgínia Valadares cita o exemplo de Antônio Pereira da Silva. Matriculado em Canônes em 1726, tornou-se bacharel em 1730, formou-se em 1731 e concluiu o doutoramento[98] nesse mesmo ano, obtendo vários diplomas num tempo muito menor do que o normalmente previsto.

GRÁFICO 1- Conceitos obtidos na Informação da Universidade e no Exame de Leitura no DP

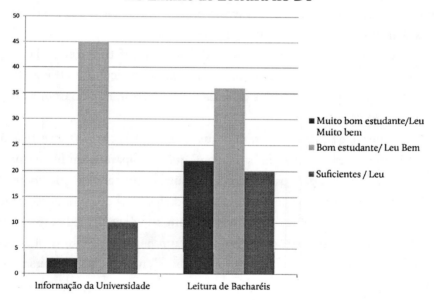

Fonte: Produzido pela autora a partir de dados extraídos de acervos do ANTT, DP, Leituras de Bacharéis e Assentos de Leituras.

---

98 VALADARES, Virgínia. *Elites mineiras setecentistas: conjugações de dois mundos*, op. cit., p. 394.

No que diz respeito à qualidade dos ministros como estudantes (Gráfico 1), constam nas Leituras que 45 magistrados foram considerados "bons estudantes"; dez, "suficientes", e apenas três "muito bons". Das Leituras consultadas, em apenas 58 delas constava a informação da universidade. Embora corresponda a apenas 67,5% do total de magistrados estudados, evidencia-se uma tendência quanto ao conceito intermediário de "bom estudante". Quanto ao resultado obtido por esses mesmos bacharéis nas Leituras, nas quais foi possível identificar o resultado de 68 magistrados aprovados nos exames, tem-se, como mostra o Gráfico 1, um perfil de excelência para grande parte dos ministros que atuaram em Minas: 52,9% leram bem e 32,3% leram muito bem, enquanto 29% apenas leram e foram aprovados. Ou seja: a maioria dos magistrados que exerceu o cargo de ouvidores nas Minas, do ponto de vista acadêmico, era bem qualificada e com boas informações sobre os conceitos obtidos na universidade, mesmo que não houvesse muitos deles investidos em diplomas mais avançados do que a formatura como bacharéis.

Comparativamente, cita-se os dados sobre os efetivos gerais da magistratura apresentados por Nuno Camarinhas para os séculos XVII e XVIII, no que diz respeito à qualidade dos candidatos que passaram pelo exame do Desembargo do Paço.

Primeiro, é necessário ressaltar que Camarinhas, em suas investigações, apurou um conceito abaixo de "suficiente" que não aparece em nenhuma das Leituras encontradas para os ouvidores mineiros: o conceito de "medíocre". Os dados foram organizados para as duas faculdades, Leis e Cânones, separadamente e por faixa conceituais: muito bom, bom, suficiente e medíocre. O autor obteve para os alunos matriculados em Leis um percentual muito elevado de candidatos que obtiveram o conceito "muito bom", numa relação inversa para o caso dos candidatos formados em Cânones, entre os quais poucos conseguiram o resultado "muito bom". Apurou, ainda, certo equilíbrio entre os alunos que obtiveram o conceito "bom" em ambas as faculdades, mas um número muito elevado de candidatos formados em Cânones que obtiveram conceito "suficiente" e também o de "medíocre" (a maioria) no exame do Desembargo. Para o autor, os dados demonstram que a faculdade de Leis no período estudado por ele superava os da faculdade de Cânones quanto à qualidade dos alunos formados.

Esses dados ajudam a pensar o perfil dos magistrados que ocuparam o cargo de ouvidor em Minas no que tange à formação, demonstrando que o critério da qualidade de formação esteve presente e que a maioria dos ouvidores mineiros foi escolhida entre os legistas. Os magistrados formados em Canônes que foram para Minas, em sua maioria, foram bons estudantes com boa leitura no Desembargo e alguns poucos eram suficientes. A maioria desses bacharéis em Canônes foi designada para o cargo ainda na primeira metade do século XVIII.

Além do longo período de formação e do ônus que ela representava para as famílias — que deveriam garantir toda sustentação, compra de livros e, ainda, às custas dos atos e exames necessários à formatura do bacharel —, outros obstáculos poderiam existir no caminho. No Desembargo do Paço, era preciso comprovar: o mérito, por meio do exame de leitura; experiência profissional, com certidões de outros ministros/desembargadores que assegurassem a boa atuação dos candidatos em juízos; correições e audiências em tribunais que assistiram, geralmente por um período de dois anos antes do exame; e a realização das inquirições *De Genere*, nas quais se verificavam as qualidades quanto a origens familiares e se certificava da limpeza de sangue necessária aos ascendentes dos candidatos ao serviço régio, e a deles próprios, que era, para além do mérito, condição indispensável exigida para a entrada na carreira. Nessas inquirições também se averiguavam, como já dissemos, os hábitos e costumes dos habilitandos, que deveriam ter boa vida e bons costumes.

Até 1773, antes da lei que proibiu a distinção entre cristãos velhos e cristãos novos em Portugal, essas inquirições eram feitas, sobretudo, para assegurar que os candidatos, pais e avós não pertencessem a nenhuma das "nações infectas", mulatos, judeus, mouros. Ou seja: investigavam se eles não descendiam dos "novamente" convertidos à fé católica (cristãos-novos). Apenas um dos ouvidores mineiros em suas inquirições teve problemas relacionados a rumores de ascendência moura. Uma das testemunhas na inquirição feita na comarca de Torres Vedras, de onde eram naturais os avós paternos, declarou ao provedor que havia rumores de que o bisavô do avô do bacharel tinha sido "batizado em pé". Qualquer rumor desencadeava um processo longo de investigação e inquirições, com o objetivo de saber se tinha fundamento. A história que aparece nas inquirições do bacharel é muito mirabolante, mas, ao mesmo tempo, esclarece como esses rumores podiam surgir em função de conflitos e disputas com aqueles que ocupavam algum posto nas câmaras das localidades. Merece ser reproduzida a transcrição do despacho que fez o provedor de Torres, em 1727, Manuel Ferreira Barreto, um ano e meio depois de iniciado o processo de habilitação do bacharel, com o teor seguinte:

> Capacitando-me que a fama em que se acha o habilitante de ter raça de mouro lhe vem pelo ramo dos Madureiras, me constou que o mesmo habilitando he quarto neto de João de Madureira morador que foi no lugar da Marteleira, por cujo falecimento se fez inventário no juízo dos órfãos da Vila de Lourinha, aonde foi vereador, e serviu os mais cargos honrados. Hum seu neto chamado Francisco de Madureira, bisavô do habilitando, e na certeza de que o dito João de Madureira não foi batizado em pé, reperguntei a testemunha Antonio Francisco que afirma ouvir dizer a seu pai, e outras pessoas velhas que o tal mouro batizado em pé fora bisavô de Francisco Madureira, pai de Manoel Jorge, avô do habilitando, que por esta conta fica sendo quinto neto do referido mouro, sendo infalível, que nenhumas pessoas por mais velhas que fossem, lhe podiam dar individual notícia do sobredito mouro, porque as de maior idade, que agora existem, confessam ouvirem dizer a seus antepassados que já pessoas antigas diziam não saber se, nem achar-se princípio certo da sobredita fama e constantemente persuadido de que este defeito ou esta fama sem fundamento a que mais me inclino, tem seu fundamento mais longe do que pretende intimar a dita testemunha. Passei a buscar o princípio que teve e huns dizem fora em tempo que hum ascendente do habilitando servia de vereador na referida vila da Lourinha, porque tendo este razões com um negro, quer era magarefe, lhe chamara cão, e dizendo o tal negro que cão era ele, se fora a Barcelos e trouxera uma justificação pela qual se mostrava ser mouro e batizado em pé um seu antepassado de que nascera ... (a fama), e suspenderam o tal vereador do cargo que ocupava de que haviam papéis no cartório da comarca da sobredita vila e outros insistem em que dando à costa haverão quinhentos anos um navio de mouros nas vizinhanças da Atougueia, escapara somente um mouro e que levantando-se este com todos os efeitos que vinhão do dito navio compara muitas fazendas no sítio da Marteleira e fizera um casal, que houve se chama o casal do Campelo, compondo-se este apelido = de

> cão, por ser mouro seu dono e + pelo por ser o dito mouro muito cabeludo e que deste tal procedia esta família, porém a maior parte dos homens daqueles contornos entendem não ter a dita fama motivo algum entendível, e huns religiosos de muita autoridade naturais do mesmo distrito e já falecidos sempre lastimavam o miserável estado a que a dita família se deixava chegar, conhecendo que por sua omissão se não tinha ajuizado esse negro e publicando a dita família não ter defeito algum. Em cujos termos sem embargo que a fama que o habilitando padece seja universal no lugar da dita Marteleira, e suas vizinhanças com a justificação a que se referem os que afirmam viera de Barcelos, o ascendente do mesmo habilitante, que se diz fora batizado em pé, se não ache no cartório da câmara da sobredita vila, nem documento algum que diga respeito a esta matéria, e se considere quase impossível que de um navio de mouros dado as costas escapasse um somente e todas as fazendas que vinhão no dito navio; e impraticável que o dito mouro ficasse na posse das ditas fazendas, e a testemunha Antonio Francisco, por se contradizer não mereça algum crédito e as famas que não procedem de conjecturas, que sejam verossímeis se não considerem rigorosamente famas, mas vans vozes do povo que não devem com efeito ouvir-se nem atender-se e por tal se repute a chamada fama de que se trata pelas pessoas de maior autoridade, melhor razão e mais timoratas; Vossa Magestade mandará o que for servido, Torres Vedras em 5-01-1727.[99]

Como já salientado, o tempo e os obstáculos que poderiam surgir entre a formação e a entrada para os serviços régios poderiam ser muitos e dispendiosos, já que todos os processos de inquirições e averiguações ficavam a cargo dos habilitandos, o que, no caso do ouvidor José de Souza Monteiro, foram muitos e embaraçosos. Mesmo que depois de um ano e meio ele tenha provado sua limpeza de sangue pela falta de fundamentos da fama lançada por uma testemunha, sua habilitação foi rejeitada por mecânica do pai, que era cirurgião. Levou pelo menos mais um mês até que o bacharel conseguisse a dispensa de ascendência mecânica para conseguir sua habilitação e, finalmente, concorrer aos cargos da Justiça Régia.

---

99   ANTT, DP, Leitura de bacharéis, Maço 18, n. 32. 13/07/1725

Após a publicação da lei que proibia a distinção entre cristãos velhos e cristãos novos em Portugal em 1773,[100] as inquirições continuaram a ser feitas, mas as investigações ocorriam sobre outros aspectos que se adequavam mais ao reformismo pombalino e ao controle que se pretendeu sobre as estruturas politico-administrativas. Em particular, inquiriam-se as testemunhas sobre terem os ascendentes cometido crimes e, especialmente, os de lesa-majestade, não obstante a necessidade de dispensa por ascendência mecânica ter permanecido ao longo do século.

No caso dos 84 ouvidores aqui estudados, oito foram reprovados pelo Desembargo por serem seus ascendentes oficiais mecânicos, mas foram todos dispensados pelo rei e puderam ocupar os cargos da justiça régia. Entretanto, é curioso notar, como no caso já citado de João Alves Simões, que na Leitura não consta sua ascendência mecânica e somente nas inquirições para o hábito de Cristo é que essa origem veio à tona.

A dispensa era procedimento comum, já que nenhum dos magistrados reprovados no Desembargo apenas por esse requisito deixou de conseguir a mercê régia. Entretanto, receber uma mercê de dispensa podia implicar a imposição ao candidato de certas condições para entrar no serviço régio, como ter de servir no ultramar, o que, afinal, somente seria uma condição desfavorável se os dispensados por mecânica fossem nomeados para cargos cujos rendimentos fossem diminutos em relação ao Reino ou que oferecessem algum perigo durante o exercício.

Entre os dispensados de mecânica, há um caso digno de nota, que foi o de Valério da Costa Gouvea,[101] dispensado por conta da mecânica da avó materna, que era costureira, e do avô paterno, que era carpinteiro, tendo seu pai iniciado o aprendizado do ofício sem concluí-lo para ir ter ocupação na Casa Real. O bacharel assina uma declaração de que, saindo aprovado, não colocaria dúvidas em ir para os lugares ultramarinos. Entretanto, suas duas primeiras ocupações não foram no ultramar, e sim no Reino, como juiz de fora de Caste-

---

100 Carta de Lei de D. José I, de 1773, relativa à abolição das designações de "cristão velho" e "cristão novo": SILVA, Antonio Delgado. *Coleção da Legislação Portuguesa, op. cit.*, p. 381 *apud* CAMARINHAS, Nuno, *op. cit.*, p. 126.

101 ANTT, DP, Leitura de Bacharéis, Maço 02, n. 24, 13/11/1703.

lo de Vide e outra em Castelo Branco. Apenas em sua terceira ocupação, e por escusa de Manoel Evóra Heitor, ele foi nomeado para Minas como ouvidor do Rio das Mortes. Depois, mudou para o estado eclesiástico e chegou a arcebispo da Lacedemônia, conforme informação do Memorial dos Ministros. Uma trajetória incomum para ministro com tantas ascendências mecânicas. É certo que o fato de seu pai ter ocupação na Casa Real como reposteiro[102] exerceu alguma influência em sua carreira, pois, além do mérito acadêmico e da limpeza de sangue, outros fatores influenciaram os concursos para bacharéis.

Assim, depois de ultrapassarem o exame no Desembargo de Paço e alguns obstáculos que dele poderiam advir, os bacharéis podiam ser opositores nos concursos para nomeação dos lugares de letras. Os concursos consistiam na elaboração de uma lista com os dados dos qualificados a ocuparem os cargos disponíveis, a partir da qual era escolhido o ministro régio. Constavam os indicados pela Mesa (do Desembargo do Paço) e por desembargadores que indicavam seus candidatos à parte. Muitas vezes, não havia indicados pela Mesa e nas listas somente figuravam os indicados por determinados desembargadores e vice-versa. Houve casos em que, embora quase sempre o escolhido fosse um dos que estavam na lista, ocorreu de os nomeados para ocupar o cargo em concurso não terem sido mencionados como candidatos. Fica claro pela documentação do Desembargo do Paço que os critérios para ascender aos cargos do serviço régio eram mistos. Entre eles, estavam aqueles que envolviam mérito acadêmico profissional e outros que se relacionavam com os mecanismos de exclusão/inclusão numa sociedade de ordens em que os privilégios e favores concedidos ultrapassavam outros.

O concurso para ouvidor da comarca do Serro do Frio em 1732, por exemplo, ilustra bem a situação. Não houve indicados pela Mesa e os indicados pelos desembargadores Baltasar do Rego, Gregório Pereira Fidalgo da Silveira e Antonio Teixeira Alves não foram escolhidos. Como ouvidor, foi nomeado pelo rei Joseph Carvalho de Martens, com beca e promessa de, com boa residência do cargo, obter mercê de um lugar de desembargador da Relação do Porto.[103]

---

102 ANTT, TSO, Maço 01, doc. 07.
103 ANTT, DP, RJDM. Consultas sobre propostas de nomeação para lugares de Justiça. Maço 1903.

A nomeação de Joseph para atuar numa área essencial para os interesses da Coroa, em função da exploração dos diamantes, sem participar do concurso, guarda relação com os acontecimentos políticos das Minas no período. Em fins do governo de dom Lourenço — sobre o qual recaíam suspeitas graves, como o de contrabando de diamantes e ouro em pó e o envolvimento com o crime da Casa de Moedas falsas[104] — é certo que a indicação desse ouvidor pelo rei, com tantas promessas de ascensões futuras, é indício de que o magistrado vinha cumprir papel específico no interior dessas redes clientelares e de poder.

A entrada dos bacharéis no serviço régio e sua continuidade nele podiam comportar algumas incertezas, já que os critérios não se resumiam a uma formação universitária, nem à comprovação do mérito profissional e de limpeza de sangue. Incluíam-se nesse processo outros critérios, nem sempre claros, relacionados ao modelo de sociedade estamental e de ordens. Desse modo, para uma primeira nomeação "não é raro ler que tal magistrado era escolhido pela sua classificação na Universidade mas também porque seu pai era desembargador, ou porque o seu tio era oficial da Casa Real",[105] conciliando a pertença a corpos privilegiados com outros interesses de ordem política e aspectos relacionados à competência e ao mérito acadêmico.

---

104 CAMPOS, Maria Verônica. "Colhendo as uvas". In: _____ . *Governo de Mineiros: "de como meter as Minas numa moenda e beber-lhe o caldo dourado"* 1693-1737, op. cit., p. 298-315.

105 CAMARINHAS, Nuno, op. cit., p. 266

CAPÍTULO 3

A REMUNERAÇÃO DE SERVIÇOS DOS OUVIDORES EM MINAS

A remuneração dos serviços prestados pelos magistrados nomeados pela Coroa para ocuparem o cargo de ouvidores de comarcas nas Minas durante o século XVIII constitui questão fundamental para esclarecer como a passagem pela região contribuiu para o enriquecimento e, até mesmo, para a mobilidade social do grupo. Para além do fato de que o exercício de cargos em qualquer parte do espaço ultramarino contasse como fator que podia encurtar os percursos funcionais, para dimensionar outro aspecto do processo de progressão da carreira dos ministros régios em terras do ultramar é essencial realizar um levantamento do que o cargo poderia render a seu titular. Para isso é necessário avaliar a remuneração dos ouvidores de comarca tanto do ponto de vista de salários, emolumentos e propinas, assim como de mercês e outras formas de remuneração de serviços, sobretudo as que possuíam caráter nobilitante. Além das formas de ganhos lícitos respaldados nos regimentos e nos costumes locais, esses ministros régios também se beneficiavam de muitas formas de ganhos ilícitos resultantes de seu envolvimento com a sociedade local e com seus negócios, comportamento proibido por lei régia, embora frequentemente adotado pelos ouvidores. Como será discutido mais adiante.

No que diz respeito ao exercício do cargo nas Minas, a remuneração será abordada aqui principalmente com base em dois regimentos que regulamentavam os salários e os emolumentos durante os Setecentos: o de 1721 e outro de 1754.

Ao lado da possibilidade de acúmulo de bens honrosos, os serviços ao rei significavam para os ouvidores o acúmulo de riquezas, especialmente quando os serviços eram exercidos em cargos no ultramar, sobretudo nas Minas — onde a remuneração atingia patamares significativamente mais elevados do que em outras regiões do império. Qual foi, efetivamente, o papel das Minas no percurso de mobilidade ascensional dos ministros régios que atuaram nela? No caso específico dos ouvidores, é importante refletir sobre o sentido do exercício do cargo numa área de mineração e sobre as vantagens econômicas que essa magistratura obteve a partir daí. Pilar gêmeo dos serviços no processo de mobilidade ascensional, o enriquecimento, lícito ou ilícito, foi importante sustentáculo para facilitar a ascensão e nobilitação daqueles ouvidores de comarca.

A descoberta do ouro nas Minas transformou toda a Repartição Sul da América Portuguesa numa área fundamental para a Coroa e demandou a organização de um aparato burocrático e administrativo que viabilizasse a exploração e o controle sobre a região.

Uma das mais importantes áreas do aparato administrativo foi ocupada pelos ouvidores das quatro comarcas que exerciam a judicatura em segunda instância na capitania das Minas Gerais. Esses ministros régios também estavam à frente das eleições e correições às câmaras, além de exercerem outras atividades, como vistorias em terras minerais. Em conjunto com o cargo de ouvidores, eles exerciam a serventia do ofício de provedores das fazendas dos defuntos, ausentes, capelas e resíduos, tendo sob seu comando aspectos mais variados da organização social e política das Minas Gerais. A ocupação desse ofício, embora não estivesse prevista nos regimentos utilizados pelos ouvidores, era desde o início procedimento comum, de modo que, uma vez nomeados para o cargo de ouvidor de comarcas em Minas, os ministros recebiam logo em seguida o alvará de serventia do ofício de provedor das fazendas dos defuntos, ausentes, capelas e resíduos.

Para eles, a ocupação desse ofício viabilizava não só grande influência social, como também possibilidades de ganhos avultados sobre a arrecadação feita neste juízo. Outro aspecto muito importante e pouco discutido prende-se à influência que esses magistrados exercem localmente, tendo sob seu controle e supervisão a arrecadação dos bens de ausentes e o "cofre dos órfãos", uma vez que se subordinavam a eles os juízes de órfãos e demais oficiais que atuavam na provedoria.

A passagem desses ministros pelas Minas foi quase sempre marcada por conflitos entre diferentes grupos de poder. Apesar dos riscos políticos, também representava a possibilidade de os ouvidores reduzirem o tempo de progressão na carreira, conforme salientam os historiadores José Subtil e Nuno Camarinhas,[1] atingindo mais rapidamente cargos mais altos. Contudo, o mais significativo aspecto da ocupação desses cargos em Minas foi a de possibilidade de inúmeras formas de remuneração e ganhos, que simbolizava para esses indivíduos, oriundos, em sua maioria, de famílias que viviam dos rendimentos de suas terras, a possibilidade real de ascensão e mobilidade socioeconômica.

As nomeações para ouvidor de comarca eram trienais, mas a maioria dos ouvidores acabava ocupando o cargo por tempo bastante superior. Muitos permaneciam em seus cargos e atribuições por um tempo médio de cinco anos. Entretanto, houve casos em que o ouvidor permaneceu oito, nove anos, e ainda houve aqueles poucos que permaneceram nas Minas após findo o exercício do cargo. As provisões eram passadas com uma determinação de exercício do cargo por um período de três anos ou até enquanto o rei não determinasse o contrário e mandasse tirar residência do ouvidor.

Alguns ministros régios foram nomeados desembargadores das Relações ultramarinas ou, mesmo, do Reino, mas continuaram a exercer cargos nas Minas. Importante exemplo é o do desembargador Francisco José Pinto de Mendonça, que havia sido ouvidor da comarca do Rio das Mortes e depois foi nomeado desembargador do Porto e Casa da Suplicação, continuando como intendente dos diamantes no arraial do Tejuco, onde permaneceu até a morte.[2]

Nos casos de permanências mais longas, e até nas médias entre cinco a seis anos, as possibilidades de construção de redes clientelares e de poder por esses magistrados ampliavam-se. As redes eram necessárias para o domínio dos sistemas de valores e costumes locais, mas também viabilizavam a ampliação de ganhos lícitos e ilícitos, por meio da participação em atividades econômicas locais proibidas a ministros régios — como a mineração e os negócios.

---

1 CAMARINHAS, Nuno, *op. cit.*, p. 384; e SUBTIL, José Manuel Louzada Lopes. "Ouvidores e ouvidorias no Império português do atlântico". In: _____. *actores, territórios e redes de poder, entre o Antigo Regime e o Liberalismo, op. cit.* Os dois autores salientam que o processo de progressão nas carreiras podia tornar-se mais curto quando os serviços eram prestados no ultramar.

2 ANTT, RGM, D. Maria I, liv. 17, fl. 212. Mercê de confirmação da instituição de Morgado, feita em testamento com que faleceu no Arraial do Tejuco.

A construção eficaz desses relacionamentos sociais nos locais onde atuavam, favorecida por um modelo político-social no qual "outras formas de ordenação (informais e pouco visíveis enquanto tal) subjaziam, estruturava e condicionava os instrumentos e aparelhos visíveis de imposição ou execução da autoridade juridicamente definida",[3] e acabava por muitas vezes permitindo que atuações corruptas figurassem como muito limpas e zelosas do serviço régio nos mecanismos institucionais de controle da magistratura.

Outro aspecto relevante é que nas Minas os ouvidores acumulavam vários outros ofícios e atribuições que rendiam também salários ou emolumentos e propinas, como o cargo de juiz dos feitos da Coroa, com 400$000 mil réis de salário. Também serviam como chanceleres da Fazenda com mesmo selo e direitos que se cobravam na chancelaria do Reino. E muitas vezes assumiam cumulativamente as intendências, e vice-versa.[4]

Eram os ouvidores os responsáveis por diligências e vistorias nas terras minerais, com a obrigação de colocarem em arrecadação os direitos da Coroa. Considerados os acúmulos de outros cargos e levando-se em conta apenas os benefícios lícitos efetivos de cada atribuição, como salários, propinas e emolumentos, os rendimentos de um ouvidor em Minas chegavam à soma média de 2:400$000 réis anuais. Não estão registrados nesse valor o que eles podiam levar por diligências para as quais normalmente eram destacados, como sindicâncias ou residências que faziam uns dos outros com remuneração à parte.

Eventualmente, recebiam também propinas quando arrematavam nas Minas ou no Reino contratos de passagem, dízimos e entradas, resultando em somas avultadas.[5]

---

3   HESPANHA, António Manuel. Às Vésperas do Leviathan, instituições e poder político: Portugal, séc. XVIII. Coimbra: Almedina, 1994, p. 339.

4   Sobre os ouvidores servirem como intendentes, ver o caso do ouvidor de Ouro Preto Modesto Antônio Mayer, nomeado intendente dos diamantes pelo governador em fins do século XVIII. O ouvidor da comarca do Serro do Frio foi preterido e muitos conflitos marcaram o espaço político no Distrito Diamantino em função da nomeação do governador. Ver: FURTADO, Júnia Ferreira. "Relações de poder no Tejuco: ou um teatro em três atos". Revista Tempo, Rio de Janeiro, v. 7, p. 129-142, 1999.

5   COELHO, José João Teixeira. Instrução para o governo da Capitania de Minas Gerais, op. cit., p. 64-68. Como juiz dos feitos da Coroa, recebia das entradas 1:200$000, dos dízimos

O exercício do cargo de ouvidor nas Minas podia proporcionar aos ministros régios rendimentos que superavam os de quase todas as regiões do império no mesmo cargo, e superavam — ou equivaliam — os rendimentos de cargos mais elevados, como o de desembargador de algumas das Relações nesse mesmo período, conforme demonstram os dados levantados por Nuno Camarinhas para os ministros no Reino, e por Arno Wehling para as duas Relações do Brasil, a da Bahia e a do Rio de Janeiro (Quadro 8).

QUADRO 8
Comparativo de valores de salários entre cargos

Cargo/função	Reino	Tribunais superiores no Reino: Porto, Suplicação e D. Paço	Tribunal da Relação do Rio de Janeiro	Tribunal da Relação da Bahia	Minas
Juiz de fora (Primeira entrância)	106$531	-	-	-	-
Corregedores (correição ordinária)	175$658	-	-	-	-
Desembargador ou desembargador presidente	-	400$000 a 560$000	-	-	-
Ouvidor-geral do Crime	-	-	1:120$000	1:200$000	-
Ouvidor-geral do Cível	-	-	1:300$000	1:350$000	-
Ouvidor-geral da comarca de Vila Rica com o acúmulo de juiz da Coroa apenas	-	-	-	-	600$000+ 400$000= 1:000$000

1:800$000, pelo contrato das passagens do Rio da Mortes 300$000.

Ouvidor-geral da comarca do Serro do Frio com o acúmulo de intendente dessa comarca com mais meio salário dos intendentes das outras comarcas + ajuda de custo fixa das diligências que fazia no cargo que acumulava. Além das propinas e emolumentos.	-	-	-	-	600$000+ 800$000+ 500$000= 1:900$000

Fonte: Produzido pela autora a partir de dados apresentados por CAMARINHAS (2010) e WEHLING (2004) e dados da pesquisa dos ouvidores mineiros.

Aos rendimentos descritos, acrescentavam-se para os ouvidores os da serventia de provedor das fazendas dos defuntos, ausentes, capelas e resíduos, correspondendo a dois terços de toda arrecadação desse juízo,[6] e as propinas e emolumentos de todos os outros acúmulos que tinha. Nesse sentido, no conjunto da análise produzida sobre o perfil e o papel dessa magistratura letrada nas Minas setecentista, a questão da remuneração do cargo de ouvidor nas Minas assume uma dimensão até então pouco trabalhada pela historiografia, sobretudo a que discute o espaço político e os conflitos intra-autoridades, em que os ouvidores sempre aparecem como protagonistas de conflitos os mais diversos.

As razões apontadas por essa historiografia para boa parte dos conflitos têm relação com os interesses políticos e econômicos desses magistrados, mas quase nunca há referências claras sobre os valores e as possibilidades de ganhos lícitos e ilícitos que estão por detrás dessas relações conflituosas.[7] É funda-

---

6   APM – SC. 14, folhas 84 a 87v. Regimento dos salários dos oficiais de justiça, feito pelo governador, ouvidor-geral do Rio das Velhas e Juiz de Fora da Cidade do Rio de Janeiro.

7   Conforme salientado na introdução desse trabalho os conflitos intra-autoridades e/ou envolvendo agentes da Coroa em conflitos locais foram muito constantes e interpretados pela historiografia mineira a partir de perspectivas muito distintas. Entretanto, quando se trata do envolvimento dos agentes da Coroa é sempre importante lembrar a indissociabilidade entre os aspectos políticos e econômicos de seu envolvimento. Entre os autores já citdados sobre o tema temos: Carla Anastasia (1998), Luciano Figueiredo Raposo (1995), Maria Verônica Campos (2004), Leandro Pena Catão (2005) e Adriana Romeiro (2008).

mental aqui detalhar bem as possibilidades de remuneração presentes com a ocupação do cargo de ouvidor nas Minas. Primeiro, aquelas previstas nos regimentos e, em seguida, todas as outras formas de remuneração associadas à aquisição de bens honrosos, quase sempre viabilizadores, também, de ganhos pecuniários, ou de um mercado de influências no interior de redes clientelares. Além disso, é necessário evidenciar os ganhos extras que eram auferidos em função dos costumes locais e os indícios de ganhos ilícitos presentes na trajetória de quase todos esses ministros régios que atuaram nas Minas.

Regimentos de salários e emolumentos e outros mecanismos de remuneração dos ministros régios nas Minas: os costumes locais

Por volta de 1713, o ouvidor da comarca do Rio das Velhas, Luiz Botelho de Queiroz, ao chegar a Vila Real de Nossa Senhora da Conceição de Sabará, foi informado dos excessivos salários que obtinham oficiais e ministros de Justiça. Numa atitude bastante autônoma em relação ao centro de decisões, o ouvidor reuniu em câmara os "homens bons" e "da governança", estabelecendo uma concordata para acomodar salários e emolumentos ao "estado da terra". Em 13 de novembro de 1714, o rei enviou carta de resposta sobre o caso da concordata, da qual solicita cópia para avaliar seus termos, ordenando que se observasse, enquanto não tomasse outra medida, o que já estava resoluto sobre levar os ministros e oficiais de justiça em "tresdobro os seus emolumentos".[8]

A concordata e a atitude do ouvidor tiveram repercussões futuras, visto que, em 1716, o governador dom Brás Baltazar da Silveira escreveu ao rei informando que quando chegou a Minas procurou fazer um regimento para salários e emolumentos junto com os ouvidores. Explicou que o ouvidor de Vila Real continuou achando exorbitantes as parcelas fixadas, e por isso havia reunido os homens bons de sua comarca e decidido se pautarem na sobredita concordata. O governador enfatizou que outras localidades mineiras não poderiam seguir o previsto pela concordata, como queria o rei, visto que nelas os

---

8 APM, SC. 02, fls. 26 e 26v.

alimentos não eram baratos como na comarca do Rio das Velhas e, não raro, o sustento nas outras comarcas era o dobro.[9]

Esse episódio revela uma questão importante sobre o estudo da magistratura colonial portuguesa, que são as vantagens econômicas decorrentes do exercício de cargos e ofícios da administração em geral e da justiça, provenientes especialmente dos salários e emolumentos dos administradores. Outro aspecto evidente é o posicionamento contrário do ouvidor em relação ao governador da capitania e aos demais ouvidores de outras comarcas. O ouvidor, que havia conquistado a adesão da câmara de Sabará, considerou mais importante o apoio das elites locais do que o das outras instâncias de poder no conjunto de forças em questão. Buscou assegurar, a partir de seu posicionamento em relação a salários e emolumentos, sua rede mais próxima de sociabilidade e poder no local onde administraria a justiça. Aparentemente, o ouvidor estava menos preocupado em assegurar elevados valores para seus ganhos lícitos e regulados por regimentos régios, e mais interessado nos benefícios que o uso político da questão da remuneração poderia trazer-lhe.

Mais tarde, em 1715, o ouvidor envolveu-se em conflitos com poderosos locais, certamente pertencentes a outro grupo da elite que não aderiram à rede clientelar do ouvidor, os quais fizeram circular papéis sediciosos na comarca em que se acusava o magistrado de estar envolvido com o contrabando pelo caminho da Bahia e associado com Manuel Nunes Viana. O ouvidor abriu uma devassa contra seus inimigos Luís do Couto e José de Seixas Borges, que foram julgados como culpados, o que depois levou à instauração de uma junta de justiça, por intermédio do governador, para proceder a novo julgamento, no qual prevaleceu novamente a sentença do ouvidor.[10]

Embora o ouvidor Luis Botelho de Queiróz inicialmente apresentasse discurso favorável à redução dos ganhos lícitos e regulados por regimento, o que se observa ao longo de sua atuação é seu envolvimento com parte das elites locais visando garantir outras formas de ganhos, muitas vezes mais vantajosas

---

9   APM, SC. 04, fls. 200v. e 201.
10 CAMPOS, Maria Verônica, *op. cit.*, p. 394

até que o valor em salários e, sobretudo, em emolumentos e propinas, mediante a participação em negócios considerados pela Coroa como ilícitos.

Apesar da existência de casos como o do ouvidor de Sabará, que num primeiro momento tratou de assegurar o apoio dos camaristas propondo a redução de salários e emolumentos, em geral a regra foi que os emolumentos e salários dos ouvidores originaram muitas reclamações por parte das câmaras durante a primeira metade do século XVIII. Desde a criação das quatro comarcas mineiras e da nomeação de ouvidores para cada uma, discutia-se um estatuto remuneratório que contemplasse tanto as demandas dos magistrados e oficiais de justiça, quanto as reais condições da sociedade mineira setecentista, que, como visto, era diversa em cada uma das quatro comarcas.

O problema do estabelecimento de regras específicas condizentes com o "estado da terra" para a remuneração dos serviços dos administradores parece ter se arrastado até 1721, quando consta registro de provisão real para a formação de uma junta que preparasse novo regimento de salários e emolumentos dos oficiais de justiça em Minas.[11] A junta foi composta pelo governador dom Lourenço de Almeida, o ouvidor da comarca do Rio das Velhas, Bernardo Pereira Gusmão, e o juiz de fora da cidade do Rio Janeiro, Manoel Luís Cordeiro.

A ordem régia anexada ao regimento informa ao governador e capitão general das Minas que "os oficiais da câmara da Vila do Carmo e outras pessoas zelosas do bem público" reclamaram, através de uma representação, que os "ministros e oficiais de justiça e fazenda (...)" ganhavam salários exorbitantes pelas assinaturas, escritas e diligências, os quais "se fazem intoleráveis aos povos, e porque convém remediar este dano". Seria necessário formar junta para estabelecer um regimento sobre essa matéria.[12] Registrado na secretaria de governo em 17 de setembro de 1721, o regimento estabelecia regras para a remuneração dos seguintes oficiais: ouvidores-gerais de comarca, tabeliães de notas, escrivães de ouvidorias e tabeliães do judicial, escrivães dos órfãos, distribuidor, inquiridor, contador, meirinhos, escrivães da vara, porteiro, partidor dos órfãos, escrivães da câmara, escrivães da almotaçaria, advogados, re-

---

11 APM, SC. 14, fls. 84-87v. Regimento dos salários dos oficiais de justiça, feito pelo governador, ouvidor-geral do Rio das Velhas e Juiz de Fora da Cidade do Rio de Janeiro.
12 APM, SC. 14, fls.84-87v, 26/03/1721.

querentes, guardas-mores e seus escrivães, além de custas para culpados em devassas e querelas.[13]

No que diz respeito a ouvidores, o regimento prescreve o salário de 500$000 (quinhentos mil réis) mais dois terços de toda a arrecadação feita pelo juízo dos defuntos e ausentes pelo exercício da função de provedores. Sabe-se que, juntamente com as provisões de cargos, o rei, ao nomear esses magistrados, passava também uma provisão para seus salários, que era, no século XVIII, de 600$000 (seiscentos mil réis), cem mil a mais que o valor prescrito no regimento. Além do salário, esses ministros régios recebiam provisões para aposentadoria (moradia) e mantimentos, que eram estipuladas para muitos ouvidores separadamente, sendo pagas costumeiramente pelas rendas das câmaras. Nas anotações de despesas da câmara de Vila do Carmo (Mariana) de 1715 a 1719, estão anotados os valores destinados ao pagamento de aposentadoria e mantimentos do ouvidor e seus auxiliares. Foram 354$000 (trezentos e cinquenta e quatro mil réis) em 1715, 117$000 (cento e dezesete mil réis) em 1716, 444$000 (quatrocentos e quarenta e quatro réis) em 1718, incluídos nesse montante o pagamento pelas contas e revisão dos livros da câmara feitas pelo ouvidor, e 183$000 (cento e oitenta e três mil réis) em 1719.[14]

Em relação às assinaturas desses magistrados, são discriminados a seguir os itens respeitantes ao exercício da judicatura:

a. Pelas sentenças extraídas do processo, de qualquer quantia que fosse, os ministros letrados levavam uma oitava de ouro.
b. Dos processos de crime, cartas de seguro, inquirições, precatórias ou justificações que julgassem por sentença, também levavam uma oitava de ouro.
c. Pelo selo em sentenças ou em qualquer papel que fosse selado, levariam os ouvidores um quarto da oitava de ouro.
d. Pelos mandados de preceitos ou de outros quaisquer mandados, levariam um quarto da oitava de ouro.

---

13   APM, SC. 14, fls.84-87V.
14   UFOP — Arquivo da Câmara Municipal de Mariana. Livro de receita e despesa da Câmara Municipal: I- 3.1 nº 664, 1712-1736.

e. Por apresentação de autos que viessem para auditoria por apelação ou agravo de instrumento, pelos juramentos supletórios, pelos juramentos de alma e pelos editos, um quarto da oitava de ouro.
f. Por cada auto de arrematação, meia oitava de ouro.
g. Por fazerem vistorias na vila, levavam duas oitavas de ouro e se fossem fora da vila, quatro oitavas. Recebiam por vistorias ou exames feitos em casa meia oitava de ouro.
h. Por cada testemunha que o ouvidor perguntasse, recebia meia oitava de ouro.

Os valores mencionados somente eram pagos aos magistrados letrados. O regimento adverte que nenhum ministro não letrado, mesmo que provido pelo rei, poderia levá-los, e nem os juízes ordinários nos casos em que substituíssem os ouvidores. Além desses valores, as câmaras pagavam pela assinatura e revisão de livros, por ajuste de contas e por revisão das provisões passadas por elas. Em 1719, Manoel Mosqueira Rosa recebeu da câmara de Vila do Carmo a quantia de 192$000 (cento e noventa e dois mil réis) por rever seus livros, provisões e contas.[15] Mesmo depois de nomeados juízes-de-fora para a cidade de Mariana, os ouvidores continuaram tomando contas e executando correições como corregedores na câmara daquela cidade, situação da qual resultou sempre muitos conflitos entre esses dois ministros letrados.

É difícil precisar com exatidão os ganhos reais que cada um dos ouvidores obtinha com assinaturas e emolumentos pelo exercício de suas funções judiciais anualmente. A dispersão das fontes necessárias para isso e a própria diversidade da prática judiciária que poderia marcar a atuação desses ministros, tanto nas diferentes comarcas quanto em diferentes períodos, inviabilizam a pretensão de se estabelecer cálculos exatos.

Pode-se, no entanto, inferir que o volume de serviços prestado por esses magistrados no contexto das Minas era bastante significativo, em função das características do território comparado a muitas outras regiões do império na América Portuguesa. Laura de Mello e Souza afirma que a "intensa vida urbana

---

15 UFOP — Arquivo da Câmara Municipal de Mariana. Livro de receita e despesa da Câmara Municipal: l- 3.1 n° 664, 1712-1736.

das Minas constituiu uma experiência ímpar na colônia predominantemente agrícola e rural que ainda era o Brasil no século XVIII" e "uma de suas consequências" foi um "convívio entre as populações muito mais íntimo do que em qualquer outro ponto", tendo impulsiomado a emergência de muitos conflitos.[16] Pode-se dizer que essa conflituosidade social presente nas Minas contribuiu para assegurar patamares remuneratórios significativos para esses magistrados régios, considerando-se seus emolumentos e propinas. Conforme salienta Marco Antonio Silveira, "a justiça era cara", ao que se deve acrescentar que

> (...) não apenas comerciantes ricos ou homens de patente tinham acesso à justiça local. Além de licenciados e reverendos, gente módica como sapateiros ou pedreiros, vendedores de toucinho e trabalhadores em cortes de carne iam a juízo pedir o que era seu... de um lado, desenrolavam-se processos referentes ao grande capital do comércio, de outro, ocorria uma gama de petições vinculadas aos pequenos conflitos do cotidiano...[17]

Em sua obra *Breve descrição geográfica, física e política da Capitania de Minas Gerais*, Diogo Pereira de Vasconcelos sugere o total anual de 2:340$000 (dois contos, trezentos e quarenta mil réis), incluindo no cálculo o ordenado como ouvidor e os de outras funções por ele exercidas, além dos prós e percalços,[18] emolumentos e propinas.

Durante o período de 1721 e 1754, quando esteve em vigor esse regimento, aparecem muitas controvérsias nos registros documentais pesquisados em relação aos ganhos dos oficiais de justiça em Minas, especialmente dos ouvidores.[19] Problemas relacionados à cobrança de propinas pela revisão de licenças

---

16 SOUZA, Laura de Mello e. *Desclassificados do ouro: a pobreza mineira do século XVIII*, op. cit., p. 104-105.

17 SILVEIRA, Marco Antônio. "Aluvionismo social". In._____. *O universo do indistinto*, op. cit., p.102. O autor apresenta uma tabela das custas em dezessete devassas e demonstra que, embora tenham caído os valores ao longo do século XVIII, em 1788 o valor médio das custas ficava em torno de 23$953 réis. (p. 162).

18 VASCONCELOS, Diogo Pereira Ribeiro de. *Breve descrição geográfica, física e política da Capitania de Minas Gerais*. Belo Horizonte: Fundação João Pinheiro; CEHC, 1994, p. 100.

19 Uma observação a ser feita sobre o regimento de 1721 é que ao final da prescrição dos emolumentos dos ouvidores consta a informação de que somente os ministros letrados e providos

dos ofícios mecânicos e médicos são uma constante. Representações feitas pelas câmaras aos conselhos régios reclamavam sempre da "consternação" a que eram submetidos os povos com os excessivos salários da Justiça. A ordem régia de 29/04/1732,[20] enviada em resposta à representação da câmara de Vila Rica sobre os excessos cometidos por ouvidores na revisão de licenças e em suas condenações, mostra — com base em um breve histórico, desde Manoel da Costa Amorim, primeiro ouvidor de Vila Rica — o quanto esses magistrados foram aumentando o rigor nas suas diligências e nos valores cobrados aos faltosos.

A ordem expressa ao final da correspondência aconselhava apenas que os ouvidores não excedessem o estilo praticado, que nessa ocasião era de duas oitavas. O problema se prolongou e o ouvidor Caetano da Costa Matoso, em 28/10/1750, recebeu ordem de não levar emolumento algum por rever as licenças. A regulamentação dos emolumentos e salários por si só não impedia que tais conflitos surgissem, de forma que os ânimos permaneciam sempre acirrados. Havia na legislação espaço para interpretações diferentes, sem contar que ao lado da lei formal e escrita também vigoravam, em uma ou outra região, seus próprios costumes no que diz respeito a práticas administrativas, sobretudo as remuneratórias, que apontam para uma das vias em que se articulavam arranjos políticos locais com representantes dos poderes do Centro.

No contexto de um império colonial tão vasto, centrado em formas de organização social e políticas típicas do Antigo Regime, as brechas na legislação significaram, em grande medida, a existência de um espaço para a participação dos diversos segmentos sociais em negociações que também levassem em conta seus próprios interesses. Para todo o período estudado, fica claro que os ouvidores estiveram atentos às possibilidades de ganhos sustentados em costumes locais e que foram hábeis negociantes dos seus próprios "direitos", mesmo contra determinações régias, como era de se esperar de magistrados que conheciam bem as limitações da "Lei Estatutária".[21]

---

pelo rei poderiam obter os proventos por assinaturas nele fixados.

20   APM, SC. 18, fl. 48.

21   HESPANHA, António Manuel. "Antigo Regime nos trópicos? Um debate sobre o modelo político do império colonial português, *op. cit.*, p. 46.

É importante considerar que as incertezas de progressão na carreira, associadas aos provimentos trienais, contribuíram para que os ouvidores se comportassem como ávidos defensores do aumento de suas receitas para além daquilo que estava previsto nos regimentos.[22] Além disso, percebiam claramente que as vantagens econômicas decorrentes do exercício do cargo em Minas dificilmente seriam superadas por aquelas obtidas em outros lugares, conforme demonstrado no quadro comparativo dos salários no início do capítulo.

Depois de mais de três décadas, o regimento de 1721 foi substituído pelo regimento de 15 de outubro de 1754, que ostentava o título: *Alvará em forma de lei pelo qual Vossa Majestade é servida declarar as assinaturas e emolumentos que deve haver os ouvidores, juízes e seus oficiais das comarcas das Minas Gerais, Cuiabá, Mato Grosso, São Paulo, e Goiás, e nas que ficam no continente do governo da Bahia, e todas as mais que se descobrirem nos mesmos ou diversos governos, e tudo na forma que acima se declara.*[23] No alvará que precede os itens do novo regimento, encontram-se informações relevantes sobre o posicionamento do Reino em relação ao governo de seus domínios imperiais. Logo no início, apresentam-se os motivos para a adoção dos princípios remuneratórios enunciados no regimento novo de 1754:

> (...) tendo particular cuidado na conservação e aumento dos meus domínios da América, o qual depende muito da boa administração da justiça (...) e havendo já dado as providências que pareceram necessárias para a subsistência dos ministros e oficiais (...) se não cumpre inteiramente em as comarcas das mesmas Minas e em outras que posteriormente se descobriram e povoaram, ou pela maior distância delas ou pela diversidade dos governos, introduzindo-se salários excessivos que se pretendem continuar por estilo e com pretextos menos justificados, em prejuízo dos povos.[24]

---

22 SUBTIL, José Manuel Louzada Lopes, *op. cit.*, p. 250.

23 A cópia utilizada aqui é a que consta no Códice Costa Matoso, na qual esse ouvidor fez uma série de comentários, procurando analisar os propostos no novo regimento, como o que se praticava com base no regimento antigo de 1721. *Códice Costa Matoso*. Belo Horizonte: Fundação João Pinheiro; CEHC, 1999. 2 v. Doc. 96, p.667-691.

24 *Códice Costa Matoso*, Belo Horizonte: Fundação João Pinheiro;CEHC, 1999. 2. Doc. 96, p. 669, 10/10/1754.

Embora configure discurso padrão em documentos elaborados pela administração da Coroa, esse enunciado contém afirmações relevantes sobre relações entre governo e súditos, assim como a indicação do papel remediador que a edição de aparatos legais assumiu naquele período. É discurso recorrente o fato de que os domínios da América eram enunciados como parte incontestavelmente importante do Império Colonial Português, sendo que sua conservação dependia do bom andamento da Justiça. Há o reconhecimento por parte da Coroa de falhas no governo de Minas, como o não cumprimento integral do regimento de 1721 pelos oficiais de justiça. Estão também aí enunciados os problemas decorrentes da distância e da diversidade, característicos da administração no império ultramarino.

Aparece mais adiante a tentativa de contemporizar com os diversos interesses envolvidos na questão, colocando-se o atual regimento como o "remédio" para abusos e excessos que prejudicavam os povos, mas também como instrumento que permitiria compensar trabalhos e despesas feitos pelos diversos oficiais. Nesse alvará já se observa um posicionamento claro contra a prática dos administradores de recorrerem sistematicamente ao direito costumeiro e ao estilo praticado para justificarem remuneração não especificada por regimento ou lei régia, de certo modo coibindo a independência com que agia essa magistratura letrada em prol de seus próprios interesses. Segundo Pedro Cardim, muitas vezes,

> (...) um ethos de independência (...) tendia a distanciar os magistrados do vértice político e dos seus interesses (...) e mais do que fiéis intérpretes dos desígnios do seu príncipe, convertiam-se muitas vezes nos principais opositores às suas medidas...[25]

O ouvidor Caetano da Costa Matoso, que faz apontamentos minuciosos sobre cada item do novo regimento, mostrando grande interesse e atenção em relação a ele, contesta uma série de afirmações referentes aos excessos e ao não cumprimento por parte dos oficiais da justiça do Regimento de 1721. Em 1752,

---

25 CARDIM, Pedro. "'Administração' e 'governo': uma reflexão sobre o vocabulário do Antigo Regime". In: BICALHO, Fernanda; FERLINI, Vera Lúcia Amaral. *Modos de governar*. São Paulo: Alameda, 2005, p. 61.

ano de edição do novo Regimento, Caetano da Costa Matoso estava fora não só do serviço régio como do próprio espaço geográfico da capitania, depois de ter sido afastado do cargo de ouvidor da comarca do Ouro Preto, onde servira, retornando ao Reino.[26] Apesar do "ostracismo" no qual se encontrava e da distância geográfica, ele demonstra em seus comentários profundo conhecimento sobre a capacidade que certo setor da burocracia atuante no império colonial possuía em relação tanto ao exercício de suas atribuições, quanto à aplicação de um heterogêneo aparato legal enquanto intérpretes da legislação.[27]

De modo geral, as observações de Caetano da Costa Matoso sobre o Regimento de 1754 foram depreciativas e, muitas vezes, contestatórias. Ele contesta veementemente a afirmação de que não se cumpria inteiramente o Regimento de 1721, afirmando que "inteiramente se cumpria sem alteração alguma nem aumento dos salários".[28] Compara quase sempre o novo e o antigo de 1721 e acha um erro a suposição de que as taxações deste Regimento pudessem "compensar as grandes despesas que trazem consigo aqueles lugares, pelas grandes distâncias em que se acham e carestia do país".[29]

Em relação ao de 1721, o Regimento de 1754 especificou melhor o que cada oficial de justiça e, em especial, os ouvidores, poderiam obter no exercício de suas funções. É o caso das quantias que levavam em sentenças definitivas, as quais estavam vinculadas aos valores das causas originárias das sentenças, não ultrapassando o valor de 1$200 réis.[30] Provavelmente houve diminuição

---

26 FIGUEIREDO, Luciano Raposo de A. "Estudo crítico: rapsódia para um bacharel", *op. cit.*, p. 131-154.

27 No documento intitulado por Caetano da Costa Matoso "Papel Sobre o Regimento Retro", número 97 da edição do códice citada, ficam evidentes a capacidade e o interesse que esse setor médio da burocracia tinha em se manifestar sobre a legislação que lhes era imposta. Este documento é de autoria presumida de Francisco Ângelo Leitão, que ocupou os cargos de escrivão da ouvidoria, ouvidor substituto de Caetano da Costa Matoso e, posteriormente, juiz de fora. Doc. 97, p. 691-706.

28 Códice *Costa Matoso*, Belo Horizonte: Fundação João Pinheiro.CEHC, 1999. 2 v. Doc. 96, p. 669, 1754.

29 *Ibidem*, doc. 96, p. 670.

30 *Ibidem*, p. 671.

em relação ao que se prescrevia no Regimento de 1721, pelo qual recebiam os ouvidores, independente do valor da causa sentenciada, uma oitava de ouro.

De modo geral, com maiores especificações em cada item, o novo regimento tendeu a uma diminuição dos rendimentos auferidos pelos ouvidores e outros oficiais de justiça. Outro ponto relevante envolve a distinção e a especificação dos valores recebidos especialmente por outras funções exercidas por ouvidores de comarcas, como consta na seguinte passagem:

> E porque os ditos ouvidores são também provedores nas suas comarcas e têm obrigação de examinar as contas dos conselhos, indo em correição, e de prover os inventários dos órfãos e de tomar contas dos rendimentos das legítimas deles, e de revê-las, sendo tomadas pelo juiz dos órfãos, e de tomar contas aos testamenteiros e do mais que lhes compete conhecer pelo seu regimento (...) Das contas que tomarem nos conselhos até duzentos mil réis levarão seiscentos réis; sendo o rendimento de duzentos mil réis até quatrocentos, levarão mil e duzentos réis; de quatrocentos mil réis até um conto de réis, dois mil e quatrocentos réis; de um conto até dois contos de réis, quatro mil e oitocentos réis; (...) levarão de julgar o testamento por cumprido mil e duzentos réis, (...) dos inventários e partilhas, levarão o mesmo que vai dado aos juízes de órfãos.[31]

Apesar do Regimento de 1754 ser detalhado no que diz respeito tanto a itens dos rendimentos de cada oficial de justiça e ouvidores, quanto a funções para as quais prescreveu salários e emolumentos, ainda deixou pendentes alguns pontos. Os apontamentos do ouvidor Caetano da Costa Matoso indicam vários deles. Por exemplo, o caso de se arbitrar o valor a ser cobrado pelo deslocamento (caminho) ao se realizarem vistorias no termo ou comarca, mas não arbitrar o valor a ser cobrado pelos autos de vistorias.

Permanece, nesse sentido, a possibilidade de se praticarem valores que seriam taxados conforme o costume, podendo significar exageros no montante cobrado. É o que afirma Caetano da Costa Matoso em seus apontamentos: "No regimento velho (como neste) se não faz expressão do que se devia levar de cada vistoria feita no termo ou comarca, e por isso cada ministro que servia

---

31 *Códice Costa Matoso*. Belo Horizonte: Fundação João Pinheiro;CEHC, 1999.2 v. p. 674.

levava pelo arbítrio que lhe parecia, e alguns excessivamente (...)".[32] Segundo o ouvidor, muitos itens remuneratórios que ambos os regimentos não contemplavam estavam previstos em outra legislação editada ocasionalmente para solucionar esse tipo de lacuna, como no caso das vistorias. O problema havia sido resolvido por uma provisão de 27/06/1733, segundo a qual os ouvidores, que até então levavam dezoito oitavas pelos autos e seis oitavas de caminho por vistoria em terras minerais, passaram a obter apenas dez oitavas pelos autos e quatro oitavas de caminho. Ainda assim, as quantias expressas na provisão mencionada eram muito significativas em relação aos valores pagos por outras atribuições.

Portanto, quando se avaliam os diferentes instrumentos legais que regulamentavam a remuneração desses ministros régios em Minas, é perceptível a tendência, ao longo do século XVIII, de maior abrangência do que era determinado pelo centro político, seja por meio dos regimentos ou de provisões e ordens, reduzindo-se as possibilidades de ganhos respaldados em legislação costumeira e/ou decorrente de negociações estabelecidas em âmbito local.

Os últimos apontamentos feitos por Caetano da Costa Matoso listam no regimento novo de 1754 uma série de itens não providos nele, mostrando, uma vez mais, que o ouvidor fez uma leitura minuciosa do documento que então chegara a suas mãos. Apesar de o regimento de 1754 ser bastante detalhado, deixou ainda pendentes a regulamentação de itens importantes a serem especificamente remunerados no conjunto das atividades da administração em Minas:

> Não se proveu sobre os emolumentos dos guardas-mores e seus escrivães, ao mesmo tempo que se lhes deu providência no regimento velho e pela ordem de 27 de julho de 1733. Não se proveu sobre os ordenados que os ouvidores e seus escrivães devem levar como superintendentes das terras minerais, nem o que devem levar de cada auto de vistoria nas ditas terras, nem ao menos se ordenou que nesta parte se observasse o costume ou a resolução de 27 de julho de 1733 ou que especialmente se revogasse. Não se proveu sobre as petições ordinárias dos advogados. Não se proveu se deviam levar os

---

32 *Ibidem*, p. 672.

ouvidores salário de rever as licenças dos ofícios mecânicos e tendeiros, de que se levava 1/8, ao mesmo tempo que só se proibiu levá-lo de se reverem os escritos de aferição. Não se proveu sobre os emolumentos que os ouvidores devem levar e mais seus escrivães sobre os papeis que se justificam, por serem todos nas suas comarcas, juizes das justificações, e levavam 1/8 de qualquer papel justificado e ½ o escrivão. Não se proveu sobre escrivães da Ouvidoria nem o que devem levar de novos direitos das cartas de seguro.[33]

Enumerados os pontos dos dois regimentos que versavam sobre salários e emolumentos referentes aos oficiais de justiça em Minas, em ambos os casos é possível perceber brechas para ampliação da remuneração por meio de acordos ocasionais mais relacionados com as redes de clientelagem de cada momento, respaldados na noção de uma legislação costumeira. São os ganhos provenientes dos costumes locais. Ou seja: também no aspecto da remuneração dos administradores do império português, percebe-se no caso aqueles que atuaram nas Minas setecentistas, práticas garantidas tanto pela lei geral e escrita, como pelo costume local. Em alguns momentos, isso levou a grandes embates, relatados nas correspondências, entre diversos segmentos político-sociais envolvidos, mas quase sempre representou uma solução na negociação entre partes conflituosas, a partir de arranjos políticos e econômicos locais.

Nas decisões tomadas pela Coroa em relação aos embates, nem sempre se fazia valer o prescrito na lei e permitia-se, com certa regularidade, a continuidade dos "usos e costumes" locais, mantendo assim certo equilíbrio entre riscos e compensações decorrentes da prática administrativa em regiões periféricas.[34]

O emaranhado de leis exposto neste capítulo resume uma estrutura bastante complexa que nem sempre pode, e nem deve, ser compreendida apenas por seus aspectos legais. É fato que todo esse corpo de leis, aparentemente muito organizado, com cada cargo ou ofício contendo em seu regimento pres-

---

33 *Códice Costa Matoso*. Belo Horizonte: Fundação João Pinheiro;CEHC, 1999. 2 v. p. 689.
34 WEHLING, Arno. *História administrativa do Brasil: administração portuguesa no Brasil de Pombal a D. João (1777-1808)*, op. cit., p. 28 e 30.

crições até minuciosas para atuação, não abarcava ou correspondia no todo a uma realidade cotidiana mineira bastante peculiar.

Questões importantes suscitadas com o estudo da legislação, como os conflitos jurisdicionais, a adequação dos objetivos gerais nela expressos à realidade encontrada.pelos magistrados reais, o próprio funcionamento da administração judiciária e outros conflitos decorrentes da prática administrativa, só podem ser compreendidas por meio do conhecimento das ações empreendidas cotidianamente. No caso, pelos ouvidores, dentro de seu espaço de atuação garantido pelas divisões do poder próprias a seu tempo.

Em relação aos valores expressos nos dois regimentos de 1721 e 1754 quanto a salários e emolumentos para os ouvidores de comarca em Minas — que confirmam uma estimativa em torno de 2:400$000 (dois contos e quatrocentos mil réis) anuais em ganhos oficiais dos ouvidores — é preciso salientar que são rendimentos muito significativos. Segundo levantamentos de Vidal Luna sobre a posse de escravos por segmento social, doutores, licenciados e desembargadores em Minas no século XVIII possuíam, em média, plantéis de cinco a seis escravos.[35] São dados que sugerem um patamar de enriquecimento dos letrados e agentes da Coroa em Minas, assim como o seu envolvimento pela posse de escravos em outras atividades paralelas as que se relacionavam com o exercício dos seus cargos. Foi comum entre os ouvidores realizarem a compra de escravos sempre que chegavam às Minas tanto para os serviços em suas residências quanto para outros trabalhos que os cativos poderiam realizar em prol do enriquecimento de seus senhores.

Em carta de 1722, o rei solicitou ao governador dom Lourenço de Almeida informações sobre contendas envolvendo ouvidores da comarca do Rio das Velhas a respeito de uma compra de vinte escravos. José de Souza Valdez, sindicante e sucessor de Bernardo Pereira Gusmão, o acusou publicamente de ladrão, dizendo que após tirar-lhe a residência o ex-ouvidor teria comprado dele vinte escravos, e ainda levado "delle de mimo um negrinho os quais não tinha pago havia mais de um ano".[36] A compra de um elevado número de escra-

---

35 LUNA, Francisco Vidal; COSTA, Iraci Del Nero. *Minas Colonial: economia e sociedade*. São Paulo: Pioneira, 1982, p. 42.

36 APM, SC-05, fls. 83 e 83v.

vos pelo ex-ouvidor Bernardo Pereira Gusmão, que negociou com seu sucessor no cargo, comprova a disposição dos ministros régios em negociar e exercer outras atividades lucrativas para além do serviço régio. Esses dados, somados aos outros benefícios que poderiam ser auferidos da participação dos magistrados em outras atividades econômicas nos locais onde atuavam, são fortes indícios de que as possibilidades de ganhos dos ouvidores ultrapassavam os limites estabelecidos nos regimentos e, até mesmo, aqueles que por costume acabavam levando em função de correições e outras práticas do seu cargo. São indícios de certo enraizamento desse grupo e seus interesses na parte americana do império e de que, embora os riscos fossem significativos, as recompensas também poderiam ser muito relevantes.

Toda a remuneração dessa magistratura nas Minas foi regulamentada pelas provisões de salários que acompanhavam as mercês de provisões para o cargo, pelos dois regimentos mencionados antes e por ordens régias expedidas para dar respostas às demandas de regulamentação específicas em momentos de conflitos ou nos casos em que os regimentos não prescreviam. Quanto aos dois regimentos, eles são o reflexo de dois momentos distintos da política no Império Português.

O de 1721 surgiu a partir de uma junta de justiça composta pelo governador, pelo ouvidor da comarca do Rio das Velhas e pelo juiz de fora do Rio de Janeiro. Produzido localmente, refletia a autonomia administrativa das regiões periféricas do império. Nesse caso, mesmo nas Minas, em que pese interpretações historiográficas ao contrário, um traço característico da concepção jurisdicionalista do poder. Já o de 1754, um alvará régio em forma de lei, produzido pelo Centro com o propósito de regulamentar propinas, emolumentos e salários das justiças pertencentes ao governo das Minas, de Cuiabá, do Mato Grosso, Goiás, e da Bahia, Jacobina, Rio de Contas e Minas Novas do Araçuaí, era instrumento mais abrangente, que se traduziu ainda em tentativa de padronização e racionalização das práticas dos administradores no ultramar, com o intuito de desterrar abusos e excessos nesta matéria, uma vez que não se cumpriam as determinações do regimento anterior de 1721. Este novo regimento de 1754 tendeu a um maior detalhamento sobre valores e itens remuneráveis nos cargos e ofícios de justiça, conforme já ressaltado, e enunciou novos rumos que teria a administração e governo no reinado de dom José 1. Uma mostra do que mais tarde se traduziria num conjunto de reformas no processo de governamentalização implantado pelo ministro do rei, Sebastião José de Carvalho Melo, que buscou impor maior controle e centralização no governo do império.[37]

Nesse processo, as justiças tradicionais e os desembargadores, corregedores, ouvidores e outros representantes do sistema sinodal foram afetados pela clara intenção de centralização das decisões políticas e administrativas.[38] Entretanto, o novo regimento não afetou, em relação ao anterior, os ganhos lícitos dos magistrados e nem foi capaz de cobrir todas as lacunas da legislação remuneratória a ponto de impedir muitas outras formas de ganho lastreadas pelos costumes locais que sempre foram motivo de queixas e conflitos. Para além dessa questão da remuneração lícita do cargo oscilar entre o que estava prescrito em regimento e aquilo que se estabelecia de cobranças com base em costumes locais, é imprescindível considerar também os ganhos ilícitos desses magistrados por meio dos quais acumulavam fortunas consideráveis.

O episódio descrito entre os dois ouvidores citados é evidência forte de negociações e atividades extras exercidas pelos ministros nas localidades onde atuavam. Há, em particular, duas questões de interesse. Primeira, o envolvimento desses ouvidores em negócios e negociações nos locais onde exerciam o cargo, o que era proibido por regimento, constituía-se num dos itens a serem averiguados no momento da residência. Segunda, o fato de um juiz sindicante negociar com o sindicado é demonstração clara de uma das formas de se burlar a residência, o mecanismo oficial de controle sobre a atuação dessa magistratura régia no reino e ultramar.

São vários os casos apontados pela historiografia mineira acerca do envolvimento desses magistrados com diferentes grupos de poder existentes nas localidades que "administravam a justiça".[39] Os conflitos recorrentes resultan-

---

37 Sobre esse processo de reformas, ver: SUBTIL, José. *O terramoto político*. (1755-1759). Lisboa: Ed. da UAL, 2006, p. 93.

38 *Ibidem*, p. 99

39 Sobre conflitos entre ouvidores mineiros e demais grupos sociais, ver: ATALLAH, Claudia Cristina Azeredo. *Da justiça em nome d' El Rey: ouvidores e inconfidência na Capitania de Minas*

tes de disputas entre estes grupos quase sempre estavam relacionados às possibilidades de ganhos lícitos e ilícitos. Além da contenda relatada, são numerosas as referências nas certidões de residência sobre ouvidores que colocavam escravos na mineração. Como exemplo cita-se o caso de Francisco Leote Tavares, que foi suspenso quatro anos do serviço régio por ter insistido em desobedecer a ordem régia[40]

Há um enraizamento desse grupo e seus interesses na parte americana do império, mesmo sendo magistrados de nomeação temporária. Isso fica ainda mais claro quando se analisa a documentação das câmaras e, sobretudo, as cartas e correspondências trocadas entre diferentes instâncias de poder sobre a prática e o cotidiano dessa magistratura nas Minas.[41] São constantes as referências ao enriquecimento desta magistratura especificamente após sua passagem pelas Minas, como demonstram duas habilitações do Santo Ofício que mencionam a origem do cabedal acumulado pelos habilitantes. Primeiro, a habilitação para familiar do Santo Ofício de João de Souza Meneses Lobo, na qual se declara que o ouvidor de Sabará fizera de cabedal nesse lugar o valor de sessenta mil cruzados. Segunda, mais surpreendente, a habilitação de Antônio

---

Gerais (Sabará, 1720-1777), op. cit. A autora discute alguns conflitos referentes à comarca do Rio das Velhas, com destaque para o caso do ouvidor José de Goes Ribeiro Lara de Moraes, que atuou entre 1771-1773, foi acusado de inconfidência e remetido preso para o Reino. Há em relação a esse trabalho discordância no que diz respeito à afirmação da autora de que não encontrou caso algum de punição contra ouvidores na primeira metade do século XVIII. Há vários ouvidores que, ainda na primeira metade do século XVIII, são enviados presos ao Limoeiro e ali permanecem até a morte ou bem próximo dela. São os casos de Sebastião de Souza Machado, ouvidor de Vila Rica entre1729 e 1732, que saiu culpado em sua residência e foi condenado a pena de degredo para a praça de Marzagão, pena que foi comutada depois de ter passado doze anos preso para o Couto de Castro Marim (ANTT, CHAN, D. João V, liv. 3, fl. 49); e de Caetano Furtado de Mendonça, preso no Limoeiro por desacato ao bispo e que consegue em 1745 a graça de fiéis carcereiros para se tratar em liberdade de moléstia gravíssima. (ANTT, CHAN, D. João V, liv. 109, fl. 389); ANASTASIA, Carla. "Joaquim Manoel de Seixas Abranches: um ouvidor bem pouco ortodoxo". In: _____. *Geografia do crime: violência nas Minas setecentistas*. Belo Horizonte: Ed. da UFMG, 2005. 159 p.; FURTADO, Júnia F. "Relações de poder no Tejuco ou um teatro em três atos", *Revista Tempo,* Rio de Janeiro/ UFF, v. 4, n. 7, p. 129-142, 1999.

40 ANTT, DP. RJDM, Autos e certidões de residência, Maçp 1815.

41 SOUZA, Maria Eliza Campos. *Relações de poder, justiça e administração em Minas Gerais nos Setecentos: a comarca de Vila Rica de Ouro Preto: 1711-1752*, op. cit.

Ferreira do Vale, o segundo ouvidor da comarca do Serro do Frio, sobre quem as testemunhas afirmam que trouxera de Minas um cabedal de 400 mil cruzados. Já no parecer do comissário do Santo Ofício que realizou as diligências, consta que "ouviu dizer e afirmar que traz das Minas oitocentos mil cruzados de seu cabedal por se achar no princípio do conhecimento dos diamantes em que se soube aproveitar".[42]

Nesses casos, as evidências de enriquecimento lícito — mas relacionado a práticas costumeiras das comarcas de Minas no Setecentos e a relações clientelares dos grupos de poder em cada período e localidade — ou ilícitos — quando contrários tanto às práticas costumeiras, quanto às ordens régias — são muito frequentes nas fontes produzidas, não só localmente como também pelo centro político. Das duas habilitações a familiar do Santo Ofício citadas, a de Antônio Ferreira Valle sugere um enriquecimento "ilícito" por meio da atividade de mineração no período inicial da extração dos diamantes, contrariamente ao que estava prescrito em ordens régias quanto ao envolvimento de ministros nos negócios das regiões para onde eram designados, conforme já citado. Entretanto, cabe ressaltar que a nota do comissário do Santo Ofício expressa mais certo tom de admiração pela fortuna acumulada pelo ministro em um só lugar do que qualquer sentido condenatório. Isso reflete o caráter tênue das linhas divisórias nesse período entre o lícito, o costumeiro e o ilícito.

A remuneração para além dos salários e emolumentos: títulos, mercês e privilégios

O grupo de ministros ouvidores de comarca em Minas contava com uma série de outras possibilidades de remuneração ao longo de suas carreiras, relacionadas, como já dito, ao processo de aquisição de bens honrosos. Títulos de cavaleiros das ordens militares, de fidalgos e de desembargadores figuravam entre as mais almejadas formas de remuneração. Para além do caráter nobilitante, implicavam uma série de isenções, pensões, tenças efetivas e privilégios relevantes não só para os ouvidores, como também para suas famílias. De

---

42 ANTT. TSO, Maço 79, nº 1533.

acordo com Fernanda Olival, "a mercê correspondia também a um direito e a um valor material; não era só código de distinção".[43] No caso dos ouvidores de Minas, não só os serviços, mas também os hábitos das Ordens, com tenças efetivas e outras mercês, das quais resultavam também ganhos pecuniários, representavam para ministros e suas famílias importantíssimas formas de remuneração dos serviços, ao lado de salários e emolumentos.

Como indíce mais significativo, 47,6% dos ouvidores mineiros obtiveram mercê de cavaleiros professos na Ordem de Cristo, com tenças que variavam de 20$000 a 80$000. Muitos deles obtiveram esta logo após receberem a mercê de nomeação para o cargo de ouvidores nas Minas. Tudo indica que tal procedimento de condecorar com o Hábito de Cristo os ministros régios que iam para Minas torna-se habitual, o que certamente estava associado à representação e "ao capital simbólico", tão importante para o exercício do poder desses ministros régios perante a sociedade local. Nas habilitações analisadas, apresentou-se como padrão comum a expectativa de que os ministros régios fossem condecorados com a mercê do Hábito da Ordem de Cristo após doze anos de serviços prestados.

Observa-se, todavia, que, ao serem nomeados para ocupar o cargo de ouvidores em Minas, mesmo não tendo completado ainda o tempo de doze anos no serviço régio, muitos ministros solicitavam a mercê "por desejarem ir condecorados", oferecendo para isso os serviços já prestados e os futuros até completar o referido tempo que normalmente se exigia. O grande interesse dos ministros em conjugar uma nomeação para Minas com o Hábito da Ordem de Cristo certamente relacionava-se ao conhecimento que essa magistratura dispunha sobre os sistemas de valores sociais com os quais operava a sociedade mineira.

Ser condecorado com o hábito de uma ordem militar conferia ao agraciado uma posição de destaque no interior de uma sociedade na qual, segundo Roberta G. Stumpf, poucos alcançavam.[44] A historiografia recente tem discu-

---

43 OLIVAL, Fernanda. "Mercado de hábitos e serviços em Portugal (séculos XVII-XVIII)", *op. cit.*, p. 749.

44 STUMPF, Roberta. *Cavaleiros do Ouro e outras trajetórias nobilitantes: as solicitações de Hábitos as ordens militares nas Minas Setecentistas*. Tese (Doutorado em História). Brasília, ICS/PPGHIS, Universidade de Brasília, 2009. 324 p.

tido a importante relação entre a posse dos mecanismos de distinção social e o exercício do poder, particularmente na parte americana do Império Português, conferindo aos estatutos nobilitantes caráter pragmático no exercício do "mando" nesses territórios. O desejo desses magistrados em virem condecorados com Hábito da Ordem de Cristo para atuarem em Minas se colocava nesta perspectiva de os ouvidores serem reconhecidos no interior das "clivagens sociais" locais como detentores de uma "nobreza formal",[45] ou seja: reconhecida e legitimada pela concessão régia de uma mercê.

Entre os ouvidores nomeados para as Minas, há muitos que receberam a mercê do Hábito de Cristo e foram dispensados das provanças para acelerar o processo de habilitação antes de embarcarem para o ultramar ou, até mesmo, foram dispensados dos impedimentos que apareceram com as inquirições de testemunhas. Um caso digno de nota é o do ouvidor José Pereira Sarmento, que declara em sua habilitação ser filho ilegítimo de um prior com sua mãe, que era mulher de "segunda condição". Entretanto, alegava que o pai e os avós paternos eram pessoas nobilíssimas da província de Trás-os-Montes e que o pai o criou em vila de São Romão, onde foi abade, com um "tratamento aceado". Soma-se a essas qualidades a menção aos serviços que ele próprio fez ao rei nos lugares de letras. No parecer final da habilitação, consta que,

> (...) vista a resolução de S. Magestade de 27 do corrente mês de outubro, posta em consulta no mesmo dia, porque o dito foi servido como governador e perpétuo administrador da Ordem de Cristo, dispensar ao justificante na falta de qualidade que lhe resultou por ser filho de clérigo e sua mãe de segunda condição e os avós maternos, portanto o julgão habilitado, para receber o dito hábito e lhe mandam se lhe passe sua certidão na forma e estilo.[46]

Dois aspectos chamam a atenção nessa habilitação. Primeiro, o fato de o ouvidor ter exercido apenas um cargo no serviço régio como juiz de fora de Arrayolos por três anos. Segundo, os impedimentos do ministro eram significativos, já que, além de ser filho ilegítimo, era também filho de padre, isto é,

---

45 *Ibidem*, p. 35-38.
46 ANTT, TSO, HOC. Maço 13, n. 2. 30/10/1758.

espúrio, segundo as ordenações do Reino, com mulher de "segunda condição", cujos pais eram lavradores que lavravam a própria terra. Apesar de tudo isso, José Pereira Sarmento foi agraciado com a mercê para lograr o título de "Cavaleiro do Hábito de Cristo", ficando empenhados os serviços que prestaria até completar os doze anos exigidos para tal concessão. Como no caso de José Pereira Sarmento, pelo menos outros sete ouvidores mineiros receberam mercê do Hábito da Ordem de Cristo, ainda que, em suas provanças tenham sido descobertos impedimentos relacionados à ascendência não nobre — mecânicos, lavradores, caixeros e comerciantes — e à ausência de serviços já prestados pelos ministros ou familiares. Mesmo assim foram todos dispensados dos "defeitos e impedimentos" e agraciados com o hábito e tença efetiva costumada.

Outro aspecto significativo foi o fato de que todos os ouvidores que não possuíam impedimentos ou foram simplesmente dispensados de realizar as provanças, principalmente no final do século XVIII, foram condecorados com o hábito antes de partirem para o ultramar. Observa-se que essa forma de remuneração dos serviços dos ouvidores e ministros régios configurou importante capital simbólico para o exercício do poder nas localidades para onde eram nomeados. As Minas foram exemplares nesse sentido, pois ser distinguido com uma mercê de cavaleiro do hábito conferia reconhecimento formal, equivalente ao estatuto de nobreza, no interior das "clivagens sociais" ali existentes.

Quanto aos valores das tenças efetivas que acompanhavam as mercês do hábito, embora não fossem muito elevados em termos absolutos, na maioria dos casos representavam um legado passível de ser direcionado, mesmo em vida, para a sustentação de filhos, filhas, esposas e sobrinhos. Além disso, de modo geral, hábitos e tenças poderiam ser renunciados em nome de pessoas que não fossem da família para o pagamento de dívidas, integrando o que Fernanda Olival nomeou como "mercado de hábitos e serviços"[47] em Portugal na Era Moderna. Contudo, no caso dos ouvidores mineiros há apenas um caso identificado de renúncia da tença para o pagamento de dívidas do próprio ministro a seus credores. Em 1780, o ouvidor Francisco Moreira Matos recebeu mercê para renunciar a tença no valor de 30$000 que obtivera como remune-

---

[47] OLIVAL, Fernanda. "Mercado de hábitos e serviços em Portugal nos séculos XVII-XVIII", *op. cit.*, p. 743-769.

ração dos serviços prestados. O montante foi destinado ao pagamento de dívidas que o ouvidor possuía com dois credores diferentes, sendo 12$000 (doze mil réis) para Antonio José de Souza e 18$000 (dezoito mil réis) para Constantino de Souza Cardoso.[48]

O procedimento mais comum entre os ouvidores pesquisados foi o de renunciar aos valores das tenças em favor de familiares para a satisfação das necessidades de filhas religiosas, esposas, filhos e netos. Foi o que fez o ouvidor Fernando Leite Lobo, contemplado com uma mercê do hábito e tença efetiva de 40$000. Renunciou ao valor de 28$000 (vinte e oito mil réis) em favor de sua filha Ana Margarida, para que "acudisse suas necessidades que contraiu, vivendo no estado de religiosa".[49] Em termos relativos, essas formas de remuneração cumpriam um papel importante do ponto de vista de sobrevivência das famílias dos magistrados, que frequentemente ausentavam-se do convívio familiar em função do serviço régio. Além disso, os próprios ministros eram beneficiários desse sistema de renúncia de tenças, já que muitos eram condecorados com hábitos e tenças pelos serviços dos pais, avós ou tios, o que ocorria antes mesmo de ingressarem no serviço régio ou ainda no início de suas carreiras — quando essa remuneração por serviços de terceiros tornava-se fundamental para sustentar sua trajetória futura.

Quanto às mercês do Hábito de Cristo, a maior parte delas foi concedida em consideração a serviços dos próprios magistrados. Conforme mostra o Quadro 9, o valor da tença efetiva variou de 20$000 a 100$000. Entretanto, o valor mais comum para tenças concedidas pelos serviços de doze anos era de 30$000, sendo 12$000 para lograr o hábito e 18$000 de tença efetiva que era assentada em um dos almoxarifados do Reino. Há casos de tenças com valores maiores, mas são raros e, normalmente, foram concedidas a magistrados em fim de carreira, com muitos anos de serviço régio a serem remunerados. Foi o caso do ouvidor Gonçalo de Freitas Baracho, que recebeu tença de 100$000, sendo 88$000 efetiva e 12$000 para lograr o hábito. A remuneração retribuía a

---

48 ANTT, MR, decretos, Pasta 31, n. 60. Processo de solicitação da mercê com faculdade para renunciar inicia-se em novembro de 1779 e o parecer autorizando a renúncia somente é expedido em 09/03/1780.

49 ANTT, RGM, D. José I, liv. 2, fl. 53v, 1758.

extensa lista de serviços prestados pelo próprio ouvidor e os serviços militares de seu tio e pai, que participaram das campanhas de expulsão dos holandeses do Brasil.[50] Entre os serviços do bacharel que mencionamos, está o de uma diligência de cobrança de cisas que executou "com muita satisfação".

É perceptível que tenças mais elevadas eram recompensas raras e quase sempre associadas a serviços como boas arrecadações para os cofres da Coroa e serviços militares de defesa dos territórios, ambos aspectos essenciais para a manutenção do poder nas monarquias da era moderna. Pode-se dizer que mais valorosos ainda eram aqueles serviços de defesa dos territórios ultramarinos, já que, segundo José Vicente Serrão, no caso de Portugal, "desde o início da era moderna (...) a sua economia foi se tornando (...) cada vez mais dependente da vertente ultramarina, assente sobre ela e estruturada em função dela".[51] Assim, não somente salários e emolumentos eram mais significativos nas áreas ultramarinas de maior interesse para a economia no império, mas também a expectativa de remuneração posterior dos serviços prestados com "boa satisfação" aos olhos da Coroa.

QUADRO 9
Tenças efetivas e do Hábito de Cristo por serviço próprio ou de terceiros

Nome do ouvidor	Mercê de tença efetiva por serviços próprios	Mercê de tença para lograr o hábito	Mercê de tença efetiva padrão	Mercê de tença para viúva	Mercê de tença às filhas	Mercê de tença por serviços de familiares e terceiros
Antonio da Cunha Silveira	-	12$000	-	-	-	28$000
Antônio Ferreira do Valle	-	12$000	-	-	-	28$000

---

50 ANTT, CHAN, D. Pedro II, liv. 63, fl. 120v.
51 SERRÃO, José Vicente. "O quadro econômico". In: MATOSO, José. (Org.). *História de Portugal*. Lisboa: Estampa, 1999. Vol. 4. p. 67.

Ouvidores de comarcas de Minas no século XVIII

Antônio Luís Pereira da Cunha	8$000	12$000	-	144$000	-	-
Antônio Rodrigues Banha	-	12$000	-	-	-	68$000
Antonio Seabra Mota	-	12$000	8000	-	-	-
Baltazar de Morais Sarmento	-	12$000	-	-	-	28$000
Custódio Gomes Monteiro	-	12$000	-	10$000	40$000	28$000
Domingos Manuel Marques Soares	Nc	-	-	-	-	-
Fernando Leite Lobo	-	12$000	-	-	28$000	-
Francisco Angelo Leitão	-	12$000	-	-	-	8$000
Francisco Carneiro Pinto de Almeida	-	12$000	-	18$000	-	-
Francisco José Pinto de Mendonça	18$000	12$000	-	-	-	-
Francisco Leote Tavares	30$000	12$000	118000	-	-	-
Francisco Moreira Matos	18$000	12$000	-	-	120$000	-
Francisco de Souza Guerra Araújo	60$000	12$000	150000	-	-	-
Gonçalo de Freitas Baracho	88$000	12$000	-	-	-	-
João Alves Simões	8$000	12$000	-	-	-	-
João de Azevedo Barros	-	-	-	-	200$000	-
João de Souza Menezes Lobo	8$000	12$000	-	-	-	-
João Evangelista de Mariz Sarmento	Nc.	-	-	-	-	-
João Gualberto Pinto de Morais Sarmento	60$000	-	-	-	-	-
João Paulo Bezerra de Seixas	-	12$000	-	-	-	8$000
João Pacheco Pereira	28$000	12$000	-	-	300$000	-

João Tavares de Abreu	-	-	-	-	-	Nc
Joaquim Antonio Gonzaga	-	-	-	-	-	170$000
Joaquim Casimiro da Costa	8$000	12$000	-	-	-	-
Joaquim Manuel de Seixas Abranches	8$000	12$000	-	-	-	-
José Antonio Calado	-	12$000	-	-	-	8$000
José Antônio de Oliveira Machado	16$000	24$000	80$000	-	-	-
José Caetano Cesar Manitti	Nc	-	-	-	-	-
José da Costa Fonseca	8$000	12$000	-	-	-	-
José Navarro de Andrade	Nc	-	-	-	-	-
José de Souza Monteiro	Nc	-	-	-	-	-
José de Souza Valdez		12$000	-	-	-	48$000
José João Teixeira	8$000	12$000	-	-	-	-
José Pereira Mariz Sarmento	18$000	12$000	-	-	-	-
José Pio Ferreira Souto	18$000	12$000	-	-	-	-
Luis Beltrão Gouvea de Almeida	8$000	12$000	-	-	-	-
Luis Ferreira de Araujo Azevedo	18$000	12$000	-	-	-	-
Manoel da Costa Amorim	18$000	12$000	-	-	-	-
Matias Pereira de Souza	Nc	-	-	-	-	Nc
Martinho Vieira	8$000	12$000	-	-	-	-
Paulo Fernandes Viana	Nc	-	-	-	-	-
Simão Caldeira Mendanha	Nc	-	-	400$000	-	-
Tomas José da Silva (Vieira)	-	12$000	-	-	-	8$000

Fonte: Produzida pela autora a partir de dados extraídos de acervos do ANTT, Registro Geral de Mercês; Chancelarias Régias, HOC.

Além de tenças efetivas por serviços próprios ou de terceiros e das mercês do Hábito de Cristo, os ouvidores podiam solicitar a remuneração dos primeiros e "segundos serviços" ao final das carreiras, e também testá-los como legado para que os herdeiros solicitassem remuneração condigna. Para o grupo de ouvidores que atuara nas Minas, foram encontrados quinze decretamentos e 21 decretos com solicitações e remunerações de serviços. São processos importantes para desvendar também a trajetória dos ministros ao longo de sua carreira, mas também explicitam uma gradação nos processos de remuneração de serviços dos ouvidores. Além disso, são processos que contém informações importantes sobre os beneficiários dessa prática remuneratória.

No Quadro 10, a partir dos decretamentos e decretos, estão descritos alguns dos serviços dos ouvidores mineiros para os quais houve solicitação da remuneração ao Ministério do Reino.

Pouco mais da metade dos decretamentos de serviços elencados no quadro tem como solicitantes/beneficiários da remuneração os familiares dos ouvidores, para os quais os serviços foram testados ou aos quais, por direito, cabia solicitar a "condigna recompensa". Esposas, filhos e filhas, assim como sobrinhos e uma irmã, aparecem como beneficiados pelas mercês concedidas em remuneração aos serviços prestados pelos ouvidores.

Geralmente, solicitava-se a remuneração dos segundos serviços executados pelos ministros régios. Nos casos em que os ouvidores não solicitaram, nem receberam, remuneração alguma por todos os serviços prestados ao longo de suas carreiras pela via das letras.

Pode-se dizer que a expectativa de remuneração dos serviços dos ministros régios que atuaram em Minas estava associada mais à sobrevivência das famílias e de seu status do que a um mercado mais amplo de serviços e mercês, conforme vem sendo enfatizado por parte da historiografia que discute a questão da venalidade na monarquia portuguesa da era moderna, que resulta a existência de certo padrão de renúncias dos serviços e mercês.[52] Com relação aos hábitos e a suas respectivas tenças, verificou-se apenas uma renúncia para

---

52 OLIVAL, Fernanda. "Mercado de hábitos e serviços em Portugal (séculos XVII-XVIII)", *op. cit.*, p. 749.

pagamento de dívidas. Nos casos de serviços que foram remunerados ao próprio ministro, com a faculdade de renunciar, não foram identificadas renúncias em pessoas fora do grupo familiar mais próximo.

No grupo dos ouvidores mineiros, houve alguns casos exemplares de remuneração pelos valores das tenças solicitadas e concedidas. São remunerações relevantes também pela ênfase atribuída aos serviços prestados nas Minas, os quais aparecem destacados por várias certidões e documentos comprobatórios dos mesmos.

Um desses casos foi a solicitação de remuneração dos serviços do ouvidor João de Azevedo Barros por sua filha, dona Maria Lourença de Souza Raposo. Por renúncia de seus irmãos, ela requereu uma tença de duzentos mil réis (200$000) com sobrevivência em sua filha e neta do ministro régio.

A solicitação foi acompanhada de várias certidões de serviços realizados por seu pai, destacando-se, entre elas, a dos serviços prestados nas Minas como ouvidor de Vila Rica no período de 1728 até 1731. Tendo exercido simultaneamente o cargo de ouvidor com o ofício de provedor dos defuntos, ausentes, capelas e resíduos, uma das certidões anexadas ao decretamento traz a informação que o ouvidor, com seu

> (...) incansável cuidado, recebeu a excessiva quantia de 19:915$003 (dezenove contos e novecentos e quinze mil e três réis) que fez recolher ao competente cofre sem deixar de atender ao laborioso exercício e contínuo despacho das causas pertencentes à dita ouvidoria.[53]

Foram contempladas com a remuneração solicitada tanto a filha do ouvidor como sua neta, a qual passaria a receber a respectiva tença anual de 200$000 quando sua mãe morresse.

Também João Pacheco Pereira, ouvidor de Vila Rica, solicitou remuneração pelos seus 52 anos no serviço régio, por meio de uma tença de trezentos mil réis (300$000) para sua filha, Genoveva Francisca Maria Mascarenhas de Melo, a ser assentada no rendimento das obras pias. Nesse caso foi o próprio

---

53 ANTT, MR, decretamentos de serviços, Maço 79, n. 37.

ouvidor, já no final de sua carreira, então como desembargador do Paço, que solicitou a remuneração dos seus próprios serviços em favor de sua filha.

Alegou em sua petição que, por temer a morte, requeria a remuneração para que sua filha não ficasse desamparada. Anexou certidões dos serviços prestados nas Minas e referiu-se ao cargo de ouvidor das Minas como um dos mais rendosos.[54]

Não só as esposas, filhos e filhas se beneficiavam com as remunerações pelos serviços prestados por essa magistratura letrada. Há casos de renúncias em favor de sobrinhos e, até mesmo, aqueles que, sendo legados em testamento aos ministros por seus pais, foram deixados para serem requisitados por seus herdeiros. Percebe-se claramente nas solicitações de remuneração de serviços a preocupação em comprová-los com certidões e declarações, assim como produzir um discurso que valorizasse a memória e a grandeza dos serviços prestados pelas famílias ou pelos próprios ministros ao longo de suas trajetórias no serviço régio.

João Tavares de Abreu, que havia sido ouvidor da comarca do Rio das Velhas de 1752 até 1758, fez uma renúncia a seu sobrinho, Luis Antonio de Souza Tavares, dos serviços que ele prestara ao rei e também dos que seu pai havia feito como capitão de mar e guerra. Sendo o ouvidor o único filho varão de seu pai, Luiz de Abreu Prego, coube a ele o direito de remuneração por esses serviços e os legou a seu sobrinho. No decretamento dos serviços consta a petição do desembargador, na qual afirma ter recebido mercê para renunciar os serviços em favor de seu sobrinho, "por se achar sem sucessão", e que recorria o suplicante

> (...) à Real Grandeza de Vossa Magestade para que seja servida deferir pelos ditos serviços ao mesmo seu sobrinho para que nele se perpetue a memória dos relevantes serviços do pai do suplicante, pelo que: pede a Vossa Magestade que seja servida em satisfação de uns e outros serviços, deferir ao sobrinho do suplicante o desembargador Luis Antonio de Sousa Tavares e Abreu fazendo-lhe mercê da Comenda de São Domingos de Janeiro no Bispado da Guarda, que vagou por falecimento de Bartolomeu Ferraz de Almeida, ou da de Santa Comba dos

---

54   ANTT, MR, decretos, Pasta 17, n. 18.

Vales no Bispado de Braga, vaga por óbito de D. Isabel Maria Teixeira Chaves.[55]

São enfatizados no processo os serviços e as glórias militares do pai do bacharel e estão bem documentados os próprios serviços que, ainda em vida, ele renunciou ao sobrinho. Entre as certidões de serviços que o ouvidor acrescentou ao decretamento, há uma que se destaca. Nela consta que foi feita uma remessa de donativo que o ouvidor arrecadou nas Minas para a reconstrução de Lisboa, após o terremoto de 1755, no valor de trezentos e sessenta e dois contos, noventa e dois mil e setecentos e cinquenta e seis réis (362:092$756).

Um ano antes de sua morte, o ouvidor João Tavares de Abreu investiu sua longa lista de serviços e os de seu pai na solicitação de uma remuneração elevada, se considerado o padrão existente para a remuneração da magistratura letrada no Portugal moderno.[56] Sua intenção parece ter sido a de consolidar um processo de mobilidade ascensional na família pela via dos serviços ao rei, por meio da obteção de uma comenda que, conforme salienta Nuno Monteiro, era remuneração que distinguia e se concentrava quase que exclusivamente no restrito círculo dos "grandes".

O autor afirma que houve uma interrupção breve desse processo de concentração das comendas durante o período pombalino, particularmente o ano de 1777, no qual "242 comendas são dadas como vagas".[57] É desse mesmo ano a solicitação do ouvidor, então corregedor do cível da Corte, para remuneração de seus serviços em favor de seu sobrinho, o qual também era desembargador. Esse caso reflete o oportunismo político dessa magistratura letrada em suas estratégias de enobrecimento.

Outro decretamento com pedido de remuneração de serviços, no qual foi solicitada uma comenda da Ordem de Cristo com alcaidaria-mor e senhorio de terras, foi o do ouvidor José Carvalho Martins. A filha e o neto do ministro régio requisitaram a remuneração pelos quarenta e um anos de serviços,

---

55 ANTT, MR, decretamentos de serviços, Maço 55, n. 78, 30/01/1777.
56 CAMARINHAS, Nuno, *op. cit.*, p. 312. O autor discute a questão dos salários e privilégios concedidos aos ministros régios em Portugal nos séculos XVII e XVIII.
57 MONTEIRO, Nuno Gonçalo. "A remuneração dos serviços e as doações régias". In: _____. *O crepúsculo dos grandes*. Lisboa: Imprensa Nacional; Casa da Moeda, 2003, p. 551.

sendo o último como conselheiro da Fazenda. Entretanto, destacou-se nessa solicitação a diligência que o ouvidor fez, na comarca do Serro Frio, para coibir os crimes de moedas e escritos falsos, tendo remetido muitos presos para a Relação da Bahia.[58]

A história familiar deste ouvidor é bastante peculiar, pois seu pai e seu avô paterno vieram de Hamburgo, eram luteranos convertidos ao catolicismo e homens de consideráveis negócios, que se tratavam nobremente.[59] Outro aspecto importante é o de que o ouvidor permaneceu solteiro, mas teve dois filhos ilegítimos: um filho e uma filha.

O primeiro foi o filho que teve com uma mulher casada, e a este não legitimou, por ser fruto de adultério, deixando-lhe em seu testamento[60] apenas quatro mil cruzados para que pudesse se alimentar com os juros. A segunda foi uma filha, Joana Carvalho Martins, que ele legitimou e instituiu em seu testamento como sua herdeira universal, nascida de uma mulher solteira em vila de Maragogipe no tempo em que atuou como ouvidor na Bahia.

Doze anos após a requisição da filha do ouvidor para remuneração dos serviços de seu pai, em favor de seu filho primogênito e neto do ouvidor, José Carvalho Martins da Silva Ferrão, a solicitação ainda não havia sido respondida. Foi feita, então, nova petição acrescentando-se os serviços do esposo de Joana Carvalho Martins aos de seu pai, para que fossem deferidas outras mercês além das que haviam sido requisitadas anteriormente. Esta nova petição é feita pelo neto do ex-ouvidor da comarca do Serro do Frio, o qual tinha seguido os passos do avô servindo ao rei nos lugares de letras.[61]

Vale ressaltar que a inclusão de novos serviços na solicitação de remuneração, feita pelo neto do ouvidor depois de mais de uma década do primeiro pedido, é um indício da dificuldade de se obter determinados privilégios e honrarias, como as comendas. Mesmo que o ouvidor tenha chegado a conselheiro régio, foi necessário que seu neto acrescentasse ao pedido da comenda da Ordem de Cristo os serviços de seu pai, que era também conselheiro, re-

---

58 ANTT, MR, decretementos de serviços, Maço 154, n. 4, 10/6/1790.
59 ANTT, DP, Leitura de bacharéis, Maço 42, n. 2, 1720.
60 ANTT, Registro Geral de Testamentos, liv. 296, fl. 102v-106, 12/09/1768
61 ANTT, MR, decretementos de serviços, Maço 207, n. 21, 2/12/1802.

forçando, assim, o pedido de remuneração feito doze anos antes pela própria filha do ouvidor, mas que ainda não havia sido deferido. Nos dois pedidos de remuneração, não consta o parecer final nos decretamentos, impossibilitando conhecer se foi ou não deferida a comenda e as outras solicitações.

A existência de apenas dois pedidos de remuneração por comendas das ordens militares pode ser um indicativo de que a maior parte da magistratura letrada que atuou nas Minas — em postos como o de ouvidores de comarca, intendentes do ouro e diamantes e provedores da Fazenda, entre outros cargos intermediários — preferiu requisitar como remuneração pelos seus serviços as tenças efetivas.

Isto porque as dificuldades para a obtenção destas tenças eram, aparentemente, menores do que a remuneração por meio de certos estatutos nobilitantes, distintivos de pequena parcela da nobreza portuguesa no período estudado. O que denota mais uma vez certo pragmatismo característico dos setores burocráticos intermediários, sobretudo dos que atuaram na parte americana do Império Português.

Conforme mostra o Quadro 10, mesmo quando os valores das tenças solicitadas nos pedidos de remuneração eram elevados, o padrão observado foi o de concessão dos valores solicitados ou de valores apenas um pouco menores. É o que se observou nos casos em destaque no quadro, com tenças de 60$000 até 400$000 réis concedidas em remuneração aos ministros e seus herdeiros.

A tença no valor de 400$000 mil réis, concedida em remuneração aos serviços do ouvidor Simão Caldeira Mendanha em favor de seu sobrinho, cujo valor é bastante elevado, somente foi concedida após minuciosa estratégia para documentar os serviços do ministro régio nas Minas. Entre as certidões anexadas, existe uma do governador das Minas sobre o importante papel do ouvidor no desmantelamento de um motim no arraial de Antonio Dias, e outra indicando que o ouvidor foi grande despachador, pois processou mais de 2300 ações.[62]

O parecer favorável foi dado pelo procurador fiscal das mercês, José Antonio de Oliveira Machado, o qual havia atuado como ouvidor nas Minas no mesmo período em que atuara Simão Caldeira Mendanha. Consta parecer o

---

62 ANTT, MR, decretamento de serviço, Maço 46, n. 03 e 29.

seguinte despacho: "podiam decretar os serviços, por não ser culpa avaliar cada um o seu merecimento por maior", e a tença de 400$000 foi deferida ao sobrinho do ex-ouvidor das Minas, Simão Caldeira Mendanha, no ano de 1772.[63]

Embora essas remunerações não contemplassem isoladamente a atuação dos ministros régios apenas como ouvidores nas Minas, é notável que nos decretamentos consultados se tenha atribuído, com frequência, peso maior a serviços realizados nesta região do ultramar.

Sobretudo, atribuía-se grande ênfase aos serviços relacionados à arrecadação de donativos, de impostos para os cofres da Fazenda régia, ou ainda, aos que se relacionavam com o desmantelamento de sedições e motins antifiscais, assim como à prisão de grupos de facinorosos, contrabandistas e falsificadores de moedas e barras de ouro.

QUADRO 10
Remunerações solicitadas que aparecem nos decretamentos de serviços

Nome do Ouvidor	Serviços	Beneficiário da remuneração	Remuneração concedida ou solicitada
Fernando Leite Lobo	Primeiros	Filha	Renúncia de 28$000 tença efetiva em sua filha dona Ana Margarida para suas necessidades religiosas
Fernando Leite Lobo	Segundos	Filho	Hábito da ordem de cristo com a tença compentente.
Francisco Carneiro Pinto de Almeida	Primeiros	Esposa	Tença efetiva 18$000
Francisco de Souza Guerra Araujo	Todos	Filhos	Requerido: 150$000 Concedidos: 60$000
Francisco José Pinto de Mendonça	Todos	Filho	Mercê do Hábito de Cristo
Francisco Luis Álvares da Rocha	Todos (46 anos)	O próprio	Remuneração condigna, já que a única mercê que havia recebido foi de um Hábito de Cristo. Em 09/03/1825

---

63   ANTT, MR, decretamento de serviço, Maço 46, n. 03 e 29.

Nome	Serviços	Beneficiário	Descrição
Francisco Moreira Matos	Todos	O próprio	Mercê do Hábito de Cristo com 30$000 de tença efetiva em 28/11/1766.
João Azevedo de Barros	Todos	Filha e neta	Solicitava uma tença de 200$000 com supervivência na sua filha e sua neta. Concedida.
João de Souza Menezes Lobo	Primeiros	O próprio	Mercê do Hábito de Cristo e cem mil reis de tença efetiva com faculdade de poder renunciar a mercê como lhe parecer. Em 26/05/1758
João Gualberto Pinto de Moraes Sarmento	Todos	Esposa e filhos	Solicita mercê de tença para esposa e suas filhas na folha das obras pias e outra mercê da propriedade do ofício de escrivão da mesa do sal de que seu marido era proprietário, pois que o mesmo ofício se acha empenhado em 10 anos. Em 15/12/1789
João Pacheco Pereira	Da cunhada e os próprios	O próprio e sua esposa e filha	Mercê ao João Pacheco Pereira, 12$000 de tença para lograr a título do Hábito de Cristo, pela renúncia de sua cunhada além dos 100$000. E foi passado padrão em 21-06-1759. Atendendo ao que foi representado, foi concedida tença de 300$000 no rendimento das obras pias para a filha do desembargador em 21/03/1769
João Tavares de Abreu	Do pai e os próprios	Sobrinho (Luis Ant. de Souza Tavares)	Mercê da comenda de São Domingos de Janeiro no Bispado da Guarda, que vagou por falecimento de Bartolomeu Ferras de Almeida, ou da de Santa Comba dos Vales no Bispado de Braga, vaga por óbito de dona Isabel Maria Teixeira Chaves
Joaquim Antonio Gonzaga	Pelos serviços do Tio	O próprio, com sobrevivência em sua mulher	Mercê de tença efetiva de 170$000 anuais e com sobrevivência em sua mulher d. Joana Perpetua Quadros.
Joaquim Casimiro da Costa	Próprios	O próprio	Mercê do Hábito de Cristo e 20$000 de tença.
Joaquim Manuel de Seixas Abranches	Próprios	O próprio	Mercê do Hábito de Cristo

José Carvalho Martins	Todos (41 anos, 11 meses, 6 dias)	Filha legitimada	Comenda da Ordem de Cristo com uma alcaidaria mor das que se acham vagas e um senhorio de terras para se verificar em seu neto, Jose Carvalho Martins da Silva Ferrão, atualmente empregado no Real Serviço. Em 10/06/1790.
José João Teixeira	Primeiros	O próprio	Mercê do Hábito de Cristo com 20$000 de tença. Em 26/08/1767
José Pereira Sarmento	Primeiros	O próprio	Mercê do Hábito de Cristo com 30$000 mil réis de tença
José Pinto de Morais Bacelar	Todos	Sobrinho	Solicita remuneração condigna
Luis Beltrão Gouvêa de Almeida	Primeiros	O próprio	Mercê do Habito e tença de 20$000. Em 14/04/1779
Luis Ferreira de Araujo Azevedo	Primeiros	O próprio	Habito de Cristo e 30$000 de tença. 06/06/1772
Simão Caldeira Mendanha	Todos	Sobrinho	Mercê do Hábito de Cristo com 400$000 mil reis de tença efetiva. Consta informação de que por esses serviços não havia sido feita qualquer mercê nem ao bacharel, nem a outra pessoa. Em 24/10/1772.
Simão Vaz Borges de Azevedo	Todos	Filho	Hábito de Cristo com 30$000 de tença. Em 19/09/1765.
Tomas José da Silva	Todos	Irmã	Não constam valores.

Fonte: Produzido pela autora a partir de dados extraídos de acervo do ANTT/Ministério do Reino, Decretos e decretamentos.

Havia também formas de remuneração que, não estando previstas nos regimentos, acabavam por se instituir frequentemente, como as ajudas de custo. Concedidas por meio de mercês, consistiam em valores adicionais que auxiliavam os ministros com despesas de deslocamento e viagem, assim como para que pudessem se instalar adequadamente nos locais para os quais eram nomeados.

No grupo de ouvidores mineiros, os valores atribuídos com maior frequência foram os de duzentos a duzentos e cinquenta mil réis, pagos pela Fazenda ou pelas câmaras locais. Houve também um caso excepcional, o de António

Berquó Del Rio, que recebeu um conto de réis de ajuda de custo. Na mercê consta que o referido valor era para que o ministro pudesse se "sustentar com a decência que o cargo exigia"[64] e para suprir despesas que houvesse em suas jornadas e diligências para as arrecadações. Esse ministro régio exerceu conjuntamente os cargos de provedor da Fazenda e ouvidor de Vila Rica. Segundo Nuno Camarinhas, esse privilégio de ajuda de custo era, normalmente, concedido aos ministros que iam para o ultramar, mas também, por vezes, concedidos a ministros nomeados para atuarem em Portugal.[65] Entretanto, ressalta, "os desembargadores da Índia recebiam 80$000 de ajuda de custo, mas os que se dirigiam para o Brasil tinham montantes mais diferenciados, que iam de 50$000 a 400$000 réis".[66]

Observa-se com frequência a referência às possibilidades remuneratórias mais elevadas para ministros que atuavam no ultramar, especialmente na parte americana do Império. No caso dos ouvidores mineiros, conforme visto, o patamar era ainda mais elevado, mesmo se comparado a outras áreas do Brasil no mesmo período. Todos os dados apresentados sugerem que a região mineradora no século XVIII foi local propício ao enriquecimento e à mobilidade social ascencional para os ministros régios e, mais especificamente, para os ouvidores, com todos os acúmulos de ofícios e cargos que ocorriam no contexto das Minas. Além dos ganhos pecuniários decorrentes de salários, emolumentos e demais parcelas remuneratórias previstas nos regimentos de 1721 e 1754, contavam com outras possibilidades de ganhos oriundos não somente de um direito costumeiro local, mas ainda de certas práticas ilícitas. Apesar de haver mecanismos institucionais de controle da magistratura, eles se enfraqueciam diante de uma "inexatidão da noção de corrupção", conforme salienta Júnia Furtado.[67]

Conflitos intra-autoridades, ou mesmo entre os próprios ministros régios e vários grupos das elites locais, traduziam, muitas vezes, a defesa e a necessidade de preservação de ganhos lícitos (costumeiros) e "ilícitos". Os de-

---

64 ANTT, CHAN. D. João V, liv. 60, fl. 155v.
65 CAMARINHAS, Nuno, *op. cit.*, p. 312-318.
66 *Ibidem*, p. 317.
67 FURTADO, Júnia. "Relações de poder no Tejuco ou um teatro em três atos", *op. cit.*, p. 130.

sentendimentos entre o ouvidor da comarca de Ouro Preto, em 1751, Caetano da Costa Matoso, e os oficiais mecânicos retrata bem essa perspectiva. Durante a correição na cidade de Mariana, o ouvidor mandou apregoar edital para que os oficiais mecânicos fossem renovar suas licenças e pagassem, todos, uma oitava de ouro por revisão. Eles reagiram violentamente contra a determinação do ouvidor, uma vez que desde 6 de outubro de 1750 estava proibida, por ordem régia,[68] a cobrança da oitava de ouro pela revisão das licenças dos oficiais mecânicos e das pessoas de lojas abertas.[69]

Depois de intermináveis reclamações e representações feitas ao Conselho ultramarino pelas câmaras contra esse procedimento dos ouvidores — que, dessa forma, haviam cobrado pelas revisões de todos os oficiais mecânicos durante a primeira metade do século XVIII —, foi expedida ordem que limitava a cobrança pela revisão apenas àqueles que não fossem rever suas licenças no prazo determinado pelas correições.[70] Entretanto, para Caetano da Costa Matoso, a prática costumeira de cobrança das oitavas de ouro durante toda a primeira metade do século XVIII era argumento suficientemente forte para agir em prol da manutenção de suas possibilidades de ganhos, mesmo que para isso descumprisse ordem régia.

Muitos casos citados ao longo do capítulo, como o do ouvidor Antonio Ferreira Valle, enriquecido porque soube aproveitar-se dos "descobertos dos diamantes", são ilustrativos da concepção social com que operavam os ministros régios no que diz respeito a seus ganhos e remunerações. Nessa concepção, "até mesmo a corrupção poderia justificar-se", uma vez que em "uma sociedade assentada na hierarquia e privilégio", ao mesmo tempo em que se

---

68 APM, SC. 93, fl. 47-47v. Ordem régia proibindo os ouvidores de cobrarem a oitava de ouro por rever as licenças dos oficiais mecânicos e pessoas de loja aberta (29/10/1750). À folha 54 desse códice, consta ordem do governador para se publicarem bandos nas comarcas com o teor da ordem régia acima. (02/03/1751).

69 O conflito entre o ouvidor Caetano da Costa Matoso e os oficiais mecânicos aparece com certa frequência nos estudos de muitos historiadores de Minas e foi trabalhado particularmente por MENESES, José Newton Coelho. Artes fabris e serviços banais: ofícios mecânicos e as Câmaras no final do Antigo Regime. Minas Gerais e Lisboa/ 1750-1808. Tese (Doutorado em História) — UFF, Niterói, 2003. 489 p.

70 AHU, Cód. 241, fl. 339v, Provisão de 26/10/1750.

observou o crescimento do "autoritarismo régio", também se verificou uma "atitude laxista que compreendia e fechava os olhos à corrupção"[71] a fim de que houvesse a manutenção de certos equilíbrios do poder.

Pelo exposto, pode-se afirmar que essa magistratura letrada, cujo percurso foi marcado pela passagem pelas Minas, alcançou remunerações significativas que possibilitaram, ou pelo menos facilitaram muito, não somente projetos de mobilidade social ascensional no grupo, mas também o enriquecimento efetivo desses ministros e suas famílias.[72] Conforme será visto a seguir, a progressão na carreira e a aquisição de bens honrosos para muitos desses ouvidores está relacionado ao período em que atuaram nas Minas.

Nos inventários post mortem de alguns dos ouvidores que atuaram nas Minas foi possível perceber que, mesmo depois de retornarem ao Reino, suas relações com as Minas não cessaram. Foram encontrados créditos a serem cobrados de devedores nas Minas, escravos adquiridos em Minas e que são listados entre os bens, como foi o caso do ouvidor Francisco Ângelo Leitão. Este ex-ouvidor da comarca de Vila Rica, que retornou ao Reino e não mais ocupou cargos no serviço, faleceu em Lisboa no ano 1770, sem filhos, deixando como herdeiros sobrinhos e viúva. A viúva testamenteira recebeu autorização para adiar as partilhas sob a alegação de que era necessário, antes de realizar as partilhas, acertar contas com várias pessoas na América com quem seu marido tinha correspondências e negócios. Além disso, estão registrados no inventário de Francisco Ângelo Leitão[73] alguns empréstimos a juros

---

[71] NASCIMENTO, Maria Filomena Coelho. "Justiça, corrupção e suborno em Pernambuco (século XVIII)". *Textos de História*, Brasília, vol. 11, n. 1-2, 2003, p. 40. A autora nesse artigo desenvolve interessante abordagem sobre as disputas entre autoridades régias (juiz de fora Antonio Teixeira da Mata) e o bispo.

[72] MONTEIRO, Nuno. "Trajetórias sociais e governo das conquistas". In: BICALHO, Maria Fernanda; FRAGOSO, João; GOUVÊA, Maria de Fátima. *O Antigo Regime nos trópicos: a dinâmica imperial portuguesa (séculos XVI-XVIII).*, op. cit., p. 282. Neste ensaio, o autor questiona o papel da ocupação de cargos maiores como o de vice-rei e governadores-gerais na América Portuguesa para o enriquecimento das principais casas nobres portuguesas, mesmo no século XVIII. Mas sugere que o significativo enriquecimento por meio da ocupação de cargos no ultramar ocorreu, sobretudo, nos "níveis intermediários e inferiores da administração colonial".

[73] ANTT, Inventários, Maço 46, n. 5.

que havia feito ao conde de Santiago (1:052$270), (779$800) e (529$482),[74] e a vários outros devedores, desde 1755, período em que atuava nas Minas como ouvidor de Vila Rica.

É importante notar que, assim como para esse ouvidor e os demais para os quais encontramos inventários ou testamentos,[75] todos possuíam créditos a serem cobrados nas Minas ou em outras partes da América, como no Rio de Janeiro. Também são comuns registros de posse de escravos adquiridos nas Minas e trazidos para Lisboa,[76] jóias em ouro e diamantes, livrarias abundantes,[77] "casas nobres" de morada e outras que possuíam para alugar. A pequena amostragem de inventários e testamentos, e os registros encontrados nos Feitos Findos, Fundo Geral, confirmam as evidências já tratadas anteriormente de um grupo enriquecido pelo exercício de ofícios no ultramar.

As possibilidades de enriquecimento foram bem acentuadas nas Minas, onde, mesmo retornando ao Reino, os ouvidores mantiveram laços. Contu-

---

[74] MONTEIRO, Nuno Gonçalo. *Crepúsculo dos grandes: a casa e o patrimônio da aristocracia em Portugal (1750-1832), op. cit.*, p. 407. O autor trabalha com a estrutura de endividamento das Casas dos Grandes em Portugal, sobretudo a partir de 1750 a 1832.

[75] ANTT, Inventários de: Bernardo Pereira Gusmão, Maço 21, n. 1; Manoel da Costa Amorim (29:995$920 de monte-mor), Maço 243, n. 2; Sebastião de Souza Machado, preso nas Minas e enviado a Lisboa, morreu na prisão do Limoeiro e o inventário totalizou 15:825$222, Maço 387, n. 41; José Teles da Silva, Maço 353, n. 3; João Tavares de Abreu, 62:533$620 de monte-mor, Maço 229, n. 1; e outros testamentos que voltaremos a discutir no capítulo seguinte.

[76] VENÂNCIO, Renato Pinto. *Cativos do Reino: a circulação de escravos entre Portugal e Brasil, séculos XVIII e XIX*. São Paulo: Alameda, 2012. 276 p. Conforme salienta o autor sobre a circulação de cativos do ultramar para o Reino, no caso dos escravos que pertenceram aos ouvidores nas Minas, houve certamente um sentido diferente para a posse desses cativos. A finalidade maior se aplicava às possibilidades de uso dos cativos em inúmeras atividades de exploração e nos negócios, diferente daquele sentido que assumiam quando os ouvidores os levavam de volta para o Reino. Lá, conforme salienta Renato Pinto Venâncio, o sentido da posse de cativos esteve vinculado mais ao status do que propriamente a sua importância econômica. Para muitos desses ouvidores, certamente, ter escravos a seus serviço no retorno do ultramar se conjugava muito bem a seus propósitos de exteriorização de seus processos de ascensão e mobilidade social e, em muitos casos, de aproximação do que seria o "viver conforme as Leis da Nobreza".

[77] Sobre as fortunas dos ministros régios em geral, ver: CAMARINHAS, Nuno, *op. cit.*, p. 204-228

do, o mais importante é notar que, para além da condição de local propício ao enriquecimento, Minas era um espaço privilegiado para a construção de estratégias de remuneração ampla tanto em salários e emolumentos quanto em outras formas de ganhos pecuniários e de bens honrosos que nobilitavam esse pequeno grupo ministros régios.

CAPÍTULO 4

Progressão e trajetórias: repensando o lugar dos ouvidores das comarcas mineiras no contexto do Império ultramarino e o papel das Minas no percurso de suas carreiras

Delimitaram-se, até agora, as atribuições do cargo de ouvidor para as várias instâncias em que atuou na monarquia portuguesa da época moderna. As origens sociais e geográficas dos ouvidores que atuaram em Minas e suas possibilidades de remuneração com cargo.

É necessário, contudo, tratar das diferentes trajetórias pelas quais passou o grupo de ouvidores a fim de compreender os sentidos de suas experiências no ultramar, especialmente nas comarcas mineiras, onde esses magistrados assumiram grande importância no conjunto das relações de poder. É um convite para repensar o papel dos poderes intermediários na conjuntura da administração portuguesa no século XVIII, assim como o papel das Minas nas trajetórias desses ministros.

Atribuições multiplicadas, sobreposição de funções e acúmulo de poder, tudo isso combinado com uma perspectiva real de ascensão econômica e de mobilidade social, acabaram por modificar sensivelmente o papel da magistratura letrada e sua importância na arquitetura de poderes que se estabeleceu no contexto das Minas setecentistas. As diferentes trajetórias percorridas no serviço régio por esse grupo de elite letrada, depois das Minas, os mecanismos de progressão e controle dos ouvidores por parte do Desembargo, a efetividade desses mecanismos e a existência de outros informais que permearam a carreira dos ministros régios no período serão algumas das questões discutidas.

Na historiografia[1] que estuda a magistratura do império português, é comum encontrar indagações sobre o peso da carreira no ultramar, cujos cargos, especialmente os de primeira e os de segunda entrância, são considerados pouco atrativos pelos ministros régios. Muitas vezes, a própria documentação sugere o caráter negativo que o exercício de cargos no ultramar assumia entre ministros: em muitas leituras de bacharéis que precisavam de alguma dispensa para entrar no serviço régio, há o registro de que não se importariam em seguir para lugares ultramarinos caso fosse essa a condição para a dispensa. De outro lado, a ocupação de cargos no ultramar poderia ser motivo para diminuir o tempo de progressão na carreira, uma vez que ministros frequentemente faziam referência ao perigo e à distância, entre outros fatores que servissem de justificativa para exercer esses cargos com promessa de nomeação para tribunais superiores.[2]

É preciso ponderar que nem todos os lugares ultramarinos eram pouco apreciados para o exercício de cargos, já que, conforme visto, muitos deles eram mais rendosos do que quaisquer cargos similares no Reino. Nos concursos e consultas sobre nomeações para o serviço régio encontrados no arquivo da Torre do Tombo, e às vezes nas mercês de cargos, aparecem informações sobre ministros que, sendo nomeados para determinados lugares, cumpriam o período com a promessa de que, "vagando uma das ouvidorias mineiras",[3] seriam nomeados para ela.

Houve apenas uma escusa ao longo do século XVIII entre ministros nomeados para exercerem o cargo de ouvidor de comarca em Minas: Manoel Evóra Heitor.[4] Ele pediu para continuar como superintendente das carruagens, com a mercê de um lugar na Relação do Porto em 1711, e não foi para Minas.

---

[1] Sobre papel que a ocupação de cargos no ultramar exerceu no enriquecimento das elites portuguesas no período moderno, ver: CAMARINHAS, Nuno, *op. cit.*, p. 254-290. E também as considerações de MONTEIRO, Nuno. "Trajetórias sociais e governo das conquistas: notas preliminares sobre os vice-reis e governadores-gerais do Brasil e da Índia nos séculos XVII e XVIII", *op. cit.*, p. 282.

[2] CAMARINHAS, Nuno, *op. cit.*, p. 271.

[3] ANTT, RGM, D. João V, liv.06, fl. 42v. Mercê para o cargo de juiz de fora de Olinda com promessa de que vagando uma das ouvidorias de Minas ao ministro Antonio da Cunha Silveira.

[4] ANTT, RGM, D. João V, liv. 35, fl. 273. Alvará de escusa em 15/04/1711.

Casou-se com viúva de outro desembargador do Porto, em 1716 e, curiosamente, tiveram um destino trágico, pois os dois foram envenenados por uma "sua mulata" no ano de 1717.[5] O ministro já havia sido reconduzido ao cargo de juiz de fora de Abrantes e exercia o cargo de superintendente das carruagens quando foi nomeado para a ouvidoria do Rio das Mortes em Minas — da qual pediu escusa. Foi em seu lugar Valério da Costa Gouveia, o primeiro ouvidor daquela comarca.

Mesmo essa escusa pode ter se relacionado mais a questões pessoais do ministro do que ao desinteresse pelo lugar. Pelo tempo de serviços prestados ao rei e pelo padrão de progressão na carreira ele poderia receber uma nomeação como desembargador do Porto sem vir para o ultramar. Além disso, o casamento com a viúva de outro desembargador e as vantagens que poderia obter do matrimônio certamente influenciaram sua decisão pela escusa.

É provável que até o caráter punitivo/compensatório de alguns tipos de nomeação em relação aos "defeitos de mecânica" de alguns ministros régios — para os quais a ocupação de cargos no ultramar era a condição para dispensa — tenha se transformado gradualmente em prêmio. Especialmente ao longo do século XVIII, e, mais ainda, em relação a áreas de economia mineradora, nas quais os patamares remuneratórios eram muito vantajosos.[6] Além disso, a região de Minas Gerais era privilegiada por reunir condições que facilitavam uma progressão ideal na carreira, considerando-se o prestígio do cargo de desembargador em quaisquer dos tribunais superiores existentes à época ou o título de desembargador como "ideal" para a evolução da carreira dos ministros régios no Portugal moderno.

Há diferenças entre aqueles que terminaram sua carreira apenas com o título e o direito de uso da beca sem nunca terem exercido de fato o lugar em um tribunal superior e outros que exerceram o cargo como desembargadores das relações ultramarinas e/ou que chegaram aos tribunais superiores no Rei-

---

5 BNP, Memorial de Ministros, códice 1073, fl. 403
6 ANTT, RGM, D. João V, liv. 06, fl. 42v. Mercê concedida ao bacharel Antônio da Cunha Silveira de juiz de fora de Olinda na Capitania de Pernambuco, em 22/03/1720, na qual consta que exerceria o cargo de juiz de fora com a promessa de que seria enviado para as Minas assim que vagasse uma ouvidoria.

no. Entretanto, os dados obtidos sobre a progressão na carreira dos ministros que atuaram como ouvidores de comarca nas Minas são bastante significativos quando comparados com os dados de atuação em outras regiões ultramarinas. Exercer cargos em Minas era elemento definidor de progressão ideal na carreira ou de mudança nos percursos e trajetórias desses ministros régios.

O percurso do Reino ao ultramar e para as Minas: acúmulo necessário de experiências

Quanto ao início da carreira e da trajetória até a ocupação do cargo de ouvidor numa das quatro comarcas mineiras, o percurso da maioria dos ministros esteve relacionado ao acúmulo de experiências ao desempenhar cargos de primeira entrância em várias localidades no reino, nas ilhas e no ultramar.

Primeiro, eram nomeados para ocupar ofícios denominados de "primeira entrância", ou seja: exercer a justiça em âmbito local em pequenos conselhos ou câmaras como juízes-de-fora ou, em alguns casos, como juízes-de-órfãos, juízes do cível e crime, ouvidores e provedores no Reino, e, em menor número, para todos esses cargos no ultramar. Para os ouvidores mineiros, a experiência necessária era adquirida em pequenas localidades no Reino.

O tempo gasto na ocupação do primeiro cargo, cuja nomeação era feita geralmente para um período de três anos, podia ser ampliado. Isso porque, embora não tenham sido muito comuns reconduções para um mesmo cargo no grupo, os ministros serviam um tempo a mais enquanto não eram nomeados substitutos. As provisões régias passadas a eles previam mecanismos para o prolongamento do exercício nos cargos, uma vez que mandavam os ministros régios atuarem "por tempo de três anos e além deles o mais que houver enquanto não mandar o contrário" ou "enquanto não mandar tirar residência".[7]

Até meados do século XVIII era praxe ocorrerem nomeações de grupos de magistrados em conjunto e por períodos regulares. Por essa razão, os prolongamentos de tempo no exercício dos cargos eram necessários e ocorriam com certa frequência. Assim permaneceu até o decreto de 23 de outubro de

---

7   ANTT, RGM, D. João V, liv. 06, fl. 42v.

1759, em que se permitiam fazer nomeações para os cargos na medida em que ficassem vagos. As nomeações passaram a ser feitas com maior agilidade e também se reduziu o tempo de espera de ministros que aguardavam para ascenderem na carreira sem ter que permanecer tanto tempo em cargos menores.[8]

Traço marcante no percurso funcional dos ouvidores atuantes em Minas é que mais comumente tiveram como primeira ocupação no serviço régio o cargo de juiz de fora no Reino, sendo menos expressivo o número daqueles que iniciou suas carreiras como juízes-de-fora no ultramar, o que se pode observar pelos dados agrupados no Quadro 11. A maioria dos ministros chegava às Minas como ouvidores de comarca após a segunda ou terceira ocupação em outros cargos no serviço régio, confirmando que a experiência era um critério importante para a escolha dos bacharéis que vieram atuar na capitania. Além disso, outro aspecto observado foi a qualidade da formação na universidade avaliada por meio de notas obtidas nos exames. Outra coisa importante era a avaliação recebida pelos ministros nesses cargos anteriores, que deveria ser invariavelmente a de "terem sido bons ministros e despachadores muito limpos de mãos", ou seja: terem "boas residências".

Ao todo, sessenta ministros que foram para as Minas acumularam experiências no exercício de uma a três ocupações anteriores, quase sempre no Reino. Somam-se a eles pelo menos quatro que foram ouvidores de Minas e não só possuíam experiência acumulada em outras ocupações anteriores, assim como haviam sido, antes, nomeados desembargadores para que ocupassem lugar de ouvidor de comarca.

Apenas doze bacharéis foram nomeados diretamente para o cargo de ouvidores depois do exame no Desembargo do Paço, o que implicava custos muito elevados para um bacharel em início de carreira. A cada mercê de nomeação para os cargos no serviço régio, os bacharéis pagavam os novos direitos para tomar posse nos lugares. Os valores dos novos direitos pagos por ministros que vinham nomeados para as Minas eram muito elevados se comparados aos de outras áreas.

---

8   SILVA, Antonio Delgado da. *Coleão da Legislação Portuguesa, op. cit.*, p. 722-723. Disponível em: <www.iuslusitaniae.fcsh.unl.pt>. Acesso em: 25/03/2011.

A maior parte dos ministros nomeados diretamente para o lugar de ouvidor das comarcas mineiras ocorreu depois da década de 1760, e foram oito, sendo que, três eram filhos das elites americanas que estudaram em Coimbra. Os demais eram todos filhos, enteados de desembargadores, ex-ouvidores e fidalgos — o que sugere que a primeira nomeação de um ministro régio direto para uma das quatro comarcas mineiras era situação excepcional que exigia a existência de condições sócio-econômicas específicas. A essa altura, ser nomeado para Minas era claramente um privilégio, e mais ainda quando a nomeação era a primeira na carreira de um ministro régio.

É pouco expressivo o número de ouvidores que chegou às Minas depois de terem exercido quatro ocupações anteriores e, portanto, no final de suas trajetórias como ministros régios ou já com quase vinte anos de serviços. Esse foi o caso de João Lopes Loureiro, que leu no Desembargo em 1692 e iniciou carreira como juiz de fora de Esposende, tendo sido encarregado da superintendência do Forte e Fortificações da Marinha, do qual deu boa residência em 1705.

Em seguida, foi nomeado ouvidor de Barcelos, cargo em que permaneceu até dar boa residência, em 1709, com nota para os serviços que prestou, tendo feito muitos soldados pagos, prendendo desertores e dado pronta execução às ordens que lhe foram passadas. Depois desse período, recebeu mercê de cavaleiro fidalgo[9] em 1712 pelos serviços mencionados. Serviu ainda no cargo de provedor de Guimarães e deu boa residência em 1718. Mesmo considerando os intervalos que teve de esperar entre uma nomeação e outra, o ouvidor em 1718 já contava com quase vinte anos de atuação no serviço régio. Em 1721, recebeu a mercê do cargo de ouvidor da comarca de Vila Rica e Ouro Preto, onde faleceu em fins de 1722.[10]

Conforme informações que constam em sua mercê de cavaleiro fidalgo, é importante salientar que o perfil do ministro se enquadrava bem ao contexto da comarca de Vila Rica do Ouro Preto quando foi nomeado para seu ouvidor. Acabara de ocorrer nesta comarca a sedição de Vila Rica, a qual

---

9   ANTT, RGM, D. João V, liv. 5, fl. 495. Mercê de cavaleiro fidalgo pelos serviços prestados por João Lopes Loureiro, com $750 réis de moradia ao mês e um alqueire de cevada dia. 17/11/1712

10 ANTT, DP, Assentos de Leitura de bacharéis, n. 129, fl. 184v.

teve impactos consideráveis tanto do ponto de vista político, quanto administrativo. Não se pode deixar de registrar também que estiveram envolvidos na sedição, de formas distintas, dois ministros régios: o ex-ouvidor da comarca Manoel Mosqueira Rosa e o ouvidor Martinho Vieira, que ocupava o cargo durante o desenrolar dos conflitos.[11] Nesse sentido, a escolha de um ministro régio experiente e com as credenciais de João Lopes Loureiro certamente não foi aleatória.

QUADRO 11
Trajetória dos ministros régios até chegarem a ouvidores de Minas

Cargos	\- Ordem de ocupação dos cargos				
	1ª	2ª	3ª	4ª	5ª
Auditor Geral; auditor de Infantaria e regimentos	-	2	1	-	-
Corregedor no Reino	-	2	1	2	-
Desembargador com exercício no lugar de ouvidor de capitania no ultramar	-	1	-	-	-
Desembargador com exercício no lugar de ouvidor de comarca em Minas	-	-	4	-	-
Intendente	1	1	-	-	-
Juiz de fora no Reino	46	13	2	-	-
Juiz de fora nas Ilhas	6	1	-	-	-
Juiz de fora no ultramar	5	6	-	-	-
Juiz das propriedades, crime, cível e dos órfãos no Reino	6	2	-	-	-
Ouvidor em Minas Gerais	12	33	27	6	4

---

11 O ouvidor Manoel Mosqueira Rosa esteve envolvido com o grupo dos sediciosos e saiu culpado ao final da apuração sobre os envolvidos. Já Martinho Vieira, também durante o conflito, teve de ser afastado do cargo e foi acusado pelo governador de acirrar ainda mais os ânimos na comarca com sua atuação imprudente. Sobre o desenrolar dos conflitos durante a sedição de Vila Rica, ver: SOUZA, Laura de Mello. "Estudo crítico que acompanhou a edição do Discurso histórico e político sobre a sublevação que nas minas houve no ano de 1720". Belo Horizonte: Fundação João Pinheiro, 1994. 196p (Coleção Mineiriana)

Ouvidor no Reino	6	3	-	-	-
Ouvidor no ultramar	1	4	3	1	-
Provedor no Reino	-	1	1	1	-
Provedor no ultramar	1	-	-	-	-

Fonte: Produzido pela autora a partir de dados extraídos de acervos do ANTT, DP, Leituras de Bacharéis, Assentos de Leitura, Registro Geral de Mercês, Chancelarias Régias.

Autores como Nuno Camarinhas e José Subtil[12] apontam para que no início da carreira de bacharéis tenha havido predomínio do exercício de cargo de juiz de fora em pequenas localidades do Reino, o fato de, do ponto de vista político e demográfico, essas localidades serem menos reputadas e com critérios de admissão menos rígidos do que lugares mais importantes, como as cabeças de comarca. Segundo a historiografia, portanto, localidades menores no Reino seriam lugares ideais para o início da carreira. Contudo, há outro aspecto certamente muito relevante para se entender os percursos da magistratura no Reino e no ultramar, sobretudo em início de carreira.

Como já ressaltado, o caminho que levava até a entrada para o serviço régio era longo e dispendioso para as famílias, o que demandava esforço em estratégias para se conseguir uma nomeação, uma vez que os critérios de acesso vinculavam-se a uma ordem burocrática-profissional, mas também a uma ordem político-social. Grandes investimentos na formação e exames, mais as quantias significativas que deveriam ser pagas à Coroa como novos direitos para que se exercesse um cargo no serviço régio, foram certamente fatores de extrema relevância. No caso da primeira nomeação, esses valores seriam cobertos pelas famílias dos ministros, que eram, por ocasião de entrada no serviço régio, quase sempre solteiros e ainda dependentes da fortuna de seus ascendentes. Apenas quatro desses ouvidores já estavam casados quando fizeram o exame de leitura de bacharéis.

A articulação política entre os ministros era necessária desde o início da carreira, conforme atestam os concursos ou consultas sobre propostas de

---

[12] CAMARINHAS, Nuno, *op. cit.*, p. 266-267 e SUBTIL, José. *Actores, territórios e redes de poder, entre o Antigo Regime e o Liberalismo*, op. cit., p. 61-81.

nomeação para os lugares de justiça. São produzidas listas em que se colocavam os nomes e toda a documentação referente ao candidato que concorria aos cargos. Eram listados separadamente os indicados pela Mesa — que nem sempre indicava candidatos — daqueles indicados por três desembargadores. Essa documentação do Desembargo do Paço não faz menção direta a critérios utilizados para a escolha daqueles que figurariam nessas listas, mas os bacharéis candidatos não só anexavam certidões que atestavam a qualidade de sua formação e de boas residências em serviços prestados antes, como também se preocupavam em demonstrar suas redes de relações sociais.

Mencionavam sempre o parentesco com outros ministros régios, sobretudo desembargadores, e outros ascendentes titulados ou que haviam conquistado pelo serviço régio quaisquer bens honrosos. Principalmente, os candidatos anexavam certidões de governadores, de câmaras e de outros funcionários régios que atestavam habilidades e realizações desses ministros nos serviços — o que também era um indicativo das redes de relações sociais nas quais estavam implicados.

Pode ser usado como exemplo o caso do ouvidor do Serro do Frio em 1801, Antônio Seabra Mota, que é apresentado para a recondução ao mesmo cargo com petição dos vereadores da câmara do Serro do Frio, em concurso no Desembargo do Paço.[13] As reconduções formais eram raras, não sendo difícil, contudo, o prolongamento do exercício de ministros em seus cargos. No caso em questão, o pedido feito pela câmara local para a manutenção de um ministro reflete o frágil equilíbrio de forças entre ele e os poderosos locais, o que no campo político das Minas poderia durar menos do que o esperado diante das denúncias que faziam inúmeras autoridades umas contra outras, e que circulavam de um lado a outro do Atlântico.[14]

---

13 ANTT, DP, RJDM, Concursos de bacharéis, Maço 1844. Foram consultados todos os maços até o de n. 1861. Constam petições dos ministros que se candidatam aos cargos e documentos pertinentes que poderiam favorecê-los no processo do concurso.

14 Sobre os conflitos que ocorreram entre o ouvidor Antonio Seabra Motta e outras autoridades e grupos de poderosos locais, ver: FURTADO, Júnia Ferreira. "Relações de poder no Tejuco ou um teatro em três atos", *op. cit.*.

No início da carreira, essas redes quase sempre se limitavam ao círculo de amigos feitos ao longo da formação na universidade de Coimbra e aos familiares, o contribuía para que a maioria seguisse o curso de uma carreira-padrão. Mas há outro aspecto fundamental nessas primeiras nomeações para o serviço régio: o custo pago pelos ministros para exercerem os cargos. A composição dos valores cobrados como novos direitos por cargo ocupado pelos ministros levava em conta a avaliação dos redimentos que poderiam ser obtidos ao longo do período de atuação em cada um desses lugares. Os rendimentos, emolumentos e salários acabavam por definir um valor que deveria ser pago todas as vezes em que se recebia a mercê de nomeação para os cargos na magistratura régia.

Para muitos cargos em que não era possível fazer o cálculo dos rendimentos totais em função de propinas e emolumentos variáveis, os ministros assinavam fiança dos novos direitos a pagar sobre os rendimentos que houvesse a mais. Não se trata de avaliação propriamente dita do cargo, uma vez que não são patrimonializáveis[15] como eram muitos outros ofícios, mas sim de uma espécie de imposto calculado sobre os rendimentos que poderiam ser auferidos com o exercício do mesmo.

Quando se passava de um cargo cujos rendimentos não propiciavam melhoras, não se pagavam os novos direitos. Era o que ocorria quando os ministros exerciam o cargo de ouvidor de comarca nas Minas e, em relação às nomeações posteriores, raramente pagavam novos direitos, porque, conforme consta nas mercês, raramente os cargos ocupados depois de Minas "acresciam melhoras" — mesmo se fossem para tribunais superiores. Em 1740, o ouvidor Fernando Leite Lobo foi da ouvidoria geral de Vila Rica de Ouro Preto para o tribunal da relação do Porto, e não pagou novos direitos por "não lhe acrescentar nada na avaliação" em relação ao cargo anterior.[16]

---

15 Não se trata aqui de ofícios e serventias que se tinham como propriedade vitalícia e que, em muitos casos, eram legados aos filhos e para os quais, muitas vezes, nomeavam-se serventuários em troca de rendimentos, sobre os quais recaíam também os novos direitos e mais donativos e terças-partes, que podiam ser concedidos, muitas vezes, como mercês em remuneração de serviços prestados ao rei. Discute-se aqui apenas os cargos com provimento régio trienal e não patrimonializáveis, pois era imprescndível uma formação letrada e a aprovação do Desembargo para ter acesso a eles.

16 ANTT, CHAN, D. João V, liv. 100, fl. 144v, 15/12/1740

Os cargos de primeira entrância, em particular aqueles das pequenas vilas no reino, eram os que demandavam menores quantias em novos direitos, que ficavam mais elevados para as judicaturas em cidades e vilas principais e ainda mais em determinadas localidades no ultramar. Como exemplo, tem-se o pagamento de 288$465 mil réis, mais fiança da mesma quantia, em novos direitos pagos pelo ministro nomeado como juiz de fora da cidade de Mariana em 1747,[17] na comarca de Vila Rica de Ouro Preto, em Minas. Valor exorbitante se comparado com o que se pagava para assumir o mesmo cargo em qualquer outra localidade no Reino, em média 30$000 mil réis, sendo que em muitas pequenas localidades o valor não passava de 20$000 mil réis — conforme levantamento feito para valores pagos em novos direitos ao assumirem os cargos citados (Quadro 12).

Quanto a fatores que definiam os rendimentos desses cargos, os quais eram ultilizados como base para o cálculo dos valores que os ministros deveriam pagar para assumir seus lugares no serviço régio, consideravam-se apenas aqueles que formalmente estavam atribuídos nos regimentos de salários e emolumentos, mais as propinas que se poderiam levar — que variavam muito no tempo e no espaço. Estas variavam de acordo com o volume de causas e de processos julgados pelo ouvidor, de acordo com cargos acumulados em determinadas regiões. Portanto, todos esses fatores mantêm forte relação com os contextos sociais e econômicos específicos de cada localidade. Outro fator que se levava em conta para o cálculo dos novos direitos a serem pagos compreendia os rendimentos auferidos com o cargo anterior, uma vez que, quando se passava de uma ocupação para outra na qual os rendimentos não fossem maiores que a antecedente, o ministro não deveria pagar novos direitos "por não haver melhoras", conforme já dito (Quadro 13).

A observação atenta dos dois quadros de novos direitos pagos pelos ministros régios permite perceber, nas variações, o reflexo da importância que algumas das localidades listadas teriam nos diferentes contextos históricos. Em relação ao cargo dos ouvidores para o caso das Minas e de suas quatro comarcas, tem-se que as comarcas do Rio das Mortes e do Rio das Velhas, na primei-

---

[17] ANTT, CHAN, D. João V, liv. 116, fl. 69. Carta de juiz de fora de Mariana concedida a Francisco Ângelo Leitão, 06/05/1747.

ra metade do século XVIII, demandavam pagamentos em novos direitos mais baixos se comparados aos que eram cobrados dos ouvidores que assumiam o mesmo cargo na comarca de Vila Rica de Ouro Preto.

De modo geral, a tendência era a de que no início de implantação dos cargos os valores cobrados pelos novos direitos fossem menores, para depois, com a estruturação política, social e econômica das comarcas, subirem a patamares mais elevados e a sofrerem oscilações em períodos específicos da conjuntura local ou, mesmo, de outras áreas do império em relação às Minas. Um bom exemplo é o caso do cargo de ouvidor da comarca do Rio das Velhas em 1744. Quando foi nomeado, pagou apenas o valor de 13$600, em duas vezes, para assumir o cargo em momento no qual os novos direitos para aquela comarca apresentavam já uma tendência crescente nos valores cobrados aos ministros. Entretanto, o valor muito baixo se explica pela ocupação anterior do ministro, que havia sido ouvidor-geral da capitania do Rio de Janeiro, percebendo um rendimento muito semelhante, naquele momento, ao que ele teria com a ocupação do cargo na comarca mineira. Quanto a outras oscilações, deve-se levar em conta o desenvolvimento específico de cada uma dessas comarcas ao longo do século XVIII.

QUADRO 12
Valores pagos em novos direitos para os cargos de juiz de fora ocupados pelos ouvidores que atuaram em Minas

Cargo	Ano	Valor pago de novos direitos	Fiança de outra tanta quantia	Fiança do valor total dos novos direitos	Pagou novos direitos do tempo em que serviu a mais no cargo
Juiz de fora da cidade de Funchal	1798	31$303	-	-	-
Juiz de fora da cidade de Loanda	1772	95$000	-	-	-
Juiz de fora da cidade de Ponta Delgada	1717	20$000	20$000	-	-

Juiz de fora da ilha de Santa Maria	1790	43$250	-	-	-
Juiz de fora da vila de Alcacer do Sal	1800	100$000	-	-	-
Juiz de fora da vila de Cea	1730	35$000	-	-	-
Juiz de fora da vila de Couruche	1739	10$000	-	-	100$000
Juiz de fora da vila de Fayal	1784	30$00	-	-	-
Juiz de fora da vila de Figueira	1778	26$666	-	-	16$542
Juiz de fora da vila de Mafra	1742	-	-	-	-
Juiz de fora da vila de Mourão	1748	30$000	-	-	-
Juiz de fora da vila de Paracatu	1799	129$059	-	-	189$748
Juiz de fora da vila de Paracatu	1802	115$000	-	-	-
Juiz de fora da vila de Santa Marta	1776	-	-	-	-
Juiz de fora da vila de Santos	1786	98$750	-	-	-
Juiz de fora da vila de Terena	1786	26$666	-	-	-
Juiz de fora da vila de Viana	1707	7$500	-	-	-
Juiz de fora de Almada	1722	14$635	-	-	-
Juiz de fora de Almada	1723	14$625	-	-	-
Juiz de fora de Almodovar	1716	12$750	-	-	-
Juiz de fora de Castelo Branco	1708	13$813	-	-	-
Juiz de fora de Couruche	1764	23$333	-	-	-
Juiz de fora de Guimarães	1715	35$000	-	-	-
Juiz de fora de Landroal	1728	12$875	12$875	-	-
Juiz de fora de Mariana	1788	72$416	-	-	-
Juiz de fora de Mariana	1747	288$465	288$465	-	-
Juiz de fora de Mariana	1776	98$750	-	-	-

Ouvidores de comarcas de Minas no século XVIII

Juiz de fora de Monsaraz	1782	-	-	-	145$176
Juiz de fora de Montemor-velho	1794	80$269	-	-	-
Juiz de fora de Ourique	1720	17$500	-	-	-
Juiz de fora de Pinhel	1759	41$666	-	-	-
Juiz de fora de Ponte de Lima	1720	13$750	13$750	-	-
Juiz de fora de Portimão	1717	11$250	11$250	-	-
Juiz de fora de Rio de Janeiro	1739	69$625	69$625	-	-
Juiz de fora de São Miguel	1720	12$500	12$500	-	-
Juiz de fora de Satarém	1780	26$666	-	-	-
Juiz de fora de Setubal	1742	39$250	-	-	-
Juiz de fora de Setubal	1722	13$750	-	-	-
Juiz de fora de Soure	1721	24$500	-	-	11$908
Juiz de fora de Valença do Minho	1798	45$947	-	-	-
Juiz de fora de Vila de Campo Maior	1731	30$000	-	-	20$660
Juiz de fora de Vila de Castelo Rodrigo	1728	25$500	-	-	-
Juiz de fora de Vila Nova de Cerveira	1771	31$666	-	-	5$677
Juiz de fora de Viseu	1730	16$825	16$825	-	-
Juiz de fora do Porto	1739	52$500	-	-	24$548
Juiz de fora do Porto	1748	87$500	-	-	-
Juiz de fora do Rio de Janeiro	1716	37$500	-	-	-
Juiz de fora e dos órfãos de Salvador	1727	-	-	-	-
Juiz do crime da Bahia	1794	-	-	-	114$686
Juiz dos feitos da Coroa e Fazenda da Casa da Suplicação (após cargo de ouvidor)	1758	155$00	-	-	-
Juiz dos órfãos da cidade da Guarda	1751	50$000	-	-	-

Juiz dos órfãos do Bairro Alto	1778	-	-	-	13$415
Juiz geral das Coutadas (após cargo de ouvidor)	1767	43$333	-	-	-

Fonte: Produzido pela autora a partir de dados extraídos de acervos do ANTT, Registro Geral de Mercês; Chancelarias Régias.

É importante ressaltar que muitos desses ministros iniciavam suas carreiras no Reino também por serem postos mais acessíveis do ponto de vista financeiro. Para suas famílias, que já haviam suportado o peso da manutenção ao longo da formação e mais todos os encargos com atos e exames de formatura e no Desembargo do Paço, arcar ainda com novos direitos elevados era investimento improvável para muitas delas.

Assim, começavam pelos menores lugares no Reino, permaneciam neles por um período entre três a cinco anos e somente na segunda ou terceira nomeação é que iam para lugares em que os rendimentos eram mais elevados, mas para os quais também se pagavam novos direitos maiores — como era o cargo de ouvidor nas Minas.

Para o grupo de ouvidores das Minas, esse período como juízes-de-fora em várias localidades no Reino funcionava como uma preparação e era essencial no desenvolvimento futuro de suas carreiras. Estruturavam suas famílias e redes sociais e de poder, também muito importantes para assegurar nomeações futuras, já que dar boa residência[18] ao final do exercício desses cargos dependia duplamente dos serviços prestados e das testemunhas que no processo acabavam definindo a qualidade dos serviços do magistrado.

Para aqueles que entravam no serviço régio sem se casarem, geralmente o faziam em sua primeira ou segunda nomeação. Quando se casavam com mulheres da região onde exerciam a judicatura, precisavam de autorização régia para o casamento, o que, muitas vezes, constituía empecilho e atraso nas

---

18 As residências eram processos de inquirição de testemunhas abertos na localidade onde atuaram os ministros régios, conduzido, geralmente, pelo sucessor, que abria a sindicância e depois enviava aos tribunais superiores, que julgavam as residências e aprovavam ou não os ministros. Ver: SUBTIL, José. *O Desembargo do Paço (1750-1833)*, op. cit., p. 311-320.

núpcias para as quais somente eram autorizados depois que terminassem o exercício do cargo na localidade de onde provinha a noiva. Em verdade, muitas provisões de cargo, especialmente no ultramar, determinavam que ministros não se casassem naquelas localidades, sob pena de verem nulas as promessas para postos mais elevados, como de desembargadores em tribunais superiores.

Embora fossem cargos cujos rendimentos não eram tão elevados como os de outros postos no ultramar, foi a partir desses lugares como juízes de fora que os magistrados acumularam o necessário para investir na carreira ultramarina, do ponto de vista tanto social como financeiro, já que os novos direitos pagos para exercer cargos em Minas Gerais eram sensivelmente mais elevados, o que no caso das ouvidorias demandava quantias avultadas (Quadro 13). No início do século XVIII, o valor dos novos direitos pagos não eram tão altos; muitos eram mesmo equivalentes aos de outras regiões. Mas logo se elevaram e depois sofreram variações relativamente pequenas ao longo do século e quase sempre com tendência a uma valorização dos valores.

QUADRO 13
Novos direitos pagos pelos nomeados ao cargo de ouvidores

Cargo	Ano	Valor pago de novos direitos	Fiança de outra tanta quantia	Fiança do valor total dos novos direitos	Pagou novos direitos do tempo em que serviu a mais no cargo
Ouvidor da comarca de Vila Rica e Ouro Preto	1748	342$875	342$875	-	-
Ouvidor da comarca de Vila Rica e Ouro Preto	1739	337$500	-	-	-
Ouvidor da comarca de Vila Rica e Ouro Preto	1721	56$250	56$250	-	-
Ouvidor da comarca de Vila Rica e Ouro Preto	1723	172$875	172$875	-	-
Ouvidor da comarca de Vila Rica e Ouro Preto	1744	333$675	-	-	-

Ouvidor da comarca de Vila Rica e Ouro Preto	1765	689$167	-	-	-
Ouvidor da comarca de Vila Rica e Ouro Preto	1758	692$500	-	-	-
Ouvidor da comarca de Vila Rica e Ouro Preto	1801	250$687	-	-	-
Ouvidor da comarca de Vila Rica e Ouro Preto	1711	60$000	60$000	-	-
Ouvidor da comarca de Vila Rica e Ouro Preto	1715	16$900	16$900	-	-
Ouvidor da comarca de Vila Rica e Ouro Preto	1718	157$500	-	-	-
Ouvidor da comarca de Vila Rica e Ouro Preto	1733	847$000	-	-	-
Ouvidor da comarca do Rio das Mortes	1775	425$000	-	-	-
Ouvidor da comarca do Rio das Mortes	1718	52$500	52$500	-	-
Ouvidor da comarca do Rio das Mortes	1758	425$000	-	-	-
Ouvidor da comarca do Rio das Mortes	1747	212$500	212$500	-	-
Ouvidor da comarca do Rio das Mortes	1723	57$500	57$500	-	-
Ouvidor da comarca do Rio das Mortes	1802	128$000	-	-	-
Ouvidor da comarca do Rio das Mortes	1733	198$750	198$750	-	-
Ouvidor da comarca do Rio das Mortes	1761	337$500	-	-	-
Ouvidor da comarca do Rio das Mortes	1731	193$200	-	-	-
Ouvidor da comarca do Rio das Mortes	1779/1791	330$000	-	-	-
Ouvidor da comarca do Rio das Mortes	1807	204$000	-	-	-
Ouvidor da comarca do Rio das Mortes	1711	37$500	37$500	-	-

Ouvidores de comarcas de Minas no século XVIII

Ouvidor da comarca do Rio das Mortes	1740	183$375	-	-	-
Ouvidor da comarca do Rio das Velhas	1779	388$333	-	-	-
Ouvidor da comarca do Rio das Velhas	1748	180$000	180$000	-	-
Ouvidor da comarca do Rio das Velhas*	1744	6$800	6$800	-	-
Ouvidor da comarca do Rio das Velhas	1713	68$500	-	-	-
Ouvidor da comarca do Rio das Velhas	1758	425$000	-	-	-
Ouvidor da comarca do Rio das Velhas	1725	68$572	68$572	-	-
Ouvidor da comarca o Rio das Velhas	1802	466$000	-	-	-
Ouvidor da comarca do Rio das Velhas	1789	-	-	-	-
Ouvidor da comarca do Rio das Velhas	1729	67$875	67$875	-	-
Ouvidor da comarca do Rio das Velhas	1772	425$000	-	-	-
Ouvidor da comarca do Rio das Velhas	1752	168$750	168$750	-	-
Ouvidor da comarca do Rio das Velhas	1720	147$475	-	-	-
Ouvidor da comarca do Rio das Velhas	1742	195$500	195$500	-	-
Ouvidor da comarca do Rio das Velhas	1738	197$875	-	-	-
Ouvidor da comarca do Serro do Frio	1758	294$066	-	-	-
Ouvidor da comarca do Serro do Frio	1738	137$500	137$500	-	-
Ouvidor da comarca do Serro do Frio	1726	62$500	62$500	-	-
Ouvidor da comarca do Serro do Frio	1720	90$000	-	-	-

Ouvidor da comarca do Serro do Frio	1798	222$083	-	-	-
Ouvidor da comarca do Serro do Frio	1790	208$384	-	-	-
Ouvidor da comarca do Serro do Frio	1765	275$370	-	-	-
Ouvidor da comarca do Serro do Frio	1747	152$500	152$500	-	-
Ouvidor da comarca do Serro do Frio	1783	275$840	-	-	-
Ouvidor da comarca do Serro do Frio	1772	301$666	-	-	-
Ouvidor da comarca do Serro do Frio	1778	266$666	-	-	-
Ouvidor da comarca do Serro do Frio	1755	282$500	-	-	-
Ouvidor da Paraíba (anterior a Minas)	1705	20$000	20$000	-	-
Ouvidor da Paraíba (anterior a Minas)	1711	18$087	-	-	-
Ouvidor de Vila do Príncipe	1744	147$500	147$500	-	-
Ouvidor de Vila do Príncipe	1732	202$300	-	-	-
Ouvidor do Azeitão (Portugal, anterior a Minas)	1711	27$500	27$500	-	-
Ouvidor-Geral da Capitania do Maranhão (anterior a Minas)	1733	39$625	39$625	-	-

Fonte: Produzido pela autora a partir de dados extraídos de acervos do ANTT, DP, Leituras de Bacharéis; Assentos de Leitura, Registro Geral de Mercês; Chancelarias Régias.

A partir dos dados coletados nos quadros 12 e 13, percebe-se a diferença entre o que era necessário investir para a ocupação de cargos no Reino e no ultramar, particularmente nas Minas, no século XVIII. Se o peso dos novos direitos provocou impactos no processo de desenvolvimento das carreiras na magistratura, de outro lado a historiografia tem reforçado que em Portugal, diferentemente de outros países da Europa no mesmo período, como a França, esses pagamentos feitos pelas elites letradas para ocupar cargos pouco representaram em termos de recursos para a Coroa, que acabava arcando "com a maior parte do peso"[19] ao sustentar uma estrutura burocrática e administrativa necessária para a manutenção de seu poder no Império ultramarino. Se se considera a dimensão do Império Português, o "reduzido número de 'lugares de letras' no Brasil e particularmente em Minas Gerais", conforme salienta Maria Beatriz Nizza da Silva,[20] certamente contribuiu significativamente para a valorização dos novos direitos pagos para ocupar esses cargos. É por isso mesmo que alguns magistrados precisavam do recurso de fiança para adiar o pagamento dos novos direitos que não podiam quitar quando tomavam posse (Quadro 14).

Além de os novos direitos serem muito mais elevados para os cargos nas Minas, sobretudo para o de ouvidor de comarca, é preciso considerar também os custos com a viagem até as localidades. Antes de irem para as Minas, muitos ministros já estavam com suas famílias constituídas e não era raro que os familiares os acompanhassem. Também era comum receberem mercês de ajuda de custo para as viagens, mas chegavam a contrair empréstimos para tal fim. Foi o caso do ouvidor João Gualberto Pinto de Moraes Sarmento, que recebeu uma mercê para tomar empréstimo de seis mil cruzados para seu transporte e estabelecimento nas Minas como ouvidor da comarca do Rio das Velhas, com sua mulher, sete filhos e cunhados.[21] Deu como garantia para o empréstimo os rendimentos sobre o ofício de escrivão da mesa do Sal de Lisboa, do qual era proprietário, por um período de dez anos. Anteriormente, havia exercido o cargo de juiz de fora de Santarém, mas já era proprietário do ofício citado mesmo antes de entrar para o serviço régio, o que lhe assegurava rendimentos e uma condição diferenciada de outros ministros.

---

19   SOUZA, Laura de Mello e. *O sol e a sombra: política e administração na América Portuguesa do século XVIII, op. cit.*, p. 328-329.

20   SILVA, Maria Beatriz Nizza da. "A Coroa e a remuneração dos vassalos". In: RESENDE, Maria Efigênia Lage de; VILLALTA, Luís Carlos. *História de Minas Gerais: as Minas setecentistas*. Belo Horizonte: Autêntica, 2007, p. 214

21   ANTT, RGM, D. Maria I, liv. 1, fl. 371, v. 14/12/1779.

Apesar de o cargo de juiz de fora e juiz de órfãos em outras localidades do Brasil demandar investimentos superiores aos necessários para os mesmos cargos no Reino, os valores pagos em novos direitos para ocupar os mesmos cargos nas Minas superavam os demais. Para o caso do cargo de ouvidor, as diferenças eram ainda mais significativas, conforme visto. Levando-se em conta que esses valores se compunham com base nos rendimentos dos cargos, está claro que os investimentos, por mais elevados que fossem, seriam devidamente recompensados, como foi discutido no capítulo 3, com base em uma remuneração de serviços generosa.

Pode-se dizer que a trajetória mais comum entre ministros régios nomeados para exercício do cargo de ouvidor nas Minas esteve associada ao exercício do cargo de juiz de fora no Reino, em locais onde acumularam experiências administrativas necessárias e saberes quanto ao funcionamento dos poderes locais, tão úteis ao contexto das Minas. Além disso, acumulavam valores necessários ao pagamento dos novos direitos, visto que um número significativo deles pagou o valor correspondente sem dar fiança e outros deram fiança apenas da metade do valor.

Para aqueles que constituíram famílias, a maioria o fez ainda quando exercia esses cargos no Reino e, portanto, criavam vínculos familiares nesses locais. Quase não houve ouvidores que se casaram em Minas, pois ou já estavam casados quando foram para elas ou permaneceram no estado de solteiros, com promessas de mercês de cargos mais elevados na carreira.

Aqueles que se casaram encontraram empecilhos, como a necessidade de obter autorização régia e de ter que esperar acabar o período do exercício do cargo para, só então, realizar o matrimônio. Nesse sentido, a "ligação social entre magistrados e sociedade" não incluiu os casamentos com moças das localidades onde atuaram[22] como "principal metódo" nas Minas.

Outro aspecto significativo para esse quadro é o fato de que essas nomeações, embora pudessem se prolongar para além dos três anos, não eram definitivas, o que certamente gerava incertezas quanto à continuidade ou não no serviço régio. Esse aspecto, mais a determinação régia para os ministros não

---

22 SCHWARTZ, Stuart B. *Burocracia e sociedade no Brasil Colonial, op. cit.*, p. 143

se casarem, que, muitas vezes, acompanhava as próprias nomeações, acabavam por contribuir para um quadro em que ou os ministros já chegavam às Minas com famílias constituídas durante o período em que exerceram dois ou mais cargos no Reino, ou somente constituiriam uma depois de conquistarem uma nomeação definitiva como desembargador num dos tribunais superiores.

Raramente seu percurso passou por outras áreas do império ultramarino.

São poucos os casos de exercício de cargos em outras capitanias no Brasil, com destaque para a da Bahia e a do Rio de Janeiro. Outra questão a pontuar é que poucos exerceram o cargo de ouvidor em outras localidades antes de o exercerem nas Minas. Também poucos ocuparam o posto de corregedor no Reino, cujas funções eram desempenhadas nas Minas pelos ouvidores de comarca.

QUADRO 14
Número de ouvidores mineiros que passaram por outras comarcas fora de Minas e de outras capitanias

Comarcas ou Capitanias	Antes de Minas	Depois das Minas	Cargo de juiz de fora	Ouvidor	Militar	Desembargador da Relação do Rio de Janeiro	Desembargador da Relação da Bahia
Bahia e Jacobina	2	6	-	-	-	-	6
Maranhão	1	-	-	1	-	-	-
Paraíba e Paraíba do Norte	2	-	-	2	-	-	-
Pernambuco	2	-	1	1	-	-	-
Olinda	1	-	1	-	-	-	-
Rio de Janeiro	5	9	1	3	2	8	-
São Paulo e Santos	1	-	1	-	-	-	-

Fonte: Produzido pela autora a partir de dados extraídos de Memorial de Ministros, RGM e Chancelarias Régias.

Para o caso das primeiras nomeações ao serviço régio, se eram importantes as informações sobre os ministros repassadas pela universidade e todo o processo de exames no Desembargo, para as nomeações seguintes a essas era fundamental que o ministro apresentasse comprovações sobre seu bom desempenho nos cargos anteriores.

Para todos os ouvidores nomeados para as Minas encontrou-se a referência de que estavam sendo nomeados por terem servido bem e dado boa residência dos cargos anteriores pelas suas qualidades de "bons ministros". Sempre que possível, mencionavam nas petições que dirigiam ao rei nos concursos de bacharéis outras qualidades importantes na escolha, como: o fato de serem filhos de ministro ou de desembargador, os serviços prestados por parentes e todos os aspectos levados em conta nas nomeações. Entretanto, o traço mais visível no grupo de ouvidores mineiros era o de serem magistrados já com experiência anterior e da qual deram boa residência. Além disso, como já mencionado, citavam a qualidade de suas formações e o bom desempenho na Leitura do Desembargo.

Trajetórias na carreira depois das Minas: ascensão ou declínio?

É relevante dimensionar e esclarecer como a passagem dos ouvidores pelas Minas repercutiu no desenvolvimento de suas carreiras. Conforme já visto, apesar de dispendiosa — já que os novos direitos pagos por todos os ministros nomeados como ouvidores de comarcas mineiras foram, ao longo do século XVIII, muito elevados — comparativamente a outras regiões no Brasil setecentista, contudo, a passagem por Minas Gerais era muito vantajosa para a carreira da magistratura. Para o grupo de ouvidores estudados, raramente a experiência em Minas traduziu-se em declínio ou em desconstrução dos projetos de progressão na carreira ou de mobilidade social, conforme discutido no capítulo 2.

Um primeiro ponto a ser observado é o número de ouvidores que tendo atuado nas Minas chegou ao estatuto de desembargadores no período de 1711 a 1808: ao todo 43 indivíduos, o que representa mais da metade dos ministros régios que vieram para atuar como ouvidores de comarca. Incluem-se nesse número todos aqueles que efetivamente exerceram algum cargo em tribunal superior, no ultramar e no Reino, e os poucos que foram aposentados como desembargadores, geralmente na Relação do Porto. Não estão computados nesse levantamento os ouvidores que apenas conquistaram o privilégio de uso da beca ou os desembargadores sem exercício efetivo algum em tribunal superior.

No século XVIII, de acordo com o levantamento feito nos arquivos portugueses, não houve nenhuma outra área na América Portuguesa que tivesse permitido o desenvolvimento e a progressão das carreiras da magistratura aos patamares mais elevados como foi nas Minas. Apesar de os dados referentes a desembargadores que atuaram como ouvidores em outras capitanias e/ou comarcas do ultramar terem sido pesquisados quase exclusivamente com base nas informações constantes do *Dicionário dos desembargadores*[23] e no Memorial dos Ministros, os números são bastante significativos e indicam a relevância que a ocupação de cargos no espaço político das Minas Gerais teve na progressão da carreira. Além das Minas, mas com índices bem menores, destacaram-se as capitanias do Rio de Janeiro, Bahia e Pernambuco em número de ouvidores que chegaram a desembargadores (Quadro 15).

Foram considerados para todas as capitanias os magistrados que exerceram o cargo de ouvidor de comarca ou de capitania, e que posteriormente receberam mercê de nomeação definitiva como desembargador de um dos tribunais superiores no império. É bastante curioso que nem mesmo as capitanias que sediavam os dois tribunais superiores no Brasil naquele período, a Bahia e, na segunda metade do século XVIII, o Rio de Janeiro, tenham possibilitado aos magistrados que nelas atuaram uma progressão na carreira como dos ouvidores que foram para as Minas. Esse é apenas mais um dos indicativos da importância política que essa magistratura letrada alcançou ao exercer o cargo de ouvidor de comarca na capitania mineira. Nesse caso, para além das fronteiras desse território de atuação, convertendo-a em estratégia eficaz para progressão aos patamares mais elevados da carreira.

---

23 SUBTIL, José Manuel Louzada. *Dicionário dos desembargadores, (1640-1834)*, op. cit.

QUADRO 15
Ouvidores de comarcas ou capitanias no Brasil que foram nomeados desembargadores para tribunais superiores durante o século XVIII

Comarcas/ou capitanias brasileiras em que atuaram	Nº de ouvidores que foram nomeados desembargadores
Alagoas	6
Bahia e Jacobina	12
Ceará	2
Cuiabá	2
Espirito Santo	4
Goiás	5
Maranhão	3
Mato Grosso	4
Pará	9
Paraíba e Paraíba do Norte	7
Pernambuco	11
Paranaguá	1
Piauí	7
Rio de Janeiro	14
São Paulo e Santos	5
São José do Rio Negro	2
Sergipe Del' Rey	5
Minas Gerais	43

Fonte: Produzido pela autora a partir de dados extraídos do Dicionário de desembargadores, DP/ANTT e Memorial de Ministros (BBNP).

Quanto ao desenvolvimento das carreiras depois de ocuparem o cargo de ouvidor nas Minas, tem-se um número bastante expressivo de ministros que tiveram como primeira ocupação a de desembargadores nos tribunais superiores em Portugal e ultramar (Quadro 16). Somam 31 magistrados, já incluídos os quatro ouvidores que vieram para as Minas como desembargadores.

Os outros treze ouvidores que chegaram a desembargadores exerceram uma ocupação diferente no ultramar ou no reino antes de ascenderem ao estatuto de desembargador. Normalmente, já se atribuía ao ministro o direito de usar a beca e na própria carta de nomeação já definia que, depois de cumprido o período determinado, ocuparia o lugar como desembargador num dos tribunais superiores.

Segundo Nuno Camarinhas, a carreira da magistratura passava por várias etapas, mas quando os ministros chegavam ao nível das ouvidorias de comarca, provedorias ou corregedorias havia duas categorias de ofícios/cargos — a de "correição ordinária" ou a "de primeiro banco".

No caso das ouvidorias mineiras, tudo indica que elas tinham o peso dos lugares de primeiro banco. É por isso que se pode considerar que ouvidores que vieram a ser desembargadores — e que, depois das Minas, ainda exerceram mais um cargo antes da nomeação definitiva para um dos tribunais superiores — cumpriam extraordinariamente a ocupação desses lugares.[24] Entre eles, o mais expressivo foi o de corregedor no Reino, com seis ministros que ocuparam o cargo depois das Minas, seguido pelo de intendente do ouro ou diamantes e, em menor número, pelo cargo de provedor, tanto no Reino quanto no ultramar. Todos eles funcionavam como espécie de ante sala de espera para ocupação de um lugar nos tribunais superiores.

Há dois casos bem particulares quanto à trajetória dos ouvidores de comarca, que são os dos ministros régios Valério da Costa Gouveia e Francisco Leote Tavares.

Valério da Costa Gouveia[25] foi ouvidor do Rio das Mortes, em 1714, por escusa de Manuel Évora Heitor. Era familiar do Santo Ofício e chegou a realizar as provanças da viúva Luíza Maria das Neves, com quem pretendia se casar. Diante da demora do processo, foi enviado para Minas e não constou mais na documentação do ministro qualquer informação sobre seu provável casamento. Em seu retorno ao Reino, mudou para o estado eclesiástico. Tornou-se,

---

24 CAMARINHAS, Nuno, *op. cit.*, p. 268-269.
25 ANTT, RGM, D. João V, liv. 1, fl. 155v. Mercê de ouvidor e serventia do ofício de Provedor, 15/12/1714.

em 1738, protonotário e vigário geral do Patriarcado de Lisboa,[26] e em 1749 foi arcebispo da Lacedemônia,[27] segundo informação do Memorial de Ministros.

Esse percurso é uma exceção no que diz respeito à trajetória dos ministros de Letras que atuaram nas Minas, mas constitui-se em caso exemplar de mobilidade social, uma vez que o ministro possuía em suas ascendências muitos "defeitos de mecânica" e precisou da dispensa na leitura que fez no Desembargo do Paço.

Na petição que fazem solicitando a dispensa ao rei de seus "defeitos de mecânica", os canditados se dispõem a ocupar postos no ultramar[28] como forma de compensação. Entrentanto, é necessário frisar que o pai do bacharel, Bartolomeu da Costa, começou a aprender o ofício de carpinteiro, mas abandonou o aprendizado para ir ter ocupação na Casa Real, conforme consta nesta mesma leitura.

No registro geral de mercês foi encontrada a nomeação do pai deste bacharel como reposteiro da Câmara do Número, em 1687.[29] Isso justificaria a trajetória do ministro tanto pela via das Letras, quanto na carreira eclesiástica, que certamente contou com a influência e articulação paterna.

QUADRO 16
Trajetória após o exercício de ouvidor nas Minas

Cargos	1ª	2ª	3ª	4ª	5ª
Alcaide do bairro da Rua Nova	1	-	-	-	-
Arcebispo da Lacedemônia	-	1	-	-	-
Auditor Geral; auditor de Infantaria e regimentos	-	1	-	-	-
Conselheiro do Império do Brasil	-	1	-	-	-
Conselheiro régio	-	1	3	-	2

Ordem de ocupação dos cargos/percurso

---

26 Arquivo Distrital de Setúbal, CNSA, caixa 1, doc.35, 6 fls.
27 BNPL, Memorial de Ministros, códice 1079, fl. 441.
28 ANTT, DP, Leitura de bacharéis, Mmaço 02, n. 24, 13/01/1703.
29 ANTT, RGM, D. Pedro II, liv. 4, fl. 49.

Ouvidores de comarcas de Minas no século XVIII

Corregedor no Reino	6	2	-	-	-
Corregedor nas Ilhas	2	1	-	-	-
Deputado da Mesa de Consciência e Ordens; chanceler das 3 ordens militares	-	-	-	1	1
Desembargador da Relação da Bahia	7	1	-	-	-
Desembargador da Relação de Goa	2	-	-	-	-
Desembargador da Relação do Rio de Janeiro	10	1	1	-	-
Desembargador da Relação do Porto	18	14	3	-	-
Desembargador da Relação do Porto com exercício em intendente dos diamantes, ouvidor em Minas.	4	-	-	-	-
Desembargador da Casa da Suplicação	2	5	5	1	-
Desembargador do Paço	-	-	-	1	-
Intendente do ouro ou dos diamantes	3	1	-	-	-
Ouvidor em outra capitania no Brasil	1	-	-	-	-
Protonotário e vigário-geral do Patriarcado de Lisboa	1	-	-	-	-
Provedor no Reino	2	-	-	-	-
Provedor no ultramar (incluindo Minas)	2	-	-	-	-
Tenente-granadeiro do Batalhão do partido do Reino do Algarve	1	-	-	-	-
Não ocuparam mais cargos no serviço régio	29	-	-	-	-
Não há dados disponíveis	4	-	-	-	-

Fonte: Produzido pela autora a partir de dados extraídos de acervos do ANTT, DP, Leituras de Bacharéis; Assentos de Leitura, Registro Geral de Mercês; Chancelarias Régias.

O segundo caso é o de Francisco Leote Tavares, também ouvidor da comarca do Rio das Mortes, em 1731. Findo seu período nas Minas, teve problemas com sua residência e ficou suspenso do serviço régio por quatro anos.[30] O bacharel, então, abandonou a carreira das letras e retornou à região de Lagos, de onde era natural, e passou a investir na carreira militar. Em 1746, recebeu tença efetiva de 30$000, sendo 12$000 para lograr o hábito da Ordem de Cristo por se oferecer "para ir servir na presente monção da Índia", já como tenente dos granadeiros do partido do Reino do Algarve.

Os dois casos são exceções no universo dos 84 ouvidores pesquisados porque modificaram radicalmente seus percursos, considerando as trajetórias que o grupo de bacharéis formados na Universidade de Coimbra e que faziam suas leituras no Desembargo do Paço, normalmente desenvolviam no serviço régio. Há, entretanto, uma diferença entre eles: Valério da Costa Gouveia representa uma parte dos ouvidores pesquisados que, junto com suas famílias, estavam em processo de mobilidade ascensional, enquanto Francisco Leote Tavares apenas buscava a manutenção de posição social já conquistada pelas gerações passadas, uma vez que era filho de fidalgo da Casa Real e todos os seus ascendentes eram da "principal nobreza da terra".

Se houve essas exceções, pode-se dizer que foi possível identificar trajetórias comuns que predominaram entre os ouvidores mineiros.

A primeira delas foi a trajetória das ouvidorias em Minas para um dos tribunais superiores existentes à época, da qual será feita análise separadamente adiante. Mas houve um índice também elevado de ouvidores que, após o exercício nas Minas, não ocuparam mais qualquer cargo no serviço régio até a morte. São 29 ouvidores cujas trajetórias foram marcadas por situações muito variadas. Entre esses ministros, havia três ouvidores que vieram presos para o Limoeiro e morreram na prisão, ou ficaram presos até muito próximo de sua morte, e o in-

---

30 ANTT, DP, RJDM, Autos e certidões de residências, Maço 1815, certidão de residência que tirou o ouvidor da comarca do Serro do Frio, José Carvalho Martins, do ouvidor do Rio das Mortes, Francisco Leote Tavares, 13/11/1736.

confidente Inácio José de Alvarenga Peixoto, que também foi preso e degredado para África, onde morreu.[31]

Ordens de prisão para ouvidores das Minas não foram raras, mas são poucos os casos mais graves em que a punição se prolongou até a morte dos ministros.

Sebastião de Souza Machado, ouvidor da comarca de Vila Rica em 1730, foi suspenso do cargo pelo ouvidor que o sucedeu, Fernando Leite Lobo. Durante sua atuação, o ouvidor envolveu-se em conflitos com dom Lourenço de Almeida. Depois de sindicado, saiu culpado em sua residência sob acusações graves. Consta em carta do juiz sindicante, o ouvidor Fernando Leite Lobo, que Sebastião de Souza Machado teria negligenciado o recebimento de dinheiro por parte de alguns escrivães e juízes, para não culpar envolvidos em delitos graves dos quais tiraram devassa, além do sumiço de vários papéis importantes. O ouvidor também foi acusado de não realizar as correições como deveria, deixando delitos graves sem a devida punição.[32]

Aparentemente, as faltas do ouvidor não eram mais graves do que as de muitos outros ouvidores que atuaram nas Minas. Em sua residência, consta que, em princípio, apurou-se que o ouvidor levava excessivos salários. Quase todas as testemunhas inquiridas pelo juiz sindicante afirmaram que o ouvidor não era muito limpo de mãos e que ele próprio recebeu várias partidas de diamantes que remeteu por seu criado para o Reino em troca de sentenças favoráveis.[33] Com o desenrolar da devassa, o ouvidor tentou fuga, mas foi preso e enviado ao Reino. O contexto no qual se encontrava as Minas certamente foi decisivo para que fosse condenado a dez anos de degredo para a praça de Mazagão. Após delação e devassa sobre casa de moedas falsas no sítio do

---

31 LAPA, Manuel Rodrigues. *Vida e obra de Alvarenga Peixoto*. Rio de Janeiro: MEC;INL, 1960. Sobre a fortuna e sequestro dos bens do "inconfidente" e as estratégias de sua preservação em prol da família desse inconfidente, ver: RODRIGUES, André Figueiredo. *A fortuna dos inconfidentes: caminhos e descaminhos dos bens de conjurados mineiros (1760-1850)*. Rio de Janeiro: Globo, 2010. 319 p.

32 APM, SC. 05, fl. 171 e 171v. Fernando Leite Lobo, juiz sindicante de Sebastião de Souza Machado.

33 AHU, Cons. Ultram. / Brasil-MG, Caixa 27, doc. 20 e Caixa 26, doc. 57. Carta de Fernando Leite Lobo, dando conta da residência, devassa e prisão do ouvidor Sebastião de Souza Machado, Vila Rica, 1734.

Paraobeba,[34] em que magistrados se esforçavam para demonstrar fidelidade e bons serviços ao rei, qualquer conduta que favorecesse a impunidade dos maus vassalos estava fadada ao insucesso e era perigosa para a manutenção do bom governo e administração nas Minas. Entretanto, conseguiu comutar a pena em 1745 para prisão no Limoeiro, onde morreu.[35] Deixou uma pequena fortuna para seus herdeiros no valor de 15:825$222.[36]

Outro caso foi o do ouvidor Caetano Furtado de Mendonça, preso por desacato ao bispo do Rio de Janeiro, dom João da Cruz,[37] em visita à capitania de Minas Gerais. O ouvidor se indipôs em vários episódios com o bispo no que diz respeito ao roubo dos badalos dos sinos na igreja matriz de Vila do Carmo e em relação à prisão de clérigos pelo ministro naquela vila. também fizeram os oficiais das câmaras de Vila Rica e Vila do Carmo várias queixas contra o ouvidor quanto aos processos eleitorais, e também se queixou dele o governador. Esses episódios demonstram que o magistrado foi pouco hábil na construção de suas redes de sociabilidade e poder e conseguiu se indispor com vários grupos de poder no âmbito local. Preso, foi enviado, primeiro, ao Rio de Janeiro, e depois à prisão do Limoeiro. Em 1745, solicitou ao rei a mercê de soltura sob "fiéis carcereiros"[38] para se tratar de gravíssima moléstia de que padecia desde o tempo em que ficou preso no Rio de Janeiro em péssimas condições de carceragem, segundo alega em sua petição. Foi-lhe concedida a provisão de soltura por seis meses. Nesse período, o ouvidor morreu.[39] São duas trajetórias mal-sucedidas,

---

34 MENEZES, Ivo Porto. "A casa de moeda falsa na Serra do Paraopeba", Revista do Centro de Estudos do Ciclo do ouro, Ouro Preto, CECO/Casa dos Contos, p. 1-64, julho. 2007. Ver também dissertação de mestrado de, Paula Regina Albertini Túlio, de título *Falsários D'el Rei: Inácio de Souza Ferreira e a Casa de Moeda falsa do Paraopeba (Minas Gerais 1700-1734)*, defendida em 2005.

35 BNP, Memorial de Ministros, códice 1075, fl. 282.

36 ANTT, Inventários, Maço 28, n. 8, 1762.

37 AHU, Cons. Ultram. / Brasil-MG, Caixa 43, doc. 87.

38 AHU, Cons. Ultra. / Brasil-MG, Caixa 45, doc. 55

39 ANTT, CHAN, D. João V, liv. 109, fl. 381v. e 382.

em que a aplicação de punições rigorosas aos ministros envolvidos foi levada às últimas consequências.[40]

Outro ouvidor preso no Limoeiro foi José Goes Ribeiro Lara de Morais, acusado de inconfidência na comarca de Sabará, em 1775, o qual se beneficiou do perdão concedido no reinado de d. Maria I aos acusados de inconfidência pelo Marquês de Pombal. Porém não desfrutou muito da liberdade, já que morreu pouco tempo depois em 1786.[41] Caso emblemático no que diz respeito à construção de redes clientelares e de favorecimento para ganhos ilícitos, o ouvidor José de Goes Ribeiro Lara de Morais, natural de São Paulo, teve como primeira e única nomeação em sua curta carreira no serviço régio a ouvidoria da comarca do Rio das Velhas em 1772, depois de haver pago 425$000 (quatrocentos e vinte e cinco mil réis) em novos direitos.

Para o quadro geral dos ministros nomeados para Minas, ele estava entre uma minoria que conseguiu como primeira nomeação os lugares de letras numa das quatro comarcas existentes no século XVIII na região mineradora. Consta nos assentos de leituras de bacharéis que o ministro havia sido bom estudante e que leu muito bem por todos no Desembargo do Paço em 1768.[42] Essa informação poderia fazer supor que a nomeação do ministro estava ligada a seus méritos acadêmicos e ao resultado de seus exames de leitura de bacharéis, contudo, mais tarde, em representação[43] feita pelos "homens bons"

---

40 Apresenta-se aqui uma discordância em relação à tese de Cláudia Atallah, em que a autora afirma não ter encontrado nenhum caso de punição aos ouvidores na primeira metade do século XVIII, buscando enfatizar uma política de maior controle e centralização a partir do período pombalino sobre esse corpo burocrático que representaria assim "toda razão da tradição corporativa e jurisdicional que regia as práticas políticas que Pombal pretendia superar a partir do ensejo da centralização política". Em primeiro lugar, as impunidades ou punições aos ministros corruptos guardavam uma relação forte com os contextos sociais e políticos específicos nos quais estavam inseridos esses grupos de burocratas administradores régios e com as relações de poder que se estabeleciam localmente e com o centro político. Além disso, é pouco provável que essa magistratura letrada não tenha participado ao longo de século XVIII de um processo de transformação da razão política e adaptando-se aos novos tempos. Também é preciso lembrar que são esses ouvidores também agentes de um "processo de centralização" nas monarquias absolutistas. ATALLAH, Claudia Cristina Azeredo, *op. cit.*, p. 16.

41 BNP, Memorial de Ministros, códice 1027 e ATALLAH, Claudia, *op. cit.*, p. 225-260.

42 ANTT, DP, Livros de assentos de Leituras de bacharéis, livro 133, fl. 281v.

43 AHU, Cons. Ultram. / Brasil-MG, Caixa 105, doc. 76, fls. 6-7.

da comarca do Rio das Velhas, surgem informações de que o ministro havia sido nomeado por decreto e pela influência do então secretário de Estado, José Seabra e Silva. Ainda são questionadas suas qualidades como ministro que em seu cargo precisou nomear "assessor".[44]

Em que pese a representação ter sido produzida no calor dos acontecimentos que implicaram o ouvidor e seu grupo de aliados em vários crimes — contrabando de ouro, favorecimento de aliados na ocupação de cargos, prisões injustas, entre outros delitos — pelo menos num aspecto a representação estaria correta. Para se conseguir como primeira nomeação no serviço régio um cargo que assumiu grande importância na estrutura administrativa, era preciso, conforme já salientado anteriormente, boas relações na Corte, além de qualidades acadêmicas e experiência profissional.

Ao final do processo, o ouvidor foi preso e acusado do crime de inconfidência, encerrando, assim, sua trajetória no serviço régio, que se resumiu a uma única ocupação, sendo, portanto, outro exemplo de percurso interrompido pela instabilidade que marcou o campo político das Minas setecentistas.

---

44 Sobre a Inconfidência de Sabará, ver o trabalho de CATÃO, Leandro Pena. *Sacrílegas palavras: Inconfidência e jesuítas nas Minas Gerais durante o período pombalino*. Tese (Doutorado em História) — FAFICH-UFMG, Belo Horizonte, 2005. 345 p. O autor produz excelente análise sobre as redes clientelares e de poder construídas pelo ministro régio para assegurar inúmeras formas de ganhos ilícitos que se relacionavam às possibilidades que o próprio exercício do cargo trazia. Outro aspecto importante é a consideração do autor sobre processos de quebra na rede, o que geralmente ocorria por disputas internas nos grupos. No caso do ouvidor José de Goes Ribeiro Lara de Morais, os problemas começaram quando se desentendeu com o juiz de órfãos e ausentes de Sabará.

QUADRO 17
Ouvidores que não fizeram a progressão em desembargadores no serviço régio após as Minas

Percurso/Trajetória	
Permanecem nas Minas e vivem dos rendimentos de seus bens e propriedades e/ou morreram durante o exercício do cargo de ouvidor	7
Retornam ao Reino, não ocupam mais cargos no serviço régio e viveram dos rendimentos de suas posses até a morte	15
Morrem no Reino presos no Limoeiro ou logo ao sair da prisão	3
Permanecem em outras capitanias do Brasil	3
Degredado	1

Fonte: Produzido pela autora a partir de dados extraídos de acervos do ANTT, CHAN, RGM, BNP (Memorial de Ministros).

A maioria dos ouvidores que retornam ao Reino viveu de suas propriedades, quintas e rendimentos de seus negócios e fazendas, o que denota o acúmulo de riquezas ao longo da carreira, especialmente nas Minas. Entre os que retornam e não ocuparam mais cargos (Quadro 17), estão alguns que "voluntariamente" se afastaram do serviço régio para cuidar do acrescentamento de suas posses e bens, administrando-os de perto, como atestam alguns inventários orfanológicos, como o de Francisco Angelo Leitão, ouvidor de Vila Rica. O ex-ouvidor era credor de um número considerável de pessoas que lhe pagavam os juros e era também proprietário de bens imóveis em Lisboa, os quais alugava.[45]

O mais importante aqui é enfatizar que a maior parte dos ouvidores em questão retornou ao Reino e não constituiu família no espaço ultramarino. Entre esses ouvidores sobre os quais não se encontrou registro de ocupação de cargos depois de Minas, consta apenas um que constituiu família durante o exercício como ouvidor, casando-se com uma filha do capitão-mor da vila de Caeté. Manuel Joaquim Pedroso conseguiu provisão para se casar em 1782. Era

---

45   ANTT, Inventários, Maço 46, n. 5.

ouvidor da comarca de Vila Rica. Em sua provisão, consta que a autorização para o matrimônio deveu-se à isenção de jurisdição que ele tinha em relação ao pai de sua noiva, que era morador de outra comarca.[46] Retornou ao reino e há registro de uma provisão para o ex-ministro subrogar um quinhão de uma herdade no termo da cidade de Elvas por outro no termo de Olivença,[47] em 1793.

É preciso pontuar, entretanto, que, se de um lado a maior parte desses ministros não constituiu família em Minas Gerais, houve casos em que aqueles que trouxeram suas famílias do Reino deixaram parte delas por aqui. Foi o caso do ouvidor Manoel Mosqueira Rosa que, segundo informação no Memorial dos Ministros, voltou ao Reino culpado pelo envolvimento na sedição de Vila Rica, em 1720.[48] Deixou filhas e filhos que se casaram nas Minas. Uma de suas netas, dona Paula Felícia Rosa de Sousa Botelho, natural da cidade de Mariana, teve como filho o desembargador José de Oliveira Pinto Botelho da Silva e Mosqueira, o qual fez carreira no Reino e não regressou às Minas.[49]

Entre os que permaneceram em Minas, alguns morreram no exercício do cargo: João Lopes Loureiro, José Antônio Apolinário da Silveira e Luiz Botelho de Queiroz. Os dois primeiros deixaram famílias no Reino e o último era solteiro. Os demais que permaneceram em Minas, como os ouvidores José Teles da Silva, que foi ouvidor de Sabará, e Simão Vaz Borges de Azevedo, ex-ouvidor do Serro, ambos eram casados. O primeiro tinha a mulher recolhida em convento no Espírito Santo, com uma filha que mais tarde se casou e voltou para Reino.[50] O segundo deixou sua família no Reino e consta informação no Memorial dos Ministros de que fez grande fortuna no Serro do Frio, mas jogou,

---

46 ANTT, CHAN, D. Maria I, liv. 84, fl. 206.

47 ANTT, CHAN, D. Maria I, liv. 41, fl. 345.

48 BNP, Memorial de Ministros, códice 1079, fl. 408.

49 SUBTIL, José. *Dicionário dos desembargadores (1640-1834)*, op. cit., p. 369 e, também: VALADARES, Virgínia Maria Trindade. *Elites mineiras setecentistas: conjugação de dois mundos*, op. cit., p. 400-401. Sobre o trânsito dessas elites letradas no império, particularmente as de Minas Gerais, tem-se o importante trabalho de Virgínia Valadares, no qual se afirma que homens como o bisneto do ouvidor faziam parte de um grupo dessas elites mineiras que foi para o Reino estudar na Universidade de Coimbra e promoveu a disjunção entre os dois mundos, o ultramarino e o reinol, uma vez que não retornou mais às Minas.

50 ANTT, Inventários, Maço 353, n. 3, 1784.

em uma só noite, todo "esse grosso cabedal e envergonhando-se de vir para o Reino morreu na América".[51]

Além dessa informação sobre o ouvidor, foi encontrado um auto de justificação de Diogo Dias Correa, comerciante na Vila do Príncipe, em que solicitava aos herdeiros de Simão Vaz Borges de Azevedo o pagamento de uma dívida no valor de 500$000 réis. A origem da dívida é o dado mais importante, uma vez que indica claramente as relações mantidas pelo ouvidor naquele lugar. O ministro foi fiador de Francisco Nunes de Carvalho, preso por contrabando de diamantes, cujos bens foram confiscados. Além disso, o ouvidor comprara na loja do comerciante o valor de 47 oitavas de ouro em fazendas, maços de cartas finas, cadarços, tecidos, retros, linhas, fios de ouro, chapéus e oito baralhos de cartas.[52] Além desse auto de justificação confirmar o gosto que o magistrado tinha pelos jogos de azar, demonstra as ligações perigosas desse ministro nas Minas e o tipo de atividade ilícita que justificava o grande acúmulo de cabedais pelos titulares desses lugares de letras.

Quanto àqueles que passaram a viver em outras capitanias do Brasil depois de terem exercido o cargo de ouvidor em Minas, os números são pouco expressivos, com apenas três ministros nessa condição.[53]

Jerônimo Correa do Amaral foi ouvidor da comarca do Rio das Mortes, de 1718 até 1724, quando recebeu, ao final do exercício do cargo, uma carta de privilégio de fidalgo da Casa Real e retornou a Paraíba do Norte. Faleceu em 1738, sem ter constituído família. Instituiu capela colegiada de clérigos em seu testamento.[54] Francisco Carneiro Pinto de Almeida recebeu sesmaria na capi-

---

51 BNP, Memorial dos Ministros, códice 1075, fl. 320.
52 ANTT, JU, Brasil, Maço 135, n. 3, caixa 246.
53 Jerônimo Correa do Amaral, ouvidor do Rio das Mortes, depois das Minas, retorna à Paraíba e lá permanece até sua morte. Solteiro, instituiu Capela. Francisco Carneiro Pinto de Almeida, ouvidor do Rio das Mortes, em 1775, recebeu sesmaria na freguesia de São João Marcos, na capitania do Rio de Janeiro, e lá se estabeleceu com a família depois das Minas. E o ouvidor de Vila Rica, Martinho Vieira, que se estabeleceu na capitania do Espírito Santo.
54 ANTT, RGM, D. Maria I, liv. 10(2), fl. 160. Mercê de aprovação dos estatutos da Capela e colegiada de clérigos instituídas por Jerônimo Correa do Amaral em seu testamento.

tania do Rio de Janeiro[55] e Martinho Vieira, suspenso durante a revolta de Vila Rica, estabeleceu-se na capitania do Espírito Santo.[56]

Foi possível constatar que as trajetórias dos ministros que se ausentaram do serviço régio, embora variadas, revelam número considerável de ouvidores que retornaram ao reino e passaram a viver da administração de seus bens e negócios, configurando-se, assim, mais um indício importante do processo de mobilidade ascensional que caracterizou essas elites letradas no ultramar.

Segundo José Subtil, em sua pesquisa realizada sobre os ministros territoriais entre 1772 e 1826 nomeados para as Ilhas e ultramar, a tendência mais significativa não foi o retorno para o reino, já que essa foi trajetória de apenas 7% daqueles que emigraram para essas regiões do império.[57]

Aqui, tem-se uma ambiguidade em relação à tendência elevada de retorno ao reino entre os ministros territoriais nomeados para as Minas como ouvidores. Há alguns aspectos específicos do grupo que influenciaram esse padrão. Um número muito pequeno dos ouvidores nomeados para as Minas constituiu família na região.

Além disso, a escolha por permanecer nesse espaço político e, até mesmo, no serviço régio, dependia, muitas vezes, das contingências que marcaram as relações de poder nas Minas nos Setecentos. Alguns historiadores enfatizam que eram constantes os conflitos entre facções de poder no interior da administração nas várias comarcas.[58] Num terreno político em que negociações

---

55 ANTT, RGM, D. Maria I, liv. 22, fl. 242. Mercê de carta de sesmaria de uma légoa no Estado do Brasil na Freguesia de São João e Marcos na Paragem de Pirahy (atual cidade do Rio Claro, RJ)

56 ANTT, CHAN. D. José I, liv. 52, fl. 154 e v. Patente de capitão dos homens pardos da Capitania do Espírito Santo que vagou por falecimento de Henrique Rodrigues, e foi provido pelo Capitão Geral e governador da Capitania da Bahia. Em 11/02/1768.

57 Na pesquisa apresentada, para um montante geral de ministros territoriais no período mencionado, dos 1774 ministros 417 foram para Ilhas e ultramar e deles apenas 7% retornaram ao Reino. Ver: SUBTIL, José Manuel Louzada Lopes. *Actores, Territórios e redes de Poder, entre o Antigo Regime e o Liberalismo, op. cit.*, p. 66-67.

58 SILVEIRA, Marco Antônio. "O desembargador Luís Beltrão de Gouveia. Trajetória e pensamento (1720-1814)", *Oficina da Inconfidência: revista do trabalho*, ano 1, n. 1, Ouro Preto, Museu da Inconfidência, p. 85-148. 1999.

eram recorrentes[59] entre diferentes grupos de poder e no decorrer das quais, segundo Júnia Furtado, "sutis e poderosos jogos de poder se desenrolavam por detrás dos panos",[60] nem sempre a permanência era a melhor estratégia em suas trajetórias de ascensão e mobilidade.

Em muitos casos, a não permanência em território mineiro não representou ausência da manutenção dos vínculos construídos aqui, principalmente para aqueles que também conseguiam levar adiante seu processo de progressão na carreira, como nos casos de ouvidores que tiveram como trajetória mais representativa a continuidade no serviço régio e a progressão aos patamares de uma nomeação definitiva como desembargadores, conforme será visto.

Tribunais Superiores: as Relações no ultramar e no Reino, o Desembargo do Paço e os Conselhos Régios.

Os dados sobre ouvidores mineiros que chegaram a desembargador são expressivos. Somados àqueles que receberam a mercê apenas do privilégio do uso da beca, obtém-se um percentual de 58% dos ministros que tiveram uma progressão na carreira positivaa partir das Minas. É necessário salientar que dos ministros régios que chegaram a desembargadores, 28 obtiveram a nomeação definitiva logo após o exercício como ouvidor em Minas.

Quanto ao tribunal para o qual ocorreu a primeira nomeação, é significativo que em todos os períodos considerados ao longo do século XVIII a Relação do Porto sempre superou as nomeações de ouvidores mineiros para desembargadores em relação àquelas para as outras relações no ultramar. Houve casos, porém, em que o ministro nomeado para a Relação do Porto não só voltou para ter exercício nas relações ultramarinas, como eram nomeados

---

[59] SOUZA, Maria Eliza de Campos. *Relações de poder, justiça e administração em Minas Gerais nos Setecentos: a comarca de Vila Rica do Ouro Preto, 1711-1752*, op. cit.

[60] FURTADO, Júnia Ferreira. "Relações de poder no Tejuco ou um teatro em três atos", *op. cit*. A autora, nesse artigo, faz uma importante análise das disputas entre diferentes facções do poder na região do Distrito Diamantino envolvendo o ouvidor Antonio Seabra Motta, o intendente Modesto Antonio Mayer e os desdobramentos dessas disputas locais em várias instâncias do poder na capitania, com a participação ativa dos governadores e outras autoridades reinóis nos conflitos.

para outros lugares no ultramar. Os ministros Antonio Luis Pereira da Cunha, Francisco Luis Alvares da Rocha, João Alves Simões, João Gualberto Pinto de Moraes Sarmento[61] e Pedro José de Araujo Saldanha foram nomeados desembargadores da Relação do Porto em diferentes períodos para exercerem os cargos como ouvidores das comarcas mineiras e como intendentes de Minas e do Rio Janeiro.

São casos em que os agraciados com a mercê de desembargador recebiam duplo privilégio, já que não só recebiam título nobilitante, como exerciam cargos em lugares cujos rendimentos eram mais significativos. Além disso, a obtenção de uma mercê régia de desembargador sinalizava que o titular era não apenas um ministro bem-sucedido no que diz respeito à progressão na carreira, mas também que possuía boas articulações nas instâncias de poder na Corte. No espaço político mineiro, essas condições podiam traduzir-se em vantagens para o posicionamento nas relações de poder em âmbito local.

Outra trajetória diferenciada foi a de João Pacheco Pereira, ouvidor de Vila Rica, que em 1741 foi nomeado desembargador do Porto,[62] em 1748 desembargador extravangante da Casa da Suplicação[63] e em 1751 retorna ao Brasil como desembargador chanceler da Relação do Rio de Janeiro.[64] Nesse caso, e nos outros citados, ser nomeado para um dos tribunais superiores no Reino e depois vir para o ultramar não significava descenso na carreira; muito pelo contrário, visto que as condições de remuneração desses postos eram bastante vantajosas do ponto de vista tanto dos ganhos pecuniários, quanto da aquisição de bens honrosos, conforme visto no capítulo 3. Quanto aos demais ouvidores mineiros cuja nomeação para desembargador foi para a Relação do Porto, têm-se nove que foram aposentados naquele tribunal. Entre esses ministros régios estão aqueles que foram apenas aposentados pela idade avançada ou por mo-

---

61 Este ouvidor, quando recebeu a mercê de desembargador do Porto com exercício no cargo de ouvidor de Sabará, era já cavaleiro fidalgo, proprietário do ofício de escrivão da mesa do sal de Lisboa, para o qual tinha a mercê de nomear serventuário e cujos rendimentos ele usou como garantia de um empréstimo de seis mil cruzados que fez para vir para as Minas com sua mulher, sete filhos e cunhados. ANTT, RGM, D. Maria I, liv. 1, fl. 258 e 371v.

62 ANTT, CHAN, D. João V, liv. 102, fl. 96

63 ANTT, CHAN, D. João V, liv. 115, fl. 333.

64 ANTT, RGM, D. José, liv. 3, fl. 235.

léstia adquirida, como ocorreu com os ouvidores Bernardo Pereira Gusmão,[65] José Francisco Xavier Lobo Pessanha[66] e Luís Antonio Branco Bernardes de Carvalho. Este último solicitou ao Desembargo do Paço, em 1810, a aposentadoria de desembargador do Porto, com exercício como corregedor de Viana. Alegou que, diante da

> (...) impossibilidade de continuar no serviço régio pelas gravíssimas moléstias de que estava acometido já com mais de sessenta anos pedia a mercê com ou sem salário... pois não tinha como servir ao rei como deveria no momento de guerra que viviam e se recebesse a mercê com sálario destinaria o mesmo para as urgências do Estado enquanto durasse a guerra.[67]

Consta parecer favorável à aposentadoria com o salário por inteiro, um ano após a solicitação, pelo que não pagou novos direitos por não haver melhora em relação ao cargo de ouvidor do Rio das Mortes.

Apenas Fernando Leite Lobo exerceu como desembargador da Relação do Porto por um período longo. Ele ocupou o cargo de desembargador na Relação do Porto desde sua primeira nomeação para o tribunal em 1740, permanecendo até 1765, quando recebeu alvará de aposentado com seu ordenado (200$000) somente,[68] e nele exerceu quatro ocupações diferentes. Os demais ouvidores nomeados para o tribunal do Porto ou permaneceram pouco tempo no exercício, conforme salientado, ou tiveram o exercício em outros lugares no Reino. Essa preponderância da Relação do Porto sobre os demais tribunais superiores deveu-se a este aspecto, já salientado por Arno Wehling e Maria José

---

65 ANTT, RGM, D. João V, liv. 8, fl. 200v.

66 ANTT, DP, RJDM, Cascos de Consultas que desceram à Mesa do Desembargo do Paço, Maço 1021, 16/12/1802. Parecer da Mesa para aposentaria do ministro como desembargador do Porto com seu salário por inteiro, pelo que "não pagou novos direitos por não haver melhora ao lugar de ouvidor da Comarca de Sabará e pagou do que devia do tempo que serviu como ouvidor em Sabará 225$551 e mais 8$000 que devia do tempo que servira antecedentemente como ouvidor de Valença".

67 ANTT, DP, RJDM, Cascos de Consultas que desceram à Mesa do Desembargo do Paço, maço 1021, 27/06/1810.

68 ANTT, CHAN, D. João V. liv. 100, fl. 144v., e ANTT, CHAN, D. José I, liv. 88, fl. 138.

Wehling em seu estudo sobre o tribunal da relação do Rio de Janeiro: o de que muitas vezes as nomeações eram estritamente formais para aquele tribunal, sendo que o exercício ocorria nos mais variados lugares.[69]

Com relação aos ouvidores mineiros nomeados como desembargadores dos três tribunais superiores no ultramar, as Relações do Rio de Janeiro, da Bahia e de Goias, têm-se, respectivamente, em ordem descrecente: dez, sete e dois ministros que foram das Minas para esses tribunais. Dos dez ouvidores nomeados para a Relação do Rio de Janeiro, 6 eram naturais do Reino e apenas quatro eram do Brasil, sendo que todos esses ministros nascidos na América Portuguesa somente foram para o tribunal durante o terceiro período considerado nesta pesquisa. No caso do tribunal da Bahia, também se observa a preponderância de ouvidores de origem reinol que foram das Minas para servirem como desembargadores da Relação. Apenas um ex-ouvidor e nascido nas Minas, Lucas Antonio Monteiro de Barros, recebeu nomeação, já no início do século XIX, para desembargador do tribunal da Bahia. Também os dois ministros, ouvidores mineiros, nomeados para a Relação de Goiais, eram reinóis.

Outro aspecto importante diz respeito à importância dos dois tribunais brasileiros na carreira dos ministros que atuaram nas Minas, já que ao todo foram dezessete ouvidores mineiros nomeados desembargadores das duas relações. A maioria das nomeações de mineiros como desembargadores, tanto para a Relação da Bahia, quanto para a Relação do Rio de Janeiro, ocorreu na segunda metade do século XVIII. Dos dez nomeados para o tribunal do Rio, seis fizeram progressão para os tribunais superiores no Reino. Além desses ministros nomeados do tribunal do Rio de Janeiro para a Relação do Porto ou para a Casa da Suplicação, houve um, Luís Beltrão Gouveia de Almeida, que recebeu o título de "conselheiro régio" depois de ser chanceler do tribunal no Rio de Janeiro. Já dos sete ministros mineiros nomeados para Bahia, apenas três fizeram progressão para tribunais superiores em Portugal. Esses dados demonstram a rápida relevância que o tribunal do Rio Janeiro assumiu no conjunto das instituições administrativas, tornando-se importante espaço

---

69 WEHLING, Arno e Maria José. *Direito e justiça no Brasil colonial: o Tribunal da Relação do Rio de Janeiro (1751-1808)*, op. cit., p. 286.

de afirmação social e política[70] dessas elites letradas que circularam no Império Português — no caso específico das que atuaram nas ouvidorias das Minas e passaram delas para esse tribunal superior e, em número significativo, depois dele para os tribunais no Reino.

Ao tratar dos percursos ultramarinos, Nuno Camarinhas aponta para uma "posição periférica" do tribunal do Rio de Janeiro quanto aos percursos dos magistrados, situando-o em relação ao Tribunal da Relação da Bahia em uma escala mais regional. Segundo o autor, o Tribunal da Relação da Bahia teria comportado percursos variados, com três níveis diversos, sendo os da "cidade e região, as restantes regiões da colônia americana; e o ultramar ocidental português", com desembargadores da Bahia que eram sistematicamente enviados em "comissão à Angola".[71] Trata-se, entretanto, menos de uma posição periférica e mais de uma posição diferenciada que o novo tribunal, criado já na segunda metade do século XVIII, veio a assumir no conjunto das relações político-administrativas do Império Português, cujo eixo transfere-se, gradualmente, para o Rio de Janeiro e "ganha importância nova, refletida na mudança da sede do Governo",[72] que passa, assim, em 1763, a vice-reinado (Quadro 18).

---

[70] Sobre o processo de afirmação do tribunal do Rio de Janeiro, que teria ocorrido em várias etapas ao longo da segunda metade do século XVIII, culminando com um processo de concentração no tribunal de cargos e funções administrativas, ver: WEHLING, Arno e Maria José. "O tribunal: evolução institucional". In: _____. *Direito e justiça no Brasil colonial: o Tribunal da Relação do Rio de Janeiro (1750-1808)*, op. cit., p. 219-246.

[71] CAMARINHAS, Nuno. "Os desembargadores no Antigo Regime (1640-1820)". In: SUBTIL, José. *Dicionário dos desembargadores (1640-1834)* p. 33.

[72] HOLANDA, Sérgio Buarque. "Política e administração de 1640-1763". In: *História Geral da Civilização brasileira, op. cit.*, p. 44.

QUADRO 18
Primeiro acesso ao estatuto de desembargador

Local/instituição	Período em que ocorreu a primeira nomeação ao estatuto/cargo			
	1711-1750	1751-1776	1777-1808	Totais
Desembargo do Paço	-	-	-	-
Casa da Suplicação	1	1	-	2
Relação do Porto	5	6	11	22
Relação da Bahia	1	1	5	7
Relação do Rio de Janeiro	-	4	6	10
Relação de Goa	-	1	1	2
Privilégio de desembargador e uso da beca	5	4	8	17
Totais	12	17	31	60

Fonte: Produzido pela autora a partir de dados extraídos de acervos do ANTT, DP, Leituras de Bacharéis; Assentos de Leitura, Registro Geral de Mercês; Chancelarias Régias.

Apenas dois ministros que tiveram como primeira nomeação ao estatuto de desembargador um lugar na Casa da Suplicação. Construíram suas trajetórias desde os cargos de juízes-de-fora no reino e ouvidorias, passando pelo cargo de ouvidor na comaraca de Vila Rica de Ouro Preto e com sólida experiência acumulada nos serviços régios.

Após atuar como ouvidor de Vila Rica, João de Azevedo Barros[73] foi nomeado corregedor do crime do bairro da Ribeira, ao qual foi reconduzido com o privilégio do uso da beca e a promessa de um lugar na Casa da Suplicação, cuja nomeação definitiva veio em 1750.

---

73   ANTT, CHAN, D. João V, liv. 119, fl. 178v.

O outro foi José Antonio de Oliveira Machado,[74] que também teve antes de Minas trajetória no reino como juiz de fora e ouvidor, e seguiu do cargo de ouvidor da comarca de Vila Rica para a Casa da Suplicação, em cuja mercê consta que "não só pelo merecimento de letras como também pelo zelo com que tem servido em algumas diligências particulares de que foi encarregado" recebia a mercê de desembargador daquela Casa (Quadro 19).

QUADRO 19
Nomeações para desembargadores, consideradas todas as mercês

Local/instituição	\multicolumn{3}{c}{Período em que ocorreu a nomeação ao estatuto/cargo}			
	1711-1750	1751-1776	1777-1808	Totais
Desembargo do Paço	-	1	-	1
Casa da Suplicação	3	5	7	15
Relação do Porto	5	7	16	28
Relação da Bahia	1	1	5	7
Relação do Rio de Janeiro	0	6	6	12
Relação de Goiais	0	1	1	2
Privilégio de uso da beca	5	4	8	17
Totais	14	25	42	81

Fonte: Produzido pela autora a partir de dados extraídos de acervos do ANTT, DP, Leituras de Bacharéis; Assentos de Leitura, Registro Geral de Mercês; Chancelarias Régias.

Consideradas todas as mercês para o grupo de ouvidores que chegaram a desembargadores em suas trajetórias nos tribunais superiores, nos quais exerceram várias ocupações, está claro que houve predominância dos magis-

---

74   ANTT, CHAN, D. José I, liv. 85, fl. 161.

trados que foram até o fim de suas carreiras como desembargadores do Porto. Ao todo, 23 dos ouvidores de Minas encerraram suas carreiras nesse tribunal superior no Reino.

Contudo, não foram poucos aqueles que finalizaram sua trajetória no serviço régio como desembargadores da Casa da Suplicação. Consideradas todas as mercês que receberam, têm-se quinze ouvidores que as receberam para a Casa da Suplicação. Conforme visto, na maioria dos casos, foram o resultado de uma progressão gradual na carreira. Assim como nas mercês concedidas para os outros tribunais, os ministros poderiam receber o título de desembargador da Casa da Suplicação para terem exercício em outras localidades e ocupações.

Um caso digno de nota foi o do desembargador da Casa de Suplicação Francisco José Pinto de Mendonça, que faleceu no arraial do Tejuco. Foi nomeado para desembargador desse tribunal superior no Reino, mas para ter o exercício como intendente dos diamantes. Ele foi um ministro que teve longa trajetória no serviço régio: juiz de fora de Cea, juiz de fora do Porto, corregedor de Viseu, ouvidor da comarca do Rio das Mortes, com promessa de um lugar como desembargador do Porto e, ao fim dessa ocupação, intendente dos diamantes por seis anos, também com promessa de um lugar na Casa da Suplicação. Ao fim desse período, o então desembargador do Porto recebeu a mercê para tomar posse por seu procurador do lugar de desembargador da Casa da Suplicação, uma vez que continuou no exercício como intendente dos diamantes.[75]

Natural da comarca da Guarda em Portugal, o ouvidor estabeleceu-se na vila de Cea, onde exerceu o cargo de juiz de fora e ali constituiu família. Possuía uma quinta e casa, que era uma das melhores propriedades da região, para cujo local recebe a mercê de condução das águas públicas das vertentes da vila em 1773.[76] Além dos dados sobre a naturalidade do ouvidor, nada foi encontrado sobre seus ascendentes, já que não consta qualquer informação sobre eles no Memorial dos Ministros nem na Leitura do Bacharel no Desembargo do Paço. Em 1766, recebeu uma mercê para renunciar em favor de seu filho mais velho e

---

[75] ANTT, RGM, D. José I, liv. 16, fl. 282 e 282v.

[76] ANTT, RGM, D. José I, liv. 10, fl. 344v.

tença efetiva de 18$000 e 12$000 para lograr o título do Hábito de Cristo.[77] Ao longo de sua carreira, não consta que recebeu outros títulos nobilitantes para além das nomeações como desembargador. Não retornou ao Reino, mas administrou cuidadosamente seus bens das Minas, onde faleceu com testamento no qual instituiu morgado,[78] em cuja mercê de aprovação, de 1784, mencionava-se o valor dos bens vinculados — que somavam 41:553$165 (quarenta e um contos quinhentos e cinquenta e três mil cento e sessenta e cinco réis). Uma trajetória coroada de sucessos do ponto de vista da progressão na carreira e da conquista de bens honrosos com o estabelecimento do vínculo morgadio, como também pelo enriquecimento assegurado pela ocupação de cargos na região das Minas.

Quanto ao privilégio de uso da beca, que conferia aos agraciados o estatuto de desembargador — mesmo que em alguns casos nunca chegassem a exercer o cargo de nomeação definitiva em nenhum dos tribunais superiores — obteve-se na pesquisa um índice considerável sobre as trajetórias dos ouvidores mineiros. Foram dezessete ouvidores agraciados com o privilégio do uso da beca, sendo que doze acabaram ocupando efetivamente um posto de desembargador num dos tribunais superiores e para apenas cinco não foi possível identificar continuidade de trajetória no serviço régio após a obtenção do título.

Conforme salienta Nuno Camarinhas, o privilégio de uso da beca cabia a alguns ministros reconduzidos ao cargo ou àqueles em situação de atraso no processo de progressão na carreira — duas situações que também se observaram para os cinco ouvidores que encerraram a carreira somente com a beca.[79] Às vezes, a morte do ministro interrompia prematuramente o desfecho de uma trajetória construída ao longo de anos de serviços régios e cujo privilégio de uso da beca sinalizava para a entrada nos tribunais superiores.

Um bom exemplo disso foi a trajetória de Gonçalo de Freitas Baracho, nomeado ouvidor do Rio das Mortes, cargo que acabou exercendo no Rio das Velhas, pois recebeu o privilégio de uso da beca nesse lugar, onde já ocupava

---

77   ANTT, RGM, D. José I, liv. 16, fl. 282v.
78   ROSA, Maria de Lurdes. *O morgadio em Portugal: sécs. XIV-XV*. Lisboa: Estampa, 1995, p. 19-20.
79   CAMARINHAS, Nuno, *op. cit.*, p. 25.

pela quarta vez o cargo de ministro do serviço régio. Mas o ministro faleceu em 1719 ao retornar para o Reino. Natural de Pernambuco, o ouvidor leu no Desembargo do Paço em 1695 e em 1696 foi nomeado juiz de fora do Faro, em 1699 juiz de fora de Viana e, em 1710, recebeu a mercê de ouvidor da Paraíba.[80] Em dezembro de 1717, depois de ter sido ouvidor do Rio das Velhas e antes de embarcar para Lisboa, escreveu seu testamento,[81] em que declarava não possuir herdeiros, nem ascendentes, nem descendentes, e por isso instituía sua alma por herdeira.[82]

Feito quando já era desembargador por causa da mercê que recebera de uso da beca, o testamento do ministro traz indícios interessantes sobre sua trajetória e suas relações sociais, do que se tratará mais adiante. Em relação à trajetória, o ministro, então desembargador, pretendia seguir para o Reino, onde trataria de sua continuidade nos serviços régios e dos passos futuros de sua progressão. Instituiu testamenteiros no Rio de Janeiro, em Pernambuco e em Lisboa, onde seu testamento foi aberto. Levava das Minas seis mil cruzados em dinheiro, 10.700 oitavas de ouro e três escravos. Deixou três escravos nas Minas para serem vendidos, declarava possuir quatro moradas de casas em Pernambuco e que tinha a receber do mercador da Companhia [sic] em Lisboa, Matias de Freitas, a quantia de 307$003 réis, além de alguns móveis. Também o acompanhava um criado e registra que possuía outra criada mulher, que o servia há vinte e cinco anos em Lisboa. Mesmo no ultramar a serviço do rei, manteve em Lisboa a criada e alguns negócios. Além disso, nomeou testamenteiros nos três lugares que integraram sua trajetória no serviço régio. Solteiro e com um patrimônio considerável aos 49 anos, dirigia-se para o Reino certamente com pretensões de alcançar uma mercê de desembargador, mas acabou morrendo antes de receber nova nomeação.

---

80 BNP, Memorial de Ministros, códice 1079, fl. 232.
81 ANTT, Registro Geral de Testamentos, liv. 156, fls. 127-136.
82 Sobre o procedimento de instituição da alma como herdeira nos testamentos durante o período estudado, ver: DAVES, Alexandre Pereira. *Vaidades das vaidades: os homens, a morte e a religião nos testamentos da Comarca do Rio das Velhas (1716-1755)*. Dissertação (Mestrado em História) – UFMG, Belo Horizonte, 1998. 325 p.

Fizeram parte do percurso predominante entre ouvidores mineiros que chegaram a desembargador no período de 1711 a 1808 as nomeações para os dois tribunais superiores no reino, com destaque para a Relação do Porto e, em seguida, para a Casa da Suplicação em Lisboa. As nomeações para lugares definitivos cresceram significativamente nos reinados de dom José e dona Maria I, apontando para a incorporação de uma magistratura com experiências político-administrativas acumuladas nessa região de Minas, que se tornou essencial para o império no século XVIII e para as instituições superiores no Reino. Mesmo que em alguns casos os magistrados não chegassem a exercer cargos diretamente nos tribunais superiores reinóis, o crescimento das nomeações é indicativo do poder e do papel relevante que esses ministros conquistaram a partir das Minas no conjunto das relações de poder estabelecidas no período.

Sendo esse o perfil mais significativo nas carreiras dos ouvidores que atuaram nas comarcas mineiras, alguns deles, ainda, chegaram a conselheiros régios. Nove dos ouvidores mineiros receberam o título de "conselheiro régio", sendo que dois deles, brasileiros, foram nomeados conselheiros já no Império do Brasil. Os nove conselheiros correspondem a 10,5% do total de ouvidores pesquisados e 20,5% dos ouvidores que se tornaram desembargadores, já que todos tornaram-se desembargadores dos tribunais superiores antes de serem conselheiros.

Segundo Nuno Camarinhas, as chances de receber mercês para o Conselho ultramarino e o conselho da Fazenda aumentavam para aqueles que não só recebiam nomeação definitiva para um dos tribunais superiores, como para ministros com experiência de ocupações, tanto no ultramar quanto no Reino.[83] Isso se aplica adequadamente a todos os ouvidores que chegaram a conselheiros, pois são agraciados com a mercê após longa lista de serviços ao rei. De modo geral, além de ministros com larga experiência no Reino e no ultramar, a maioria deles provinha de famílias das principais nobrezas das terras de origem e da governança de suas vilas — as quais viviam dos rendimentos de suas fazendas.

---

83 CAMARINHAS, Nuno, *op. cit.*, p. 302.

Dos nove ouvidores que se tornaram conselheiros, havia apenas um provinha de família de fidalgos, Luís Beltrão Gouveia de Almeida, e apenas um, José Carvalho Martins, cuja origem era estrangeira da parte paterna, sendo o pai e o avô homens de negócios no Porto (Quadro 19).

Além dos ministros régios — listados no Quadro 20 e que efetivamente atuaram como desembargadores num dos tribunais superiores do ultramar ou do reino, e outros que receberam apenas a mercê de uso da beca — também foram identificados na pesquisa casos em que os ministros aparecem em registros documentais com o título de "desembargador". Estes ministros não foram incluídos entre os ouvidores mineiros que chegaram a desembargador porque não foram encontradas as mercês régias que lhes conferiam o título.

Foram os casos de Diogo de Souza Cotrim, ouvidor da comarca do Rio das Velhas, e Joaquim Antônio Gonzaga, ouvidor do Serro do Frio. Diogo Cotrim, responsável pelas primeiras devassas sobre a fábrica de moedas falsas em Minas, aparece nos livros de registro de assentos de leituras de bacharéis[84] como desembargador, sem, entretanto, qualquer menção ao lugar ou tribunal em que exercia o cargo. Provavelmente, ele recebeu carta de privilégio do estatuto de desembargador em remuneração aos serviços prestados em Minas, mas também não foi encontrado o decretamento de serviços. Em ação cível de libelo que moveu contra Lourenço Francisco, do qual cobrava dívida no valor de 600$000 réis, o outro ministro, Joaquim Antônio Gonzaga, traz o título de "desembargador".[85]

Julgando-se que ambos, de fato, receberam pelo menos uma mercê do título de desembargador, totalizando o número de cinquenta ouvidores mineiros que atingiram os patamares mais elevados de progressão na carreira, pode-se concluir que o percurso da maioria dos ministros que atuou nas Minas como ouvidores foi marcado pela ascensão e não pelo declínio.

---

84 ANTT, DP, Assentos de Leituras de bacharéis, liv. 129, fl. 282.
85 ANTT, Feitos Findos, Fundo Geral, Maço 3445.

QUADRO 20
Ouvidores mineiros que chegaram a ocupar o cargo de desembargador em um dos tribunais superiores no Império Português

Nomes	Cargo anterior	1º Tribunal superior	Outros tribunais	Local de exercício	Número total de nomeações como desembargador
Antonio Luis Pereira da Cunha	Ouvidor PE	Relação do Porto	Casa da Suplicação	Ouvidor da comarca de Sabará	2
Antonio Ramos da Silva	Ouvidor de Vila Rica	Relação do Rio de Janeiro	-	-	1
Antônio Rodrigues Banha	Ouvidor do Serro do Frio	Relação da Bahia	-	-	1
Bernardo Pereira Gusmão	Corregedor do crime do bairro de São Paulo	Relação do Porto	-	-	1
Domingos Manuel Marques Soares	Provedor de Guimarães	Relação do Porto	-	-	1
Fernando Leite Lobo	Ouvidor-Geral da comarca de Vila Rica de Ouro Preto	Relação do Porto	-	-	4 (na própria Relação do Porto)
Francisco José Pinto de Mendonça	Ouvidor da comarca do Rio das Mortes	Relação do Porto	Casa da Suplicação	Intendente dos diamantes	2
Francisco Luis Alvares da Rocha	Ouvidor da capitania do Rio de Janeiro	Relação do Rio de Janeiro	Casa da Suplicação, Título de conselheiro	Ouvidor da comarca do Rio das Mortes	2
Francisco Moreira Matos	Corregedor da comarca da Ilha da Madeira	Relação do Porto	Casa da Suplicação	-	2
Francisco Souza Guerra Araujo	Ouvidor do Serro do Frio	Relação do Rio de Janeiro	Relação do Porto	-	2

Francisco Souza Guerra Araujo Godinho	Ouvidor de Sabará	Relação do Rio de Janeiro	Casa da Suplicação no RJ, conselheiro no Império do Brasil	-	2
João Alves Simões	Ouvidor de Sabará	Relação do Porto	Casa da Suplicação	Exercício como intendente do ouro do Rio de Janeiro	2
João Azevedo de Barros	Corregedor do crime do bairro da Ribeira	Casa da Suplicação	-	-	1
João de Souza Menezes Lobo	Ouvidor de Sabará	Relação de Goa	-	-	1
João Gualberto Pinto de Moraes Sarmento	Juiz de fora de Santarém	Relação do Porto	-	Ouvidor da comarca de Sabará	1
João Pacheco Pereira	Corregedor da Ilha dos Açores	Relação do Porto	Relação do Rio de Janeiro, Casa da Suplicação, desembargador do Paço	--	4
João Tavares de Abreu	Ouvidor de Sabará	Relação do Rio de Janeiro	Relação do Porto, Casa da Suplicação	-	3
Joaquim Casimiro da Costa	Ouvidor do Serro do Frio	Relação da Bahia	-	Com assento na Relação do Porto	1
José Antonio Barbosa do Lago	Corregedor do crime do bairro de Belém	Relação do Porto	-	-	1
José Antonio Calado	Provedor em Évora	Relação do Porto	-	-	1
José Antônio de Oliveira Machado	Ouvidor de Vila Rica	Casa da Suplicação	Conselheiro da Fazenda	Exercício como superintendente dos 4 ½ por cento.	2

Ouvidores de comarcas de Minas no século XVIII

José Caetano Cesar Manitti	Ouvidor de Sabará e intendente do ouro em Vila Rica	Relação do Porto	Casa da Suplicação	-	2
José Carvalho Martins	Ouvidor do Serro do Frio	Relação do Porto	Casa da Suplicação e conselheiro da Fazenda	-	2
Jose Francisco Xavier Lobo Pessanha	Corregedor de Elvas	Relação do Porto	-	-	1
Jose Gregório de Moraes Navarro	Ouvidor no Rio das Velhas	Relação do Rio de Janeiro	-	-	1
José João Teixeira	Ouvidor e intendente de Vila Rica	Relação do Rio de Janeiro	Relação do Porto	-	2
Jose Navarro de Andrade	Ouvidor de Vila Rica	Relação de Goa	-	-	1
José Pereira Mariz Sarmento	Corregedor do Crime do Bairro Alto	Relação do Porto	-	-	1
José Pinto de Morais Bacelar	Corregedor do Cível de Lisboa	Relação do Porto	Casa da Suplicação	-	2
José Pio Ferreira Souto	Ouvidor de Vila Rica	Relação do Rio de Janeiro	-	-	1
José Ricardo Gouveia Durão	Ouvidor do Serro do Frio	Relação da Bahia	-	Com assento na Casa da suplicação	1
Lucas Antonio Monteiro de Barros	Ouvidor de Vila Rica	Relação da Bahia	Casa da Suplicação no RJ	-	2
Luis Antonio Branco Bernardes de Carvalho	Ouvidor do Rio das Mortes	Relação do Porto	-	-	1

Luis Beltrão Gouvêa de Almeida	Ouvidor de Sabará	Chanceler da Relação do Rio de Janeiro	Conselheiro régio	-	1
Luis Ferreira de Araujo Azevedo	Ouvidor do Rio das Mortes	Relação da Bahia	Relação do Porto	-	2
Manoel da Costa Amorim	Ouvidor de Vila Rica	Relação do Porto	Casa da Suplicação	-	2
Matias Pereira de Souza	Corregedor do crime do bairro de Santa Catarina	Relação do Porto		-	1
Paulo Fernandes Viana	Ouvidor e intendente de Sabará	Relação do Rio de Janeiro	Relação do Porto	-	2
Pedro José de Araujo Saldanha	Ouvidor de Vila Rica	Relação do Porto	-	Com exercício em Vila Rica	1
Simão Caldeira Mendanha	Auditor da gente da guerra da Corte	Relação do Porto	-	-	1
Tomas Antonio Gonzaga	Ouvidor de Vila Rica	Relação da Bahia	-	-	1
Tomas José da Silva (Vieira)	Ouvidor da comarca do Rio das Mortes	Relação do Porto	Casa da Suplicação	-	2
Tomas Rubi de Barros Barreto	Ouvidor do Rio das Mortes	Relação da Bahia	Relação do Porto e Casa da Suplicação, conselheiro	-	3

Fonte: Produzido pela autora a partir de dados extraídos de acervos do ANTT, DP, Leituras de Bacharéis; Assentos de Leitura, Registro Geral de Mercês; Chancelarias Régias.

Os mecanismos institucionais e não-institucionais de controle

Enviado para todas as partes do império a fim de administrar e assegurar a governabilidade em áreas que, como as Minas, tornaram-se fundamentais para a Coroa portuguesa, o aparato burocrático funcional demandou a criação de mecanismos de controle por parte das instituições do poder central. Com vistas a assegurar o cumprimento das ordens recebidas e certificar a qualidade dos serviços prestados por essa magistratura letrada e suas possibilidades de continuidade no serviço régio, coube, em grande medida, ao Desembargo do Paço a elaboração e execução desses mecanismos institucionais de controle da "magistratura territorial".[86]

Os exames de leitura de bacharéis, os "concursos" de acesso aos cargos, residências e demais certidões que visavam atestar a probidade (limpeza de mãos), o cumprimento de ordens e experiências dos ministros constituíam mecanismos institucionais de um processo de fiscalização. Segundo José Subtil, esses mecanismos utilizados pelo Desembargo do Paço "serviam, também, para produzir intimidações" assim como "permitia ao tribunal inteirar-se do funcionamento da administração da Coroa, posicionando-o numa óptica de globalização dos problemas"[87] apresentados a partir da atuação dos seus agentes em todo império colonial.

A despeito de toda a fiscalização perpetrada pelo Desembargo do Paço, todos os mecanismos institucionais citados eram frequentemente burlados, conforme já mencionado no caso das leituras de bacharéis, por omissões ou acréscimos que beneficiavam ou prejudicavam os fiscalizados, segundo sua inserção nos grupos de poder dominantes. O que acabava por produzir mecanismos não-institucionais informais de controle dessa magistratura territorial que conviviam lado a lado com os institucionais, conforme será discutido. Era fundamental para os ouvidores de comarca saberem se posicionar adequadamente entre essas formas e mecanismos de controle existentes para assegurar seu processo de progressão na carreira e consolidar suas estratégias de mobilidade e ascensão pela via das Letras. Caminho pelo qual esse grupo das elites letradas no Antigo Regime Português, bastante variada quanto a suas origens sociais, buscou conquistar não apenas riqueza, mas também "bens honrosos" que a nobilitassem.

---

86 SUBTIL, José Manuel Louzada. *O Desembargo do Paço, op. cit.*, p. 259.
87 *Ibidem.* p. 317-318.

Das leituras no Desembargo às residências

Conforme tratado no capítulo 2, da Universidade de Coimbra à entrada para o serviço régio, os bacharéis passavam por uma série de exames e investigações que compunham o conjunto de mecanismos de controle para seu acesso aos cargos da administração no reino e no ultramar. As informações da universidade e as leituras de bacharéis acabavam por selecionar os candidatos pelos dados contidos em suas inquirições de genere, candidatos nem sempre fidedignos, já que eram comuns nesses processos as omissões quanto à idade verdadeira e quanto às origens sociais dos mesmos.

Apesar disso, definiam-se trajetórias distintas para diferentes qualidades de bacharéis que entravam para o serviço régio. Indícios fortes de que essa seleção ocorria são as petições dos próprios candidatos à leitura no Desembargo, sobretudo os que possuíam muitas ascendências mecânicas ou de pessoas ditas de "segunda condição", e se prontificavam a ir para lugares ultramarinos caso suas leituras fossem aprovadas. Entretanto, esse discurso dos candidatos somente se aplicava a poucos lugares, cujas dificuldades de exercício dos cargos e baixos rendimentos tornavam-nos pouco atrativos, já que grande parte dos cargos ultramarinos não só, conforme demonstra Nuno Camarinhas,[88] permitiam encurtar as trajetórias dos ministros aos cargos de nomeação definitiva, como também possuíam rendimentos bastante atrativos.

Consultas aos exames ou informações da universidade, exames de leitura de bacharéis e concursos realizados pelo Desembargo do Paço eram mecanismos institucionais de controle da magistratura, os quais refletiam certo grau de profissionalização da burocracia que atuou no serviço régio, mas que conviveram com outros critérios nem sempre vinculados ao mérito dos ministros. Ainda no ano de 1794, João Carvalho Martins da Silva Ferrão, neto de um dos ouvidores de Minas — o desembargador e conselheiro régio José Carvalho Martins —, em petição ao rei solicitava ser nomeado para um dos lugares de primeiro banco que se achava em concurso no Desembargo do Paço, uma vez que era filho e neto de conselheiros régios. Alegou especificamente que a

---

[88] CAMARINHAS, Nuno, *op. cit.*, p. 298.

nomeação deveria ser concedida em "atenção aos serviços deste seu avô",[89] os quais ainda não tinham sido despachados a nenhum descendente.

Eram frequentes as referências a graus de parentesco com outros ministros régios, desembargadores e até parentes titulados nas petições feitas pelos ministros em concurso, e que acompanhavam o processo como mecanismo para favorecer o concorrente na escolha. Critérios institucionais e de mérito dividiam espaço com outros de caráter não institucional ou "informal", considerado aqui o modelo de monarquia patrimonialista[90] no qual, mesmo no âmbito da magistratura letrada, a dinâmica de serviços e mercês operou junto com o mérito ainda em fins do século XVIII no império português.[91]

Estes mecanismos permeavam conjuntamente a entrada no serviço régio e a continuidade nele. Entretanto, o mais importante mecanismo institucional de controle da magistratura, que teve grande relevância na definição de trajetórias e percursos diferentes no serviço régio, foi a residência. Processo de devassa tirado ao fim do exercício dos cargos pela magistratura territorial, que incluía juízes-de-fora, corregedores, provedores e ouvidores, as residências eram autos em que o juiz sindicante,[92] depois de suspender o ministro sindicado, tomava depoimentos de muitas testemunhas sobre procedimentos, ações, comportamentos e atitudes que marcaram o exercício do cargo pelo mesmo. Os sindicantes investigavam se os ministros haviam cumprido todas as ordens que lhes havia sido passadas, se satisfizeram as obrigações do seu cargo, se havia queixas contra eles, se agiram com louvável procedimento, se foram

---

89 ANTT, DP, RJDM, Concursos de bacharéis, Maço 1850, 27/03/1794

90 RICUPERO, Rodrigo. "Honras e Mercês". In: _____. *A formação da elite colonial, op. cit.*, p. 42-53.

91 Sobre os conflitos políticos que marcaram o final do século XVIII e o início do XIX até a revolução liberal em Portugal, período em que novas formas de governo, administração e regulação social começaram a fazer frente à administração vinculada ao paradigma jurisdicionalista, ver o trabalho de SUBTIL, José. "Justiça e ciência de polícia". In: _____. *Actores, territórios e redes de poder, entre o Antigo Regime e o Liberalismo, op. cit.*, p. 257-274.

92 Geralmente, no caso dos ouvidores mineiros, o juiz sindicante era o ouvidor que vinha ocupar o lugar daquele que seria sindicado ou qualquer um dos outros ouvidores de comarca que fossem nomeados para tirar residência dos outros. Em determinados períodos do século XVIII em Minas, esses juízes sindicantes chegaram a receber pela feitura da residência mil oitavas de ouro.

limpos de mãos e sem envolvimento em quaisquer negociações e se tiveram bom acolhimento das partes, deferindo-lhes com brevidade e justiça.[93] As residências provocavam intensa movimentação social e política[94] nas localidades onde eram feitas, pois era comum que todos aqueles que haviam ficado insatisfeitos com julgamento de causas se manifestassem com depoimentos contra os ouvidores sindicados, ou até mesmo depunham outras autoridades locais, descontentes com a atuação do ministro régio.

Geralmente as residências reuniam um número bastante elevado de testemunhas. No caso das sindicâncias feitas para os ouvidores mineiros eram inquiridas mais de cem pessoas e, depois de concluídos os autos, o juiz sindicante dava seu parecer e enviava-o para o tribunal da relação julgar e sentenciar. Cabia também aos juízes sindicantes enviar ao Conselho ultramarino informações sobre as residências dos ministros que atuaram em Minas e no ultramar. O Desembargo do Paço passava as certidões de residência dos ministros e consultava os registros do Conselho ultramarino para emiti-las, no caso dos ouvidores de Minas. Essenciais para continuidade no serviço régio, as informações sobre a atuação dos ministros era reproduzidas em várias instituições. Todos os ouvidores que pretendiam continuar sua progressão na carreira deveriam apresentar certidão que relatava a sentença sobre sua atuação no cargo anterior para participar dos concursos de bacharel.

Durante toda a primeira metade do século XVIII, as residências eram enviadas para o Tribunal da Relação da Bahia e depois da implantação do Tribunal da Relação do Rio de Janeiro as residências tiradas aos ouvidores mineiros passaram a ser julgadas nele. Era certamente o principal mecanismo de controle institucional sobre toda magistratura régia letrada que atuou no império. No conjunto dos ouvidores estudados, poucos foram aqueles que saíram culpados de suas residências. A maior parte das certidões encontradas e fragmentos de processos de inquirição atestam, contudo, o que já foi demonstrado anteriormente quanto aos sucessos dessa magistratura letrada que atuou nas Minas do ponto vista da progressão na carreira e da conquista de bens

---

93 ANTT, DP, RJDM, Autos e certidões de residência, Maço 1805. Certidão da residência de Mathias Pereira de Souza do tempo que serviu de ouvidor da Comarca do Rio das Velhas.
94 SUBTIL, José. *O Desembargo do Paço (1750-1833)* p. 313

honrosos e pecuniários, qual seja: ao final do período de exercício nas Minas, a maior parte dos ouvidores conseguiu apresentar certidões de residência no cargo que foram julgadas como "boas" e que atestavam qualidades positivas sobre os ministros sindicados.

Não se pode dizer, entretanto, que os processos de residências eram instrumentos de controle isentos de conflitos e de relações de poder existentes nas localidades. Dom Lourenço de Almeida recebeu, em 1722, ordem régia para coibir a corrupção na tiragem das residências, especificamente na que tirou ao ouvidor Bernardo Pereira Gusmão seu sindicante José de Souza Valdez.[95] Longo conflito envolveu esses dois ministros régios, mas, por ocasião do processo de abertura da sindicância do ouvidor Bernardo Pereira Gusmão pelo seu sindicante, houve entre eles uma negociação em que o ouvidor sindicado comprou do sindicante vinte escravos e ainda levou de "mimo um negrinho".[96]

O fato atesta uma das maneiras com que processos de residência eram burlados pelos ministros que "faziam conveniências aos sindicantes"[97] para que esses os favorecessem nos autos. O problema veio à tona porque o sindicado comprou os escravos, não pagou e deu início a uma série de queixas por parte do sindicante, que até mesmo chamou o ex-ministro publicamente de "ladrão". O desfecho foi que o rei ordenou ao ministro sindicado que pagasse os escravos ao sindicante e nada no processo de residência foi alterado, tendo o ouvidor Bernardo Pereira Gusmão recebido a seguinte sentença:

> Acordão em Relação. Nesta vistos estes autos de residência que por ordem do dito senhor se tirou ao bacharel Bernardo Pereira Gusmão do tempo que serviu o lugar de ouvidor da comarca do Rio das Velhas e como se mostra que o sindicado procedeu como fora obrigado sendo muito limpo de mãos deferindo as partes com expedição e justiça e agrado e zeloso do serviço do mesmo senhor e pronto executor de suas ordens, como se mostra das certidões juntas de que tudo se conhece

---

95 AHU, Cons. Ultram. / Brasil-MG, Caixa 3, doc. 31, 30/09/1722
96 APM, SC. 05, fl. 83 e 83v.
97 APM, SC. 05, fl. 86 e 86V.

haver servido bem assim o declaram e mandam que desta sentença se lhe passe certidões e pague os autos...⁹⁸

O ouvidor Bernardo Pereira Gusmão retorna a Lisboa e permanece no serviço régio até ser aposentado num lugar de desembargador da Relação do Porto no ano de 1748,⁹⁹ mesmo ano em que é legitimado como filho de João de Gusmão Pereira para suceder-lhe na "herança assim como nas honras e privilégios".¹⁰⁰ Em todos os documentos do ouvidor, como nas mercês recebidas, consta que era filho de Francisco Pereira Abreu, cavaleiro fidalgo, assim como seu avô paterno. Os conflitos que teve em Minas não foram suficientes para desgastar suas redes de relacionamentos no Reino e pode continuar sua progressão na carreira.

Quanto ao juiz sindicante, José de Souza Valdez, que se indispôs em vários episódios políticos locais com o governador D. Lourenço de Almeida,¹⁰¹ também retornou ao Reino, sem, entretanto, conseguir qualquer outra ocupação no serviço régio. Recebeu provisão da propriedade do ofício de medidor das julgadas que pertencia a seu falecido pai, em 1727,¹⁰² e também uma tença efetiva de 48$000 e 12$000 para lograr o Hábito de Cristo.¹⁰³ Em 1745 recebe mercê para demandar contra haver celebrado um contrato por escritura pública com Manuel Alves¹⁰⁴ em Lisboa e não foram encontrados quaisquer outros registros de ocupação no serviço régio.

Quanto aos registros de residências de ouvidores de Minas que saíram culpados, já mencionamos em outra parte deste trabalho os casos de Caetano Furtado de Mendonça e Sebastião de Souza Machado, que foram severamente punidos com a prisão no Limoeiro. Quanto ao ouvidor Caetano Furtado de

---

98 ANTT, DP, RJDM, Autos e certidões de residência, Maço 1806.

99 ANTT, CHAN, D. João V, liv. 116, fl. 157. Alvará de aposentaria com ordenado de 272$000 ao ano e mais 132$000 de propinas.

100 ANTT, CHAN, D. João V, liv. 143, fl. 103v. Provisão de legitimação do Bacharel Bernardo Pereira Gusmão.

101 APM, SC. 21, fl. 16-18.

102 ANTT, CHAN, D. João V, liv. 70, fl. 347 v.

103 ANTT, CHAN, D. João V, liv. 71, fl. 114 e 114v.

104 ANTT, CHAN, D. João V, liv. 113, fl. 49

Mendonça, consta em parecer feito por seu juiz sindicante, Simão Caldeira da Costa Mendanha, que o ouvidor fora, segundo as testemunhas, um dos "bons ministros que tem vindo para esta terra, reto, limpo de mãos, desinteressado e que não fez negócio algum em todo tempo que serviu" e acrescenta que, em relação à queixa que fez o bispo contra este ouvidor, pareceu que ele apenas defendia a jurisdição régia, segundo depoimento das testemunhas.

Embora tenha recebido parecer bastante positivo do sindicante, o ouvidor foi preso e enviado para a prisão do Limoeiro. Consta na residência que o bispo havia retido o escrivão do Juízo da Coroa em sua casa e que o ouvidor e todos os oficiais que trabalhavam com ele foram até a casa do bispo armados e convocando pessoas ao caminho, dizendo que resgatariam o dito escrivão.[105] O enfrentamento e desacato ao bispo teriam sido as razões apontadas para a prisão do ministro, que morreu em Lisboa pouco depois de conseguir mercê de fiéis carcereiros para se tratar.[106]

Quanto a Sebastião de Souza Machado, as acusações na residência eram graves. Pesou sobre ele acusações de ter recebido dinheiro para não sentenciar réus em causas e acusações de desaparecimento de documentos. Quando foi suspenso pelo seu sucessor, tentou fugir, mas foi preso e enviado para o Limoeiro, onde também ficou até a morte. Um criado do ministro foi preso no Rio de Janeiro com uma caixa contendo cento e seis mil cruzados em moedas que seriam transportadas para Lisboa.[107] Nesse caso, as evidências contra o ouvidor eram fortes e a corrupção com que se portou durante o exercício do cargo, buscando, conforme atestam testemunhas, o enriquecimento ilícito, levaram-noà condenação de dez anos de degredo para a praça de Mazagão, pena que foi comutada pela de degredo para o Couto de Castro Marim.[108] Para onde, afinal, o ministro não foi enviado, uma vez que morreu na prisão do Limoeiro em Lisboa.

Nem sempre sair culpado de uma residência levava os ministros régios à prisão. Na verdade, o mais comum era a pena de suspensão do serviço régio por

---

105 AHU, Cons. Ultram. /Brasil-MG, caixa 45, doc. 53.
106 ANTT, CHAN, D. João V, liv. 109, fl. 381 e 381v.
107 AHU, Cons. Ultram. / Brasil-MG, Caixa 26, doc. 57 e 56
108 ANTT, CHAN, D. João V, liv. III, fl. 49

períodos determinados, ou, como será discutida, a exclusão definitiva serviço régio e nem sempre oficialmente. Entre ouvidores mineiros, temos o caso de Francisco Leote Tavares, ouvidor do Rio das Mortes, que saiu culpado em sua residência e recebeu a seguinte sentença da Relação:

> ... como se prova por legalidade pelas testemunhas da devassa da residência ao réu o conferia que logo que entrou a servir o dito cargo, comprou negros e os mandou trabalhar e minerar em lavras alheias contra a disposição das leis do dito senhor que proíbem este e todo o mais gênero de comércio e negociação por qualquer modo e pretexto que seja e suposto que dentro de um ano pouco mais ou menos se absteve o réu da dita negociação e vendeu os ditos escravos, esta razão o não isenta do crime que antecedentemente cometeu nem o costume que alega de usarem seus antecessores de semelhante negociação sem se lhes darem culpas porque o costume de delinqüir contra proibição das leis não é costume atendível antes abuso culpável, que não escusado delito que se comete na transgressão delas nem finalmente pode relevar ao réu da referida culpa a permissão que no ano de 1703 se concedeu ao desembargador José Vaz Pinto, superintendente das Minas do Ouro pela carta copiada a folhas 29, para que ele e os oficiais na dita carta nomeados pudessem minerar assim como as mais pessoas porque essa faculdade se proibiu e revogou pelas ditas leis posteriores, que o réu transgrediu e devia observar (...) atendendo porém para a moderação dela a que o réu se absteve no primeiro ano de seu lugar a negociação ponderada e ao mais alega e prova a este respeito e consta pelo maior número das testemunhas da mesma devassa que em tudo mais foi o réu ministro de bom procedimento, inteiro, independente na administração da justiça, zeloso do serviço régio e sua jurisdição e de bom acolhimento das partes ... portanto o condenam somente a quatro anos de suspensão do serviço deste senhor e 600$000 para as despesas da Relação e nas custas de seu livramento.[109]

Depois de cumprida a pena de suspensão, o ministro Francisco Leote Tavares não mais voltou a atuar no serviço régio em cargos da magistratura e passou a ocupar postos militares na região do Algarve, de onde sua família

---

109 ANTT, DP, RJDM, Autos e certidões de residência, Maço 1815, 13/11/1736

era natural. A sentença da Relação demonstra que nas devassas os ministros tinham direito à defesa. Entretanto, Francisco Leote Tavares escolheu o argumento dos usos e costumes locais para se defender das acusações que sofreu, como sempre faziam os ministros no que diz respeito a suas possibilidades de remuneração em diferentes localidades. Nesse caso — em que o costume local se colocava em oposição frontal à lei régia que proibia ministros de se envolverem em negociações nos locais onde atuavam — defender-se contra acusação de não ter cumprido ordem régia usando como principais argumentos os usos e costumes locais — inclusive citando nomes de ministros que antes haviam feito o mesmo — já não era boa estratégia. Sobretudo em 1736, o ministro foi mal-sucedido, porque já havia governo e administração régia consolidados na região, onde ouvidores deveriam figurar como uma das principais peças de defesa da jurisdição régia e do direito positivo.

Caso parecido voltou a ocorrer mais tarde com Caetano da Costa Matoso, em relação ao processo de cobrança das oitavas de ouro para rever as licenças dos oficiais mecânicos, em que o ministro também faz uso da argumentação do costume local para se defender e recebe várias repreensões do rei.[110] Esses e outros casos em que foram punidos ministros apegados aos "costumes locais" ,contra o direito positivo ou contra ordens régias, são um indício de que os ventos de uma mudança consolidada, e atribuída quase sempre ao contexto das reformas pombalinas, já sopravam no Império Português durante o reinado de D.João V. Especialmente aquelas mudanças produzidas no campo jurídico com a Lei da Boa Razão,[111] mudanças que favoreceram o direito positivo em oposição ao tradicional direito costumeiro e à prática de interpretações das leis.[112]

Essa prática foi recorrente na administração levada a cabo por ouvidores mineiros, e ela favorecia não apenas os ganhos desses ministros territoriais,

---

[110] APM, SC. 93, fl. 185v. Ordem régia para que o ouvidor restituísse a oitava de ouro que havia cobrado pela revisão dos oficiais mecânicos e com a advertência de que seria arguido sobre isso em sua correição (residência). 28/08/1752.

[111] ANTUNES, Álvaro de Araujo. "Pelo rei, com razão: comentários sobre as reformas pombalinas no campo jurídico". Revista IHGB, Rio de Janeiro, ano 172, n. 452, p. 15-50, jul./set.2011.

[112] WEHLING, Arno e Maria José. "O tribunal: evolução institucional". In: _____. *Direito e justiça no Brasil colonial: o Tribunal da Relação do Rio de Janeiro (1750-1808)*, op. cit., p. 466-477.

mas também a construção de suas redes clientelares, pois podiam favorecer seus aliados em âmbito local com a prática. Um dos processos de mudanças no campo jurídico consolidado na segunda metade do século XVIII que mais afetou práticas e possibilidades de ganhos ditos costumeiros para ouvidores mineiros.

Ao lado de mecanismos institucionais de controle existiram outros informais, os quais operaram juntos no controle dos agentes do governo e administração portuguesa na era moderna.

Os mecanismos informais eram utilizados sempre que, por favorecimento e conivência das inúmeras redes de poder, esses longos processos de residência contribuiriam mais para desestabilizar o governo e a administração. O principal mecanismo informal de controle, punição propriamente dita dos magistrados pela Coroa e que certamente despertou temores nos ministros foi o ostracismo dos quadros do serviço régio. Esta medida se aplicou sistematicamente durante o século XVIII, não apenas para punir ministros letrados, mas ainda outras autoridades como os governadores[113] que agiam em desacordo ou traziam problemas com o exercício dos cargos no ultramar, especialmente em Minas Gerais.

Tanto na primeira quanto na segunda metade do século XVIII, esse foi expediente comum para punir muitas vezes ministros que conseguiram até mesmo apresentar certidões de boas residências, mas que durante o exercício do cargo tiveram problemas. Sobretudo aqueles que vivenciaram conflitos com a população local, câmaras e outras autoridades, movimentando excessivamente as comunicações intra-autoridades nos dois lados do Atlântico. Também para alguns ouvidores que saíram culpados de suas residências e aos quais não se aplicou a pena de prisão, degredo ou suspensão temporária, o ostracismo foi o mecanismo utilizado pela Coroa para controlar e punir seus agentes.

---

113 CAMPOS, Maria Verônica, *op. cit.*, p. 318. A autora discute o ostracismo a que foi submetido o governador dom Pedro de Almeida logo depois que retornou das Minas em função de sua atuação durante o motim de Vila Rica em 1720.

Antonio da Cunha Silveira, ouvidor do Rio das Mortes em fins da década de 1720,[114] cujo pai era fidalgo letrado e ouvidor da ilha de Graciosa,[115] durante o período que exerceu o cargo nas Minas saiu em sua residência com uma culpa de descaminho de ouro,[116] anexada posteriormente, e que não mais ocupou qualquer cargo no serviço régio até sua morte. No caso do ministro, cuja ocupação em Minas era já a quarta ocupação no serviço régio, sendo ele nobre e de família de fidalgos, o impacto daquela penalidade com a exclusão do serviço régio não foi tão significativo. Os filhos desse ouvidor receberam a mercê de cavaleiros fidalgos e não se pode dizer que o fracasso do pai após as Minas, no que diz respeito à trajetória no serviço régio e o fim de sua progressão na carreira, resultou em processo de descenso social para a família do magistrado. Seu filho, Jorge da Cunha Silveira, também seguiu o caminho das Letras e do serviço régio.[117]

Contudo, a exclusão do serviço régio para alguns dos ministros letrados implicava tanto o fim da obtenção de bens pecuniários, quanto de bens honrosos que os "bons serviços" prestados ao rei poderiam trazer.

Joaquim Manoel de Seixas Abranches, ouvidor do Serro do Frio de 1778 a 1783, teve atuação controversa e movimentou as correspondências entre o governador d. Rodrigo José de Meneses e o Conselho ultramarino. Em suas devassas de correição junto à vila de Bom Sucesso, o ouvidor realizou prisões por concubinatos e desentendeu-se com a população local, que se queixou dos procedimentos do ministro ao governador.[118] Tendo o governador se posicionado contra o ouvidor, as relações entre ambos ficaram conturbadas, do que resultou a suspensão, prisão e sequestro de todos os bens do magistrado régio.[119]

---

114 ANTT, CHAN, D.João V., liv. 06, fl. 42v. Exercitou o cargo de juiz de fora da cidade de Olinda com a promessa da primeira ouvidoria das Minas que vagasse e recebeu a mercê de ouvidor do Rio das Mortes em 1727.

115 ANTT, DP, Leitura de Bacharéis, Maço 01, n. 1; 1719

116 AHU, Cons. Ultram. / Brasil-MG, Caixa 19, doc. 39. Devassa de descaminho do ouro tirada pelo juiz ordinário mais velho, em 1732, ocorrido no período em que era ouvidor Antonio da Cunha Silveira.

117 ANTT, RGM, D. João V, liv. 8, fl. 187v.

118 AHU, Cons. Ultram. / Brasil-MG, Caixa 118, doc. 31

119 AHU, Cons. Ultram. / Brasil-MG, Caixa 120, doc. 36

Num típico conflito intra-autoridades, corriqueiro em Minas, onde autoridades viviam em disputas por jurisdições e espaços políticos para afirmar poderes e ganhos, do ponto de vista institucional o desfecho para o ouvidor foi claramente positivo. Mesmo com acusações gravíssimas feitas a ele,[120] logo que o governador d. Rodrigo foi substituído por Luiz da Cunha, o sequestro de seus bens foi revogado e em suas certidões de residência o ministro figurou como cumpridor de todas as ordens de que fora encarregado.[121] Joaquim Manoel de Seixas Abranches conseguiu fazer prevalecer no julgamento de sua residência a dimensão da "injustiça" dos procedimentos que o governador adotou contra ele.

Mas o ministro não saiu ileso dessa situação, pois lhe estava reservada a penalidade maior, que não passava pelas formas de controle e fiscalização da magistratura régia definidas pelo Desembargo do Paço. Uma série de petições do ministro à rainha demonstra seu desespero por não ser contemplado nos concursos de bacharel com nenhum cargo no serviço régio. Numa dessas petições, feita em 1787, consta informação de que o ouvidor deu boa residência do período que atuou nas Minas e declara que

> em razão de ter servido de juiz de fora de Serpa e depois ouvidor da Comarca do Serro do Frio, foi opositor no concurso que houve no ano de 1787 para ser admitido outra vez ao serviço de Vossa Magestade o que lhe não foi possível até agora conseguir. Nestes termos pretende entrar outra segunda vez no atual concurso, o que já tivera requerido se não chegasse de próximo a esta corte, e por isso requer a Vossa Magestade seja servida admiti-lo e consequentemente conferir-lhe a correição de Guimarães, Provedoria de Setubal, Provedoria de Thomar ou aquele lugar que for mais do agrado de Sua Magestade *e isto dignando-se a atender o que o suplicante, depois de ter sofrido os incômodos e prejuízos que lhe resultaram duma injusta prisão e seqüestro praticados por ordem do gover-*

---

[120] Sobre o leque de acusações que pesavam sobre o ministro a historiadora Carla Anastasia enfatiza em seu trabalho "Joaquim Manoel de Seixas Abranches: um ouvidor bem pouco ortodoxo", aquelas relacionadas a abusos sexuais e ter recebido dinheiro para livrar culpados por devassas feitas por ele mesmo. Ver: ANASTASIA, Carla. *A geografia do crime: violência nas Minas setecentistas*, op. cit.

[121] AHU, Cons. Ultram. / Brasil-MG, Caixa 123, doc. 105

nador, está há quase sete anos fora do Real serviço de Vossa Magestade, portanto...¹²²

Depois de ter ficado um bom tempo fora do serviço régio, o ex-ouvidor, confiante de seu retorno, faz uso dos conflitos vividos entre ele o governador d. Rodrigo José de Meneses em Minas, que teria procedido injustamente com o ministro régio, para enfatizar o motivo pelo qual se julgava merecedor da mercê régia de um dos cargos apontados por ele em sua petição. Três anos mais tarde, e ainda excluído do serviço régio, o ouvidor redigiu nova petição em que apresentava a situação lastimável em que se encontrava desde que regressou das Minas e apelava para piedade régia a fim de ser outra vez admitido em seus serviços:

> Diz Joaquim Manoel de Seixas Abranches (...) que tendo servido de juiz de fora de Serpa e depois ouvidor do Serro do Frio, de que deu boa residência, conforme certidão junta corrente se acha reduzido ao mais lastimoso estado porque tendo sido, contra todos os direitos, preso no serviço da dita ouvidoria e fazendo-lhe um tão rigoroso sequestro que nem apenas lhe escaparam as esporas que já preso trazia nas botas quando contra este despótico procedimento obteve primeira e segunda ordem de Vossa Magestade para se lhe entregarem seus bens, desgraçadamente vieram estes a naufragarem com o navio, junto a Peniche e de próximo chegou a verificar-se, e o prova a atestação junta dele que por acaso escapou. E se até aqui vivia o suplicante somente fundado na esperança de seus bens, presentemente se vê na consternação e desamparo, sem meios de poder subsistir nesta corte onde existe há três anos, mas nem ainda fora dela porque além de não ter bens patrimoniais suficientes para pagar as dívidas que tem contraído depois de sua prisão e poder sustentar-se com a decência que requer o Hábito de Cristo, de que é professo, e a nobreza que herdou de seus pais, bem notória na sobredita Comarca de Trancoso e na maior parte da Província da Beira: tendo ele se aplicado aos lugares de letras, mal pode ir agora, sem violência da razão e da natureza empregar-se aos exercícios rústicos e fabris, exposto a tristíssimos acontecimentos e a viver sem consolação o resto de seus dias, como deposto sem causa do crédito e da honra, que o real serviço de Vossa

---

122 ANTT, DP, RJDM, Concursos de bacharéis, Maço 1850. Grifo meu.

> Magestade lhe tem conferido. No meio desses desarranjos e lembrando-se o suplicante de que serviu bem os ditos lugares e até fez os serviços que constam da atenção junta da Comarca de Vila do Príncipe, livre de toda suspeita, ele toma os últimos esforços e prostrado em maior submissão: Pede a Vossa Magestade que dignando-se de atender com piedade e com justiça a crítica e lastimosa situação em que se o suplicante se acha, lhe faça mercê de admiti-lo outra vez no seu real serviço ou no lugar de intendente do ouro do Rio de Janeiro ou no de corregedor do Porto ou do Lamego.[123]

É necessário muitas vezes relativizar as acusações que são feitas aos ministros régios por outras autoridades e que estão nas correspondências trocadas entre elas e o Conselho ultramarino, pois refletem conflitos e dissidências entre vários grupos que faziam o jogo das relações locais de poder. Assim sendo, também aqui é preciso relativizar o discurso do bacharel.

É comum não só em concursos, mas também em pedidos de remuneração por serviços prestados, alegar estado de miséria e particularmente referirem-se a falta de condições para se sustentar de acordo com seu estatuto social. Contudo, nem mesmo o apelo à necessidade de manutenção condizente com seu estatuto de nobreza, nem o estado de endividamento e pobreza em que se encontrava o ministro foram suficientes para fazê-lo retornar ao serviço régio. Embora tendo participado de muitos concursos para bacharéis, o ouvidor não recebeu mais mercê alguma que o beneficiasse com cargos no serviço régio ou mercês que lhe concedessem bens honrosos, e ficou, assim, relegado ao ostracismo dos quadros do serviço régio.

Embora institucionalmente Joaquim Manoel de Seixas Abranches tenha conseguido cumprir o pré-requisito para progressão na carreira, que dependia de certidão de boa residência no cargo anterior, saindo nesse aspecto ileso, os conflitos em que se envolveu com câmaras, população das vilas e governador durante sua atuação provocaram, sem dúvida, sua exclusão dos quadros do serviço régio. Este era o pior castigo para o pequeno grupo das elites letradas que no Império Português setecentista almejava ascensão social pela via dos serviços prestados ao rei em sua administração. A ausência de salários,

---
123 ANTT, DP, RJDM, Concursos de bacharéis, Maço 1852.

emolumentos e outras possibilidades de ganhos que os cargos no serviço régio proporcionavam, conforme já discutido, e a inviabilização das conquistas de títulos nobilitantes, assim como de outras mercês com tenças efetivas — já que não haveria mais serviços prestados a serem remunerados — era a pior punição aos ministros no serviço régio.

Apesar dos casos em que trajetórias ou foram interrompidas pela morte, por conflitos políticos que levaram à exclusão dos quadros do serviço régio, ou mesmo nos casos mais graves em que ouvidores foram presos e acusados de graves delitos, a avaliação geral dos percursos funcionais desses ministros em Minas sugere muito mais um bem-sucedido processo de ascensão e mobilidade social levado a cabo pelo grupo ao longo do século XVIII.

Em estudo recente sobre a participação de ministros que atuaram no Brasil na composição do Conselho ultramarino, Erik Lars Myrup chama atenção para a "crescente importância dos letrados na administração do império colonial português", e para a tendência que se estabeleceu no século XVIII de afirmação desse grupo sobre o da "aristocracia"[124] naquele conselho superior.[125] A análise das trajetórias dos ouvidores que passaram pelas Minas é sugestiva do quanto este espaço tornou-se relevante para um processo de ascensão dos grupos de elites letradas portuguesas. Já foram apresentados dados sobre a progressão na carreira por parte dos ouvidores mineiros, e de modo geral para o grupo de 84 ministros, se comparados com aqueles que atuaram em outras capitanias no mesmo período, houve um número bastante expressivo que chegou aos patamares mais elevados da carreira. Também não se pode deixar de notar que quase 10% deles conquistaram o título de "conselheiro do rei" e 7% deles tiveram exercício efetivo como conselheiro régio da Fazenda ou do Conselho ultramarino.

Neste sentido, foi muito relevante o papel de Minas Gerais na trajetória desses ministros ao longo do século XVIII, especialmente quando se leva em

---

124 O autor utiliza o termo "aristocracia" para definir a nobreza titulada por oposição aos outros grupos sociais da elite portuguesa existentes no período.

125 MYRUP, Erik Lars. "Governar a distância: o Brasil na composição do Conselho ultramarino, 1642-1833". In: SCHWARTZ, Stuart; MYRUP, Erik Lars. *O Brasil no Império marítimo português*. São Paulo: Edusc, 2009, p. 263-298.

conta todos os ouvidores atuantes em Minas que se tornaram desembargadores e todos que, após o exercício do cargo, passaram a viver abastadamente no Reino dos rendimentos de seus bens e fazendas. Numa das quatro comarcas mineiras, sobretudo em dois aspectos, o exercício do cargo de ouvidor era fundamental, uma vez que a partir do século XVIII se tornou um importante meio para conquista de estatutos nobilitantes e meio para o enriquecimento das elites letradas que ingressavam no serviço régio durante o período.

Entretanto, chegar até as Minas Gerais e depois passar por elas sem que se colocasse a perder ao mesmo tempo a progressão na carreira e a conquista de estatutos sociais importantes não era tarefa muito simples. Era preciso enfrentar um campo político instável em que redes clientelares se modificavam com certa frequência. Em âmbito local, essas redes se organizavam muitas vezes a partir das câmaras, mas não exclusivamente, de modo que houve outros poderes concorrenciais a integrá-las com os governadores, membros de outra parte das elites reinóis, e que sempre se indispuseram com os ouvidores letrados cujos poderes e jurisdições eram independentes deles.

Todos esses aspectos abordados contribuíram para que a atuação dos ouvidores de comarca em Minas fosse marcada por muitos conflitos. Conflitos relativos seja à necessidade de afirmação desses ministros régios no conjunto das relações de poder em âmbito local, seja, principalmente, à necessidade de defesa de suas possibilidades de ganho e remuneração pelo exercício do cargo de ouvidor na região mineradora.

Considerações Finais

> Quanto as primeiras causas d'este perigo interno, estas se podem evitar, mandando governadores e ministros, de cuja prudência e procedimentos se possa esperar que só procurarão o bom regimen dos vassallos e recta administração da justiça, confiando da real grandeza e justiça de Vossa Magestade, que certamente acharão n'ella o premio e remuneração de seu serviço e trabalho; porque, faltando-lhes esta confiança é quase infallivel que, conhecendo ellas que não hão de ter remuneração do seu zelo e trabalho, a procurem tirar pela sua mão, tirando-a dos povos e usurpando-lhes todas as conveniências; de que nasce o ódio ao governo (...)[1]

Ao discutir uma das origens dos "perigos internos", a consulta feita em 1732 pelo conselheiro Antonio Rodrigues da Costa expressa, de forma clara, um dos aspectos essenciais à manutenção da parte americana do Império Português. Aponta o conselheiro a importância dos processos de remuneração "condigna" dos serviços prestados pelos governantes para a manutenção das boas relações entre governo e governados nas partes do império.

Quando se avalia conjuntamente os estatutos que regulamentaram a atuação dos ouvidores em Minas, constata-se a clara ampliação da margem de poderes concedidos a eles no território das comarcas mineiras. Essa ampliação de poderes abrangia não só a justiça e sua administração, mas também vários outros aspectos da administração civil, e muitas vezes fazendária, das localidades sob sua jurisdição.[2] Soma-se a esse aspecto outros relacionados às

---

[1] CONSULTA do Conselho ultramarino a S.M., no anno de 1732, feita pelo conselheiro Antonio Rodrigues da Costa, *Revista do Instituto Histórico e Geográfico Brasileiro*, v. 7, 3ª ed., p. 475-482, s/d.

[2] WEHLING, Arno. *História administrativa do Brasil: administração portuguesa no Brasil de Pombal a D. João (1777-1808)*, op. cit., p. 161 O autor discute a reafirmação da jurisdição das comarcas ao final do século XVIII como parte integrante de um processo de maior racionalização da administração da justiça em consonância com o "pensamento ilustrado da época"

possibilidades de remuneração que surgiram nesse contexto de forma bastante ampliada e se compreende a relevância dessas reflexões do conselheiro para a administração do império ultramarino português ao longo do século XVIII. Produzido em 1732, é um indicativo dos rumos que a Coroa seguiria na administração de seu império na parte americana, apoiando-se e reforçando os poderes concedidos a certos setores de sua burocracia letrada.

Avaliando-se as trajetórias dos ouvidores de comarca em Minas ao longo do século XVIII e o crescimento de sua importância na arquitetura dos poderes do império — constatado através do aumento gradual desses agentes que atingiram o topo da carreira como desembargadores — é que se confirma a relevância do espaço político mineiro para o processo de afirmação dessas elites letradas que buscaram ascender socialmente através do serviço régio.

A legislação analisada sugere, e a prática administrativa levada a cabo por esses ouvidores ao longo do século XVIII expressam bem, sua importância e as expectativas do grupo quanto à remuneração adequada dos serviços por parte da Coroa. Conforme visto, desde o início a própria Coroa em geral remunerou a magistratura que enviou para as Minas de modo diferenciado quando comparada às demais áreas do império. De acordo com os regimentos apresentados, durante um bom tempo as propinas e emolumentos eram pagos em dobro aos ouvidores mineiros, assim como outros itens da remuneração — como o que se levava pelo caminho de fazerem vistorias.

Entretanto, nem a preocupação da Coroa em instituir desde o início salários elevados e demais vantagens remuneratórias aos ouvidores que vinham para as Minas, nem a preocupação em associar ao exercício do cargo a posse de bens honrosos — como as mercês do Hábito de Cristo e suas tenças efetivas — nem as promessas de que, dando boa residência, receberiam mercês para tribunais superiores, foram capazes de refrear o ímpeto dos ministros régios quanto a ampliar suas possibilidades de ganhos "costumeiros", e mesmo ilícitos, o que favorecia e ampliava a construção de suas redes clientelares. E essas, por sua vez, asseguravam os mecanismos necessários do ponto de vista institucional para que o ministro pudesse continuar seu processo de progressão com a construção de uma "boa residência" ao final do período de sua atuação. Houve casos em que vereadores da câmara enviaram solicitação de recondução dos ministros ao cargo, o que demonstrava eficaz entrosamento entre interesses desses poderosos locais e seu ouvidor/corregedor.

Com uma atuação quase sempre permeada por conflitos que se relacionavam à própria natureza de suas atribuições, as quais implicavam a fiscalização, correição das câmaras e outras autoridades judiciais, vistorias e correições também às vilas e localidades sob sua jurisdição em aspectos sociais e relacionados às atividades econômicas, os ouvidores mineiros foram, de modo geral, bem-sucedidos em suas estratégias de mobilidade e ascensão social se considera-se seu desempenho nas trajetórias analisadas.

As razões das disputas constantes estão relacionadas à necessidade de manutenção de certo domínio sobre redes que frequentemente se alternavam e até se desconstruíam por conflitos internos nos grupos, num amplo espaço que viabilizava ao mesmo tempo ganhos lícitos e ilícitos e que proporcionavam o enriquecimento dessas elites governantes. Conforme salienta Júnia Furtado, no contexto das Minas setecentistas, "sutis e poderosos jogos de poder se desenrolavam por detrás dos panos",[3] os quais opunham diversas autoridades entre si e também em relação a grupos de poderosos locais, geralmente organizados em torno das câmaras das vilas.

Contudo, esse sistema de poderes não se apoiou estritamente em mecanismos de controle formal, conforme discutido, e muitas vezes os mecanismos informais traduziam, dentro de certos limites, a existência de certa "flexibilização" daquele sistema para o contexto do império. Nesse sentido, cabe lembrar que, ao largo da construção de redes clientelares, articulou-se uma "comunicação quase universal com Corte",[4] esta sim um importante elemento a ser considerado no que diz respeito à informação necessária para se aplicar, em casos extremos de corrupção e ganhos ilícitos, a exclusão dos quadros do serviço régio. Essa comunicação foi, certamente, o principal meio através do qual a Coroa pode manter algum controle sobre seus agentes e sobre o pro-

---

[3] FURTADO, Júnia Ferreira. "Relações de poder no Tejuco: um teatro em três atos", *op. cit.*

[4] MONTEIRO, Nuno Gonçalo. "Trajetórias sociais e governo das Conquistas: notas preliminares sobre os vice-reis e governadores gerais do Brasil e da Índia nos séculos XVII e XVIII". In: BICALHO, Maria Fernanda; FRAGOSO, João; GOUVÊA, Maria de Fátima (Orgs.). *O Antigo Regime nos trópicos: dinâmica imperial portuguesa (séculos XVI-XVIII)*, *op. cit.*, p. 282 e 283.

cesso administrativo nas regiões periféricas do seu Império ultramarino. Os conflitos intra-autoridades ou entre agentes da Coroa e sociedades locais, que produziam um intenso processo de comunicação entre os dois lados do Atlântico, acabavam fornecendo à Coroa as informações necessárias à elaboração e execução de políticas voltadas para o espaço ultramarino.

Além disso, em relação aos conflitos entre governadores e ouvidores, não se pode desconsiderar o fato de que os ouvidores representavam, em sua grande maioria, categorias sociais bastante diversificadas que buscavam consolidar-se nas estruturas políticas e administrativas para, assim, assegurar seus projetos de ascensão e mobilidade social. Já os governadores foram recrutados, quase sempre, conforme salienta Nuno Monteiro, "no corpo de oficiais do exército de primeira linha português" — ou, para algumas capitanias, como Minas Gerais no século XVIII — entre os "membros da Primeira Nobreza".[5] Portanto, governadores quase sempre oriundos de uma nobreza titulada que buscaram nas Minas a manutenção de privilégios e também de riquezas.

Nas Minas se defrontavam esses dois grupos, em sua grande maioria vindos de diferentes elites reinóis, aqui postos, ambos, como intermediários da Coroa e catalisadores, por isso mesmo, de muitos conflitos com elites locais. Mesmo que Maria Verônica Campos tenha demonstrado que uma série de fatores relacionados com medidas administrativas da Coroa para o ultramar, e mais particularmente para as Minas na primeira metade do século XVIII, tenha levado ao faccionalismo com consequente enfraquecimento dessas elites locais,[6] é visível que conflitos continuaram a existir durante todo o século. Isto é um forte indicativo de que o processo político administrativo na parte americana do império português não figurou simples imposição das políticas do Centro às regiões periféricas, mesmo depois de 1736. Quando

---

5 MONTEIRO, Nuno Gonçalo. "Trajetórias sociais e governo das Conquistas: notas preliminares sobre os vice-reis e governadores gerais do Brasil e da Índia nos séculos XVII e XVIII, *op. cit.*, p. 279-280.

6 CAMPOS, Maria Verônica, *op. cit.*, p. 384-385. A autora afirma que a Coroa com sucesso restringiu câmaras, militares e a elite local ao âmbito da "aldeia", promovendo sua divisão. Concentrando o "controle das designações civis, militares e eclesiásticas", entre outros fatores, a Coroa promoveu a fragmentação, a regionalização, inibindo a formação de redes clientelares que ultrapassassem os limites regionais, o que enfraquecia o poder das elites locais.

se observa o forte envolvimento dos agentes da Coroa em âmbito local com suas elites na construção de redes clientelares, para todo o período do século XVIII percebe-se que governo e administração nas Minas envolveram outras variáveis, relacionadas, também, aos interesses desses grupos que se formavam nas periferias do império e que permaneceram defendendo seus interesses ao longo do Setecentos.

Manifestando-se das mais variadas formas no cotidiano político e administrativo, a continuidade dos conflitos intra-autoridades e com elites locais indica a presença de grupos com interesses nem sempre divergentes, mas que disputavam, no espaço das Minas, os meios para assegurar formas de ganhos lícitos e ilícitos. Conforme se pode atestar pelo registro de correspondências entre autoridades existente no fundo Secretaria de Governo, do Arquivo Público Mineiro, e também no Arquivo Histórico ultramarino. Para isso, era necessário ter domínio sobre grupos de poderosos e redes clientelares locais, conhecê-las e cooptá-las, de modo que, ao final do exercício dos cargos, além dos bons negócios que enriqueciam, fosse possível também se produzirem boas residências, o que assegurava a continuidade no serviço régio.

Se consideradas as trajetórias do grupo, para a maior parte dos ouvidores que atuaram nas Minas pode-se concluir que foram hábeis ao assegurar seus projetos de mobilidade ascensional nesse instável contexto político que se estabeleceu na região mineradora durante o Setecentos.

Apesar de quase todos esses ouvidores terem enfrentado ao longo do século XVIII conflitos de natureza diversificada relacionados com atribuições muito alargadas do cargo e à aplicação da justiça, fiscalização de órgãos e atividades socioeconômicas e políticas, constata-se o sucesso do grupo ao se avaliar suas trajetórias. Era quase inevitável que se indispusessem com grupos locais, principalmente com os que não se integravam a suas redes clientelares mais próximas, e com instituições como câmaras, o bispado e até com irmandades religiosas, além da tensão que perpassou constantemente as relações entre esses ouvidores e governadores.[7] Deve-se considerar que, tanto no que concerne

---

7   Quanto à jurisdição eclesiástica, aos clérigos e às irmandades religiosas, a atuação e conflitos decorrentes das atitudes dos ouvidores em relação aos assuntos que diziam respeito a eles foram constantes. Conforme salienta Caio Boschi, esse controle também se fazia diretamen-

à jurisdição eclesiástica, quanto a outras instituições fiscalizadas pelos ouvidores, os conflitos constantemente surgiam atrelados à necessidade de controle dos grupos de poder local e às possibilidades de ganho e remuneração desses ministros régios, conforme exemplificado nos capítulos 3 e 4.

Pelas trajetórias profissionais analisadas nessa pesquisa sobre os ouvidores de comarca que atuaram durante o século XVIII, consideramos que a passagem pelas Minas foi fator decisivo tanto para assegurar a progressão a patamares mais elevados da carreira dessa magistratura, quanto para assegurar um processo de remuneração que viabilizou aos ouvidores tanto enriquecimento em bens materiais e pecuniários, como também proporcionou-lhes o acesso aos bens honrosos diversificados que conferiram legitimidade[8] aos projetos de ascensão e mobilidade social perpetrados por parte desses ministros e suas famílias pela via das Letras e dos serviços prestados ao rei. Nesse sentido, as possibilidades de prestação de bons serviços ao rei no contexto das Minas também estiveram bastante favorecidas pelas atividades que os ministros régios nelas poderiam desenvolver, facilitando-lhes o acesso a bens honrosos. Os ouvidores foram perspicazes ao perceberem que, a partir das Minas, e por meio da adequada inserção e domínio de redes clientelares, era possível assegurar boa remuneração, destacada como um dos importantes pré-requisitos para a manutenção do Império ultramarino na consulta do Conselho ultramarino pelos serviços prestados — da qual resultou para grande parte do grupo não apenas a progressão ideal na carreira, mas ain-

---

te pelos governadores ou pelos ouvidores de comarca a mando destes. Assim como Caio Boschi, outro autor que discute os conflitos entre jurisdição eclesiástica e ouvidores é Marcos Magalhães Aguiar, especialmente ao tratar do controle exercido pelos ouvidores sobre a vida associativa e sobre o processo de fiscalização e tomada de contas das irmandades. O autor salienta que a legislação "comportava indeterminações que favoreciam os conflitos de Jurisdição". Dos dois autores, ver: BOSCHI, Caio. *Os leigos e o poder, op. cit.*, p. 100-120. AGUIAR, Marcos Magalhães, *op. cit.*, p. 42-58.

8   HESPANHA, António Manuel. "A mobilidade social na sociedade de Antigo Regime", *op. cit.* Segundo o autor, o enriquecimento era importante, mas a riqueza em si não produzia nobilitação naquela sociedade ainda atrelada a parâmetros do Antigo Regime, carecendo, ela própria, de legitimação. Ela se dava através da obtenção de bens honrosos conquistados em grande medida por meio de bons serviços prestados ao rei, pelos quais se podia esperar receber mercês, concessão de estatutos que enobreciam.

da a posse de muitos estatutos nobilitantes. A partir das Minas viabilizou-se significativo enriquecimento dessas elites letradas, seja através de avultados salários e emolumentos, seja por ganhos costumeiros, e mesmo ilícitos, facilitados por aquele contexto socioeconômico.

Referências Bibliográficas e Documentação

Documentação Manuscrita

AHMl, Casa Setecentista, acervo Prefeitura, códice 02, fl. 10. Carta do rei ao Ouvidor Manoel da Costa Amorim. 20/05/1711.

AHMl, Casa Setecentista do Pilar. Copiador de cartas particulares, d. Frei Manoel da Cruz. fl. 139 e verso.

AHMl, Casa Setecentista, acervo da Prefeitura, Ref.: códice 02, fl. 10.

AHU, Códice 241, fl. 339 v. Provisão de 26/10/1750.

AHU, Cons. Ultram./Brasil-MG, Caixa 118, doc. 31

AHU, Cons. Ultram./Brasil-MG, Caixa 120, doc. 36

AHU, Cons. Ultra./Brasil-MG, Caixa 123, doc. 105

AHU, Cons. Ultram./Brasil-MG, Caixa 19, doc. 39.

AHU, Cons. Ultram./Brasil-MG, Caixa 26, doc. 57 e 56

AHU, Cons. Ultram./Brasil-MG, Caixa 45, doc. 53.

AHU, Cons. Ultram./Brasil-MG, Caixa 45, doc. 55

AHU, Cons. Ultram./Brasil-MG, Caixa 26, doc. 57.

AHU, Cons. Ultram./Brasil-MG, Caixa 27, doc. 20

AHU, Cons. Ultram./Brasil-MG, Caixa 42, docs. 92 e 99,

AHU, Cons. Ultram./Brasil-MG, Caixa 43, doc. 81.

AHU, Cons. Ultram./Brasil-MG, Caixa 43, doc. 87.

AHU, Cons. Ultram./Brasil-MG, Caixa 44, docs.2, 110

AHU, Cons. Ultram./Brasil-MG, Caixa 3, doc. 31. 30/09/1722

AHU, Cons. Ultram./Brasil-MG, Caixa 105, doc. 76, fls. 6-7.

ANTT, CHAN, D, João V, liv. 109, fl. 389.

ANTT, CHAN, D. João V, liv. 3, fl. 49.

ANTT, CHAN, D. José I, liv. 88, fl. 138.

ANTT, CHAN, D. João V, liv.102, fl. 96

ANTT, CHAN, D. João V, liv. 115, fl. 333.

ANTT, CHAN, D. João V, liv. 119, fl. 178v.

ANTT, CHAN, D. João V, liv. 100, fl. 144v.

ANTT, CHAN, D. João V, liv. 109, fl.381v. e 382.
ANTT, CHAN, D. João V, liv. 130, fl.197v
ANTT, CHAN, D. João V, liv. 143, fl.103v.
ANTT, CHAN, D. João V, liv. 70, fl.347 v.
ANTT, CHAN, D. João V, liv. 113, fl. 49.
ANTT, CHAN, D. João V, liv. 116, fl. 69.
ANTT, CHAN, D. João V, liv. 65, fl. 134 v.
ANTT, CHAN, D. João V, liv. 71, fl.114 e 114v.
ANTT, CHAN, D. João V. liv. 100, fl. 144v.
ANTT, CHAN, D. José I, liv. 28, fl. 86.
ANTT, CHAN, D. José I, liv. 66, fl. 180
ANTT, CHAN, D. Maria I, liv. 09, fl. 206.
ANTT, CHAN, D. Maria I, liv. 3, fl. 127v.
ANTT, CHAN, D. Maria I, liv. 33, fl. 05 a 07
ANTT, CHAN, D. Maria I, liv. 41, fl. 345.
ANTT, CHAN. D. João V, liv. 116, fl. 157.
ANTT, CHAN. D. João V, liv. 109, fl. 381 e 381v.
ANTT, CHAN. D. João V, liv. 111, fl. 49
ANTT, CHAN. D. João V., liv. 06, fl. 42v.
ANTT, CHAN. D. José I, liv. 52, fl. 154 e v.
ANTT, CHAN. D. José I, liv. 85, fl. 161.
ANTT, CHAN. D. Maria I, liv. 84, fl. 206.
ANTT, CHAN. D. Pedro II, liv. 63, fl. 120v.
ANTT, CHAN. D. João V, liv. 60, fl. 155v.
ANTT, Decretos, Pasta 31, n. 60.
ANTT, DP, Assentos de Leituras de bacharéis, liv. 129.
ANTT, DP, Assentos de Leituras de bacharéis, liv. 130.
ANTT, DP, Assentos de Leituras de bacharéis, liv. 131.
ANTT, DP, Assentos de Leituras de bacharéis, liv. 132.
ANTT, DP, Assentos de Leituras de bacharéis, liv. 133.
ANTT, DP, Assentos de Leituras de bacharéis, liv. 134.
ANTT, DP, Assentos de Leituras de bacharéis, liv. 135.
ANTT, DP, Assentos de Leituras de bacharéis, liv. 137.

ANTT, DP, Leitura de bacharéis, Maço 6, n. 17, Antonio Berquó Del Rio.
ANTT, DP, Leitura de bacharéis, Maço 1, n. 1, Antonio da Cunha Silveira.
ANTT, DP, Leitura de bacharéis, Maço 6, n. 3, Antônio Ferreira do Valle.
ANTT, DP, Leitura de bacharéis, Maço 42, n. 96, Antonio José Álvares Marques da Costa e Silva.
ANTT, DP, Leitura de bacharéis, Maço 31, n. 12, Antonio Luis Pereira da Cunha.
ANTT, DP, Leitura de bacharéis, Maço 29, n. 7, Antonio Ramos da Silva.
ANTT, DP, Leitura de bacharéis, Maço 1, n. 21, Antônio Rodrigues Banha.
ANTT, DP, Leitura de bacharéis, Maço 33, n. 6, Antonio Seabra Mota.
ANTT, DP, Leitura de bacharéis, Maço 19, n. 18, Baltazar de Morais Sarmento.
ANTT, DP, Leitura de bacharéis, Maço 3, n. 50, Caetano da Costa Matoso.
ANTT, DP, Leitura de bacharéis, Maço 1, n. 03, Cipriano José da Rocha.
ANTT, DP, Leitura de bacharéis, Maço 3, n. 1, Custódio Gomes Monteiro.
ANTT, DP, Leitura de bacharéis, Maço 7, n. 13, Diogo Cotrim de Souza.
ANTT, DP, Leitura de bacharéis, Maço 8, n. 23, Domingos Manuel Marques Soares.
ANTT, DP, Leitura de bacharéis, Maço 4, n. 32, Francisco Angelo Leitão.
ANTT, DP, Leitura de bacharéis, Maço 8, n. 27, Francisco Carneiro Pinto de Almeida.
ANTT, DP, Leitura de bacharéis, Maço 17, n. 09, Francisco de Souza Guerra Araujo Godinho.
ANTT, DP, Leitura de bacharéis, Maço 14, n. 15, Francisco Luis Alvares da Rocha.
ANTT, DP, Leitura de bacharéis, Maço 4, n. 4, Gonçalo de Freitas Baracho.
ANTT, DP, Leitura de bacharéis, Maço 27, n. 33, Inácio José de Alvarenga Peixoto.
ANTT, DP, Leitura de bacharéis, Maço 45, n. 13, Inácio José de Souza Rebelo.
ANTT, DP, Leitura de bacharéis, Maço 1, n. 15, Jerônimo Correa do Amaral.
ANTT, DP, Leitura de bacharéis, Maço 19, n. 14, João Alves Simões.
ANTT, DP, Leitura de bacharéis, Maço 8, n. 27, João Azevedo de Barros.
ANTT, DP, Leitura de bacharéis, Maço 42, n. 1, João Evangelista de Mariz Sarmento.

ANTT, DP, Leitura de bacharéis, Maço 6, n. 6, João de Moraes Sarmento.
ANTT, DP, Leitura de bacharéis, Maço 31, n. 16, João Pacheco Pereira.
ANTT, DP, Leitura de bacharéis, Maço 53, n. 6, João Paulo Bezerra de Seixas.
ANTT, DP, Leitura de bacharéis, Maço 28, n. 14, Joaquim Carneiro da Silva.
ANTT, DP, Leitura de bacharéis, Maço 26, n. 5, Joaquim Casimiro da Costa.
ANTT, DP, Leitura de bacharéis, Maço 27, n. 29, Joaquim Manuel de Seixas Abranches.
ANTT, DP, Leitura de bacharéis, Maço 39, n. 16, José Antonio Apolinário da Silveira.
ANTT, DP, Leitura de bacharéis, Maço 28, n. 15, José Antonio Barbosa do Lago.
ANTT, DP, Leitura de bacharéis, Maço 18, n. 26, José Antonio Calado.
ANTT, DP, Leitura de bacharéis, Maço 45, n. 15, José Antonio Vieira Rocha.
ANTT, DP, Leitura de bacharéis, Maço 5, n. 18, José Caetano Cesar Manitti.
ANTT, DP, Leitura de bacharéis, Maço 42, n. 2, José Carvalho Martins.
ANTT, DP, Leitura de bacharéis, Maço 41, n. 17, Jose Filipe Ferreira Cabral.
ANTT, DP, Leitura de bacharéis, Maço 25, n. 44, Jose Francisco Xavier Lobo Pessanha.
ANTT, DP, Leitura de bacharéis, Maço 28, n. 11, Jose de Goes Lara Ribeiro de Moraes.
ANTT, DP, Leitura de bacharéis, Maço 53, n. 15, Jose Gregório de Moraes Navarro.
ANTT, DP, Leitura de bacharéis, Maço 64, n. 36, Jose Navarro de Andrade.
ANTT, DP, Leitura de bacharéis, Maço 5, n. 18, Jose Ricardo Gouvea Durão.
ANTT, DP, Leitura de bacharéis, Maço 18, n. 32, José de Souza Monteiro.
ANTT, DP, Leitura de bacharéis, Maço 2, n. 57, José de Souza Valdez.
ANTT, DP, Leitura de bacharéis, Maço 34, n. 1, José João Teixeira.
ANTT, DP, Leitura de bacharéis, Maço 22, n. 21, José Pereira Mariz Sarmento.
ANTT, DP, Leitura de bacharéis, Maço 18, n. 1 José Teles da Silva.
ANTT, DP, Leitura de bacharéis, Maço 15, n. 6, Lucas Antonio Monteiro de Barros.
ANTT, DP, Leitura de bacharéis, Maço 1, n. 9, Luis Antonio Branco Bernardes de Carvalho.

ANTT, DP, Leitura de bacharéis, Maço 7, n. 26, Luis Botelho de Queiroz.

ANTT, DP, Leitura de bacharéis, Maço 10, n. 22, Manoel António das Povoas e Brito.

ANTT, DP, Leitura de bacharéis, Maço 37, n. 16, Manoel Caetano Monteiro.

ANTT, DP, Leitura de bacharéis, Maço 26, n. 17, Manoel da Costa Amorim.

ANTT, DP, Leitura de bacharéis, Maço 7, n. 32, Manoel Mosqueira Rosa.

ANTT, DP, Leitura de bacharéis, Maço 42, n. 18, Manuel Joaquim Pedroso.

ANTT, DP, Leitura de bacharéis, Maço 26, n. 7, Martinho Vieira.

ANTT, DP, Leitura de bacharéis, Maço 25, n. 7, Matias Pereira de Souza.

ANTT, DP, Leitura de bacharéis, Maço 48, n. 7, Modesto Antonio Mayer.

ANTT, DP, Leitura de bacharéis, Maço 1, n. 31, Paulo Fernandes Viana.

ANTT, DP, Leitura de bacharéis, Maço 04, n. 32, Pedro José de Araujo Saldanha.

ANTT, DP, Leitura de bacharéis, Maço 4, n. 13, Sebastião de Souza Machado.

ANTT, DP, Leitura de bacharéis, Maço 4, n. 5, Simão Caldeira Mendanha.

ANTT, DP, Leitura de bacharéis, Maço 1, n. 14, Tomas Antonio Gonzaga.

ANTT, DP, Leitura de bacharéis, Maço 2, n. 18, Tomas José da Silva (Vieira).

ANTT, DP, Leitura de bacharéis, Maço 3, n. 10, Tomas Rubi de Barros Barreto.

ANTT, DP, Leitura de bacharéis, Maço 2, n. 24, Tomé Godinho Ribeiro.

ANTT, DP, Leitura de bacharéis, Maço 2, n. 24, Valério da Costa Gouvea.

ANTT, DP, RJDM, Autos e certidões de residência, Maço 1803.

ANTT, DP, RJDM, Autos e certidões de residência, Maço 1804.

ANTT, DP, RJDM, Autos e certidões de residência, Maço 1805.

ANTT, DP, RJDM, Autos e certidões de residência, Maço 1806.

ANTT, DP, RJDM, Autos e certidões de residência, Maço 1807.

ANTT, DP, RJDM, Autos e certidões de residência, Maço 1808.

ANTT, DP, RJDM, Autos e certidões de residência, Maço 1809.

ANTT, DP, RJDM, Autos e certidões de residência, Maço 1810.

ANTT, DP, RJDM, Autos e certidões de residência, Maço 1811.

ANTT, DP, RJDM, Autos e certidões de residência, Maço 1812.

ANTT, DP, RJDM, Autos e certidões de residência, Maço 1813.

ANTT, DP, RJDM, Autos e certidões de residência, Maço 1814.

ANTT, DP, RJDM, Autos e certidões de residência, Maço 1815.

ANTT, DP, RJDM, Autos e certidões de residência, Maço 1816.
ANTT, DP, RJDM, Autos e certidões de residência, Maço 1817.
ANTT, DP, RJDM, Autos e certidões de residência, Maço 1818.
ANTT, DP, RJDM, Autos e certidões de residência, Maço 1819.
ANTT, DP, RJDM, Autos e certidões de residência, Maço 1820.
ANTT, DP, RJDM, Autos e certidões de residência, Maço 1821.
ANTT, DP, RJDM, Autos e certidões de residência, Maço 1822.
ANTT, DP, RJDM, Autos e certidões de residência, Maço 1823.
ANTT, DP, RJDM, Autos e certidões de residência, Maço 1824.
ANTT, DP, RJDM, Autos e certidões de residência, Maço 1825.
ANTT, DP, RJDM, Autos e certidões de residência, Maço 1826.
ANTT, DP, RJDM, Autos e certidões de residência, Maço 1827.
ANTT, DP, RJDM, Autos e certidões de residência, Maço 1828.
ANTT, DP, RJDM, Autos e certidões de residência, Maço 1829.
ANTT, DP, RJDM, Autos e certidões de residência, Maço 1830.
ANTT, DP, RJDM, Autos e certidões de residência, Maço 1832.
ANTT, DP, RJDM, Autos e certidões de residência, Maço 1833.
ANTT, DP, RJDM, Autos e certidões de residência, Maço 1836.
ANTT, DP, RJDM, Autos e certidões de residência, Maço 1837.
ANTT, DP, RJDM, Autos e certidões de residência, Maço 1838.
ANTT, DP, RJDM, Autos e certidões de residência, Maço 2465.
ANTT, DP, RJDM, Cascos de Consultas que desceram à Mesa do Desembargo do Paço, Maço 1021, 16/12/1802.

ANTT, DP, RJDM, Cascos de Consultas que desceram à Mesa do Desembargo do Paço, Maço 1021, 27/06/1810.

ANTT, DP, RJDM, Concursos de bacharéis, Maço 1844.
ANTT, DP, RJDM, Concursos de bacharéis, Maço 1850.
ANTT, DP, RJDM, Concursos de bacharéis, Maço 1852.
ANTT, DP, RJDM, Concursos de bacharéis, Maço 1815.
ANTT, DP, RJDM. Consultas sobre propostas de nomeação para lugares de Justiça, Maço 1903.

ANTT, JIM, Feitos findos fundo geral, Maço 3445.

ANTT, JJU-Brasil, Maço 180, doc. 9, Antonio da Cunha Silveira.

ANTT, JJU-África, Maço 21, n. 2, Caetano da Costa Matoso.

ANTT, JJU-Brasil. Maço 193, doc. 13, João Paulo Bezerra de Seixas.

ANTT, JJU-Brasil. Maço 4055. João Tavares de Abreu.

ANTT, JJU-Brasil, Maço 43, doc. 19, José Antonio Apolinário da Silveira.

ANTT, JJU-Brasil, Maço J3236, José Filipe Ferreira Cabral.

ANTT, JJU-Brasil, Maço 43 77. Jose Francisco Xavier Lobo Pessanha.

ANTT, JJU-Brasil, Maço 185, Paulo Fernandes Viana.

ANTT,JJU-Brasil Maço 217, n. 6. Pedro José de Araujo Saldanha.

ANTT, JJU-Brasil, Maço 135, n. 3. Simão Vaz Borges de Azevedo.

ANTT, Feitos findos fundo geral, Caixa J 3153, José de Souza Monteiro. Ação cível de assinação de 8 dias.

ANTT, Feitos findos fundo geral, Maço J3603. Autor o dr. José de Souza Monteiro e réu Policarpo José.

ANTT, Feitos findos fundo geral, Maço 2708. Autos de Apelaçao interpostos pelo Doutor desembargador José Pereira Mariz Sarmento.

ANTT, Feitos findos fundo geral, Maço 3153. Ação cível de dez dias do Dr.José Pereira de Mariz Sarmento.

ANTT, Feitos findos fundo geral, Maço 3180; Cobrança de dividas por aluguel de casas em que é senhorio o bacharel José Pereira sarmento no valor de 9$000 de d. Clara Maria de Santo Antonio. Em 01/03/1773.

ANTT, Feitos findos fundo geral, Maço 4342. Execução de sentença cível. Autor o desembargador José Pereira Sarmento e réu Joaquim da Costa para cobrança de um divida no valor de 18$000 mais custas de uma penhora que tinha com o autor. em set. de 1772.

ANTT, Feitos findos fundo geral, Maço 3821. Sentença cível do bacharel Jose Pereira Sarmento contra João Dias Lima.

ANTT, Feitos findos fundo geral, Maço 2706. José Pio Ferreira Souto. Reconhecimento de divida que deviam a este desembargador no valor de 50$000 de contado a razão de juro de 5%. Em julho de 1765, empréstimo feito em 1755 ao réu João da Costa Freire. Constam vários recibos com o mesmo teor de reconhecimento da divida e assinados pelo réu.

ANTT, Feitos findos fundo geral, Maço 2919. Autuação de uma petição e escritura para julgar por sentença. É autor o desembargador José Pio Ferreira Souto e réu o seu pai Dor. Domingos Ferreira Souto em função de uma dívida que tem o réu com o autor no valor de 4:640$000, sendo a quantia de 2:400$000 a juros de 5% e 2:240$000 a juros de 2% que o autor emprestou ao réu desde 13/08/1750. E são julgados por sentença em 1758.

ANTT, Feitos findos fundo geral, Maço 2800. Execução de sentença entre partes em que são autor o desembargador Jose Pio Ferreira Souto e réu o seu pai Domingos Ferreira Souto sua mulher e herdeiros habilitados, nas quantias expressadas no processo acima. As quantias com juros somam 5:353$657 mais custas de 1$450 consta petição seguinte: Diz o dr. José Pio Ferreira Souto, ouvidor da comarca de Vila Rica, por seu bastante proucurador mas o valor não chegava para o pagamento de sua divida que é no valor de 5:761$187 e o valor das casas arrematadas somam 5:011$187 e para qual valor restante deve adjudicar bens.E: 25/02/1762

ANTT, TSO, HOC. Maço 49. n. 24, Antônio Ferreira do Valle.
ANTT, TSO, HOC. Maço 48. n. 52, Antonio da Cunha Silveira.
ANTT, TSO, HOC. Maço 39. n. 25, Antonio Luis Pereira da Cunha.
ANTT, TSO, HOC. Maço 40, n. 147, Antonio Seabra Mota.
ANTT, TSO, HOC. Maço 03, n. 02, Custódio Gomes Monteiro.
ANTT, TSO, HOC. Maço 10, n. 31, Domingos Manuel Marques Soares.
ANTT, TSO, HOC. Maço 13, n. 6, Francisco Carneiro Pinto de Almeida.
ANTT, TSO, HOC. Maço 26, n. 17, Francisco Luis Alvares da Rocha.
ANTT, TSO, HOC. Maço 88, n. 18, João Alves Simões (ouvidor da vila de Sabará).
ANTT, TSO, HOC. Maço, 06, n. 10, João de Souza Menezes Lobo.
ANTT, TSO, HOC. Maço 01, n. 6, João Evangelista de Mariz Sarmento.
ANTT, TSO, HOC, Maço 65, n. 2, João Paulo Bezerra de Seixas.
ANTT, TSO, HOC. Maço 93, n. 83, João Tavares de Abreu.
ANTT, TSO, HOC. Maço 45, n. 09, Joaquim Casimiro da Costa.
ANTT, TSO, HOC. Maço 67, n. 48, José Caetano Cesar Manitti.
ANTT, TSO, HOC. Maço 53, n. 04, José da Costa Fonseca.
ANTT, TSO, HOC. Maço 100, n. 23, José de Souza Monteiro.
ANTT, TSO, HOC. Maço 48, n. 19, José João Teixeira.
ANTT, TSO, HOC. Maço 69, n. 52, José Navarro de Andrade.

ANTT, TSO, HOC. Maço 13, n.2, José pereira Sarmento.
ANTT, TSO, HOC. Maço 8, n.11, José Pio Ferreira Souto.
ANTT, TSO, HOC. Maço 10, n. 2, Luis ferreira de Araujo Azevedo.
ANTT, TSO, HOC, Maço 40, n. 54, Manoel da Costa Amorim.
ANTT, TSO, HOC. Maço, 48, n.11, Matias Pereira de Souza.
ANTT, TSO, HOC. Maço 09, n. 03, Paulo Fernandes Viana.
ANTT, TSO, HOC. Maço 1, n.4, Simão Caldeira Mendanha.
ANTT, TSO, HOC. Maço 1, n.6, Tomas José da Silva.
ANTT, Inventários, Maço 21, n.1.
ANTT, Inventários, Maço 243, n.2.
ANTT, Inventários, Maço 28, doc.08, 1762.
ANTT, Inventários, Maço 28, n.8, 1762.
ANTT, Inventários, Maço 353, n.3.
ANTT, Inventários, Maço 387, n.41.
ANTT, Inventários, Maço 46, n.5.
ANTT, Inventários, Maço 46, n.5.
ANTT, Inventários, Maço 229, n.1.
ANTT, Inventários, Maço 353, n.3, 1784.
ANTT, JIM, Brasil, Maço 135, doc. 3, Caixa 246.
ANTT, MR, decretamentos de serviço, Maço 118, n. 15, Fernando Leite Lobo.
ANTT, MR, decretamentos de serviço, Maço 118, n. 24, Fernando Leite Lobo.
ANTT, MR, decretamentos de serviço, Maço 85, n. 62, Francisco de Sousa Guerra Araújo.
ANTT, MR, decretamentos de serviço, Maço 82, n. 42, Francisco de Sousa Guerra Araújo.
ANTT, MR, decretamentos de serviço, Maço 184, n. 28, Francisco Luis Alvares da Rocha.
ANTT, MR, decretamentos de serviço, Maço 184, n. 32, Francisco Luis Alvares da Rocha.
ANTT, MR, decretamentos de serviços, Maço 79, n. 37, João de Azevedo Barros
ANTT, MR, decretamentos de serviços, Maço, 55, n. 78, João Tavares de Abreu.

ANTT, MR, decretamentos de serviços, Maço 206, n. 2, Joaquim Antônio Gonzaga.
ANTT, MR, decretamentos de serviço, Maço 154, n. 4, José Carvalho Martens.
ANTT, MR, decretamentos de serviço Maço 207, n. 21, José Carvalho Martens.
ANTT, MR, decretamentos de serviço, Maço 120, n. 18, José Pinto de Moraes Bacelar.
ANTT, MR, decretamentos de serviços. Maço 46, n.03, Simão Caldeira Mendanha.
ANTT, MR, decretamentos de serviços. Maço 46, n.29, Simão Caldeira Mendanha.
ANTT, MR, decretamentos de serviços, Maço 33, n.66, Simão Vaz Borges de Azevedo.
ANTT, MR, decretamentos de serviços, Maço 170, n.15, Tomas José da Silva.
ANTT, MR, decretamentos de serviços, Maço 170, n.16, Tomas José da Silva.
ANTT, MR, decretos, Maço 3, n. 69, Fernando Leite Lobo.
ANTT, MR, decretos, Pasta 12, n. 78, Francisco Carneiro Pinto de Almeida.
ANTT, MR, decretos, Pasta 12, n. 60, Francisco Carneiro Pinto de Almeida.
ANTT, MR, decretos, Pasta 13, n. 103, Francisco Moreira Matos.
ANTT, MR, decretos, Pasta 31, n. 60, Francisco Moreira Matos.
ANTT, MR, decretos, Pasta 4, n. 72, João de Sousa Meneses Lobo.
ANTT, MR, decretos, Pasta 45, n. 89, João Gualberto Pinto de Morais Sarmento.
ANTT, MR, decretos, Pasta 37, n. 33, João Pacheco Pereira.
ANTT, MR, decretos, Pasta 23, n. 39, João Pacheco Pereira.
ANTT, MR, decretos, Pasta 17, n. 18, João Pacheco Pereira.
ANTT, MR, decretos, Pasta 20, n. 46, Joaquim Casimiro da Costa.
ANTT, MR, decretos, Pasta 28, n. 95, Joaquim Manuel de Seixas Abranches.
ANTT, MR, decretos, Maço, 17, n. 51, José Antonio de Oliveira Machado.
ANTT, MR, decretos, Pasta 10, n. 4, José Carvalho Martens.
ANTT, MR, decretos, Pasta 12, doc. 21, José da Costa Fonseca.
ANTT, MR, decretos, Maço 14, n. 10, José João Teixeira.
ANTT, MR, decretos, Maço 25, n. 21, José João Teixeira.
ANTT, MR, decretos, Maço 14, n. 82, José João Teixeira.

ANTT, MR, decretos, Maço 4, n. 132, José Pereira Sarmento.
ANTT, MR, decretos, Maço 30, n. 81, Luis Beltrão Gouvea de Almeida.
ANTT, MR, decretos, Maço 20, n. 20, Luis Ferreira de Araujo Azevedo.
ANTT, Registro Geral de Testamentos, liv. 156, fls. 127 a 136.
ANTT, Registro Geral de Testamentos, liv. 296, fl. 102v a 106. 12/09/1768.
ANTT, RGM, D. José I, liv. 10, fl. 344v.
ANTT, RGM, D. João V, liv. 06, fl. 42v.
ANTT, RGM, D. João V, liv. 06, fl. 42v.
ANTT, RGM, D. João V, liv. 1, fl. 155v.
ANTT, RGM, D. João V, Liv. 15, fl. 163 v. e 164.
ANTT, RGM, D. João V, liv. 21, fl. 482 v.
ANTT, RGM, D. João V, liv. 23, fl. 154 e 154v.
ANTT, RGM, D. João V, liv. 37, fl.497.
ANTT, RGM, D. João V, liv. 5, fl. 495.
ANTT, RGM, D. João V, liv. 8, fl. 187v.
ANTT, RGM, D. João V, liv. 8, fl. 200v.
ANTT, RGM, D. João V, liv. 06, fl. 42v.
ANTT, RGM, D. João V, liv. 35, fl. 273.
ANTT, RGM, D. José I, liv. 16, fl. 282 e 282v.
ANTT, RGM, D. José I, liv. 16, fl. 282v.
ANTT, RGM, D. José I, liv. 23, fl. 471.
ANTT, RGM, D. José, liv. 3, fl. 235.
ANTT, RGM, D. Maria I, liv. 1, fl.258 e 371v.
ANTT, RGM, D. Maria I, liv. 1, fl.371v. 14/12/1779
ANTT, RGM, D. Maria I, liv. 10(2), fl. 160.
ANTT, RGM, D. Maria I, liv. 17, fl. 212.
ANTT, RGM, D. Maria I, liv. 22, fl. 242.
ANTT, RGM, D. Maria I, liv. 5, fl. 152v. 10/04/1780.
ANTT, RGM, D. Pedro II, liv. 4, fl. 49.
ANTT, RGM, D. José I, liv. 2, fl. 53v, 1758.
ANTT, TSO, Habilitações Incompletas, doc.2902, João de Sousa Meneses Lobo.
ANTT, TSO, Habilitações Incompletas, doc. 3522, José de Sousa Monteiro.

ANTT, TSO, Habilitações Incompletas, doc. 4800, Martinho Vieira.
ANTT, TSO, Maço 48, n. 52, Antonio da Cunha Silveira.
ANTT, TSO, Maço 49. n. 24, Antônio Ferreira do Valle.
ANTT, TSO, Maço 39, n. 25, Antonio Luis Pereira da Cunha.
ANTT, TSO, Maço. 57, doc. 1093, João Pacheco Pereira.
ANTT, TSO, Maço. 85, doc. 1614, José Antonio Calado.
ANTT, TSO, Maço. 86, doc. 1267, José Antônio de Oliveira Machado.
ANTT, TSO, Maço. 48, doc. 760, José Pio Ferreira Souto.
ANTT, TSO, Maço. 16, doc. 269, José de Sousa Valdez.
ANTT, TSO, Maço. 3, doc. 58, Matias Pereira de Souza.
ANTT, TSO, Maço. 8, doc. 140, Simão Caldeira Mendanha.
ANTT, TSO, Maço. 1, doc. 7, Valério da Costa Gouvea.
ANTT, TSO, Maço 79, n. 1533.
ANTT, CHAN, D. João V, liv. 134, fl. 9v. 15/05/1707. Carta de legitimação.
ANTT, DP, Leitura de bacharéis, letra C, Maço 1, n.3. 02/07/1719.

APM, Coleção sumária e as próprias leis, cartas régias, avisos e ordens que se acham nos livros da secretaria de governo desta capitania de Minas Gerais. Carta Régia de 27 de março de 1734, que determina que os ministros de Letras não contraiam matrimônio sem especial licença de sua majestade. Tomo 2, Maços 2,3,4 e 5, fl.21.

APM, SC. 02, fls. 26 e 26v.
APM, SC. 04, fls. 200v. e 201.
APM, SC. 14, fls. 84 a 87v.
APM, SC. 01, fl. 70v.-74. e APM, SC 01, fl. 75-78v.
APM, SC. 01, fl. 70v. a 74 e 75 a 78v.
APM, SC. 18, fl. 48.
APM, SC. 92 doc. 94APM, SC. 93, fls. 47-47v. 06/10/1750.
APM, SC. 93, fl.47-47v.
APM, SC. 05, 86 e 86V. APM, SC. 05, fl. 171 e 171 v. APM, SC-05, fl. 83 e 83v.
APM, SC. 05, fls. 83 e 83v.
APM, SC. 06 fls. 6, 6v, 7v, 8 e 150 e 150v.
APM, SC. 14, fl. 84 A, 87V.
APM, SC. 21, fl. 16, 17,18.

APM, SC. 93, fl. 185v.

AEAM, "*documentos sobre e de Dom frei Manoel da Cruz 1746-1751*". 1751, p.54-55.

AEAM, W 24, fl. 10v-11 e 47-47v. *Provisões régias passadas ao Ouvidor e ao Bispo de Mariana*. 4/1/1751.

AEAM, W 24, fl. 16v.-17. *Registro de uma ordem real a respeito da contenda entre o Reverendo Doutor vigário geral deste bispado, e o Ouvidor de Vila Rica Caetano da Costa Matoso*. 11/3/ 1751.

AHCMM, Códice 201, pp. 113-113v. *Visto em correição à Câmara da Cidade de Mariana de 25 de junho 1749*.

AHCMM, Códice 664, *correição do ano de 1716*.

AHCMM, Códice 664, *correições de 1711-1725*.

AHCMM, Códice 664, *correição de 1715*.

AHCMM, Códice 679, pp. 11v., 12, 12v.

AHCMM. *Livro de receita e despesa da Câmara Municipal*: l- 3.1 n.664, 1712-1736.

AHMI, Anexo Casa Setecentista, *copiador de cartas particulares, Dom Frei Manoel da Cruz*, fl.139-139v.

AHMI, Anexo Casa Setecentista, acervo da prefeitura, Refl.: 02, fl.10.

AHU, Brasil, Caixa 62, documento 109. *Carta de João Cardoso de Azevedo, desembargador sindicante*. 26/06/1753.

AHU, Brasil, Caixa 63, documento 34, anexo 2. *Parecer do Conselho ultramarino de 17/2/1752*.

AHU, Brasil, Caixa 63, documento 34, anexo 3. *Embargos 15/05/744*.

AHU, Brasil, códice 244, fl. 130. *Consulta do Conselho ultramarino*, Lisboa, 10/02/1752.

AHU, Brasil/MG - Caixa 60, doc. 11. *Representação da Câmara ao Conselho ultramarino de 24 de abril de 1752*.

AHU, Brasil/MG, Caixa 55, doc. 29. *Parecer do Provedor da Coroa de 11/9/1750*.

AHU, Brasil/MG, Caixa 55, doc. 33. *Carta do Ouvidor Caetano da Costa Matoso de 23.3.1750*.

AHU, Brasil/MG, Caixa 58, doc. 41. *Representação da Câmara da Cidade de Mariana ao rei*. 5/06/1751.

AHU, Brasil/MG, Caixa 58, doc. 41. *Representação da Câmara de Mariana ao rei. 5.6.1751.*

AHU, Brasil/MG, Caixa 60, doc.11 anexos 13 ao 40. *Relações de todos os livros das câmaras mineiras com declaração da finalidade para que eram usados e quem os rubricava.*

AHU, Brasil/MG, Caixa 60, doc. 11, anexo 2. *Ordem de 08 de julho de 1754.*

AHU, Brasil/MG, Caixa 60, doc. 11, anexo 3. escólio número 8. *Parecer do Provedor da Coroa.*

AHU, Brasil/MG, Caixa 60, doc.11, anexo 3. *Parecer do Ouvidor Francisco Angelo Leitão de 30 de setembro de 1753.*

AHU, Brasil/MG, Caixa 63, documento 34, anexo 2. 27/ 3/ 1751.

AHU, Brasil/MG, Caixa 63, documento 34, anexo 3. 15/05/1744.

AHU, Brasil/MG, Caixa 63, documento 34, anexo 5.

AHU, Brasil/MG, Caixa 63, documento 34, anexo 5. 23/09/1745.

AHU, Brasil/MG, Cód. 241, fl. 357v. *Provisão régia de 7/2/1752.*

AHU, Cód. 241, fl. 339v. *Provisão de 26/10/1750.*

AHU, Cód. 244, fl.131. *Consulta ao Conselho ultramarino de 10/ 2/ 1752.*

AHU, Cons. ultramarino, Brasil/MG, Caixa 56, doc. 15. *Consulta de 18/02/1750.*

APM, SC. 04, fls. 200v. e 201.

APM, SC.14, fls. 84 a 87v.

APM, SC.2, fl. 40. *Carta do Rei a D. Lourenço de Almeida (15/05/1722).*

APM - SC. 02, fls. 26 e 26v.

APM, CMM 04, fls.76-84v.

APM, CMM, códice 201, p. 114-115v.

APM, CMM. 18, fl. 117.

APM, CMOP 22, p. 106. *Auto de Correição aos oficiais da Câmara de Vila Rica de 1749.*

APM, CMOP 22, p. 107. *Auto de correição de 1750.*

APM, CMOP 22, p. 108. *Auto de correição de 1751.*

APM, CMOP 55, fl. 19v.

APM, CMOP 63, fl. 129. 15/ 6/ 1752.

APM, CMOP 63, p. 11.

APM, CMOP, 46, fls. 57-69, 1750.

APM, CMOP, v.2, p. 12-12v.

APM, SC 01, fl. 70v.-74.

APM, SC 01, fl. 75-78v.

APM, SC 93, p. 229 e 98.

APM, SC. 02, p. 24-25.

APM, SC. 02, p. 27.

APM, SC. 04, fls. 439 a 442. *Correspondência do Governador ao rei de 28/05/1716*

APM, SC. 04, p. 221-222.

APM, SC. 06, fls. 95-96v. *Termo que se fez sobre a proposta do povo de Vila Rica na ocasião em que veio amotinado a Vila do Carmo. 2/07/1720.*

APM, SC.11, fl.29-29v. *Carta do Governador D. Pedro de Almeida ao Ouvidor-geral de São Paulo, Rafael Pires Pardinho.*

APM, SC.11, fl. 45. *Correspondência para o Ouvidor-geral da Comarca de Ouro Preto. 18.8.1718.*

APM, SC.11, fl. 45v. 23/8/1718.

APM, SC.11, fl. 78-78v.

APM, SC.11, fl. 93. 23/12/1718.

APM, SC.11, p. 251. *Carta de D. Pedro de Almeida ao governo da Bahia fazendo um relato sobre o motim que houve em Vila Rica, informando das prisões e execução que havia ordenado. 2.08.1720.*

APM, SC.11. fl. 65. 28/10/1718.

APM, SC.11. fl. 103. 11/ 1/1719.

APM, SC.11. fl. 45v. 25/8/1718.

APM, SC.11. fl. 67 e 68. 3/11/1718

APM, SC.11. fl. 75-75v. 16/11/1718.

APM, SC.11. p. 86V.

APM, SC.11, p. 93.

APM, SC.14, fls. 84 A 87V.

APM, SC.14, fls. 84 a 87v. 26/03/1721.

APM, SC. 18, fl. 48.

APM, SC. 92, doc. 94

APM, SC. 92, fl. 52. 07/10/1749.

APM, SC. 93, fl. 177v.-178.

APM, SC. 93, fl. 54.

APM, SC. 93, fl. 47-47v

APM, SC. 93, fl. 171-171v.

APM, SC. 93, fl. 59v. *Carta de Lei de 7 de outubro de 1749.*

APM, SC. 93, fl. 185v. *Certidão passada pelo governador ao ouvidor informando-o sobre a ordem régia que retirou a jurisdição de juízes da coroa aos ouvidores de comarca. 06. 08. 1752.*

APM, SC. 93, fl.47-47v. *Ordem régia proibindo os Ouvidores de cobrarem a oitava de ouro por rever as licenças dos oficiais mecânicos e pessoas de loja aberta (29-10-1750).*

APM, SC. Doc.17. 23/09/1747.

APM, SC., 93, p. 6. *Provisão passada em 13/01/1749.*

APM, SC.11, fl. 94. 31.12.1718.

APM, SC.11. fl.93. 23. 12. 1718.

APM, SG. Caixa 04, doc.26. 02/09/1752.

Arquivo Distrital de Setúbal, CNSA, Caixa 1, doc. 35, 6 fls.

BNP, Memorial de Ministros, códice 1079, fl. 232.

BNP, Memorial de Ministros, códice 1027

BNP, Memorial de Ministros, códice 1075, fl. 282

BNP, Memorial de Ministros, códice 1079, fl. 408.

BNP, Memorial de Ministros, códice 1079, fl. 441.

BNP, Memorial dos Ministros, códice 1075, fl. 320.

Carta de Lei de D. José I, de 1773, relativa à abolição das designações de "Cristão Velho" e "Cristão Novo".

IPHAN, Escritório técnico do Serro, Documentação da Câmara, CX 51, L.28, Carta do Senado ao Rei solicitando a recondução do seu 5º ouvidor 22/11/1745.

IPHAN, Escritório Técnico do Serro, Caixa 44, Livro de registro de ordens e decretos régios, fl. 43 e 44.

Lei de 25 de março de 1773 e confirmada por aviso de 11/03/1774.

Memorial de Ministros. Códice 1073. fl.403

UFOP - Arquivo da Câmara Municipal de Mariana. Livro de receita e despesa da Câmara Municipal: l- 3.1 nº 664, 1712-1736.

Arquivo Distrital de Setúlbal, CNSA, caixa 1, doc.35, 6 fls.

Ensaios, artigos, teses e dissertações

AGUIAR, Marcos Magalhães. "Estado e Igreja na Capitania de Minas Gerais: notas sobre mecanismos de controle da vida associativa . *Revista Varia Historia*, Belo Horizonte, n. 21, p. 42-67, 1999.

ALENCASTRO, Luiz Filipe de. *O trato dos viventes: formação do Brasil no Atlântico Sul, séculos XVI e XVII*. São Paulo: Companhia das Letras, 2000. 525 p.

ALMEIDA, Joana Estorninho. *A forja dos homens: estudos jurídicos e lugares de poder no séc. XVII*. Lisboa: Imprensa de Ciências Sociais, 2004. 189 p.

ANASTASIA, Carla. *Vassalos rebeldes: violência coletiva nas Minas na primeira metade do século XVIII*. Belo Horizonte: C/Arte, 1998. 151p.

_____. *Geografia do crime: violência nas Minas Setecentistas*. Belo Horizonte: Ed. da UFMG, 2005. 159 p.

ANTUNES, Alváro de Araujo. *Espelho de cem faces: o universo relacional do advogado setecentista José Pereira Ribeiro*. São Paulo: Annablume, 2004. 245 p.

_____. "Pelo rei, com razão: comentários sobre as reformas pombalinas no campo jurídico". *Revista IHGB*, Rio de Janeiro, ano 172, n. 452, p. 15-50, jul/set, 2011.

ATALLAH, Claudia Cristina Azeredo. *Da justiça em nome d'El Rey: ouvidores e Inconfidência na capitania de Minas Gerais (Sabará, 1720-1777)*. 249 p.Tese (Doutorado em História) - PPGH/UFF, Rio de Janeiro, 2010.

BETHENCOURT, Francisco; CHAUDHURI, Kirti (Orgs.). *História da expansão portuguesa: o Brasil na balança do Império (1697-1808)*. Lisboa: Círculo de Leitores, 1999. 505 p.

BICALHO, Maria Fernanda; FERLINI, Vera Lúcia Amaral (Orgs.). *Modos de Governar: idéias e práticas políticas no Império Português, séculos XVI a XIX*. São Paulo: Alameda, 2005. 448 p.

BOSCHI, Caio. *Os leigos e o poder: irmandades leigas e política colonizadora em Minas Gerais*. São Paulo: Ática, 1986. 254 p.

_____. *Roteiro-sumário dos arquivos portugueses de interesse para o pesquisador da história do Brasil*. 2ª ed. Lisboa: Universitárias Lusófonas, 1995.

_____. *Inventário dos manuscritos avulsos relativos a Minas Gerais existentes no Arquivo Histórico ultramarino*. Belo Horizonte: Fundação João Pinheiro, 1998. v. 3.

BOXER, Charles R. *O império colonial português*. São Paulo: Companhia das Letras, 2002. 435 p.

CAMARINHAS, Nuno. *Juízes e administração da Justiça no Antigo Regime: Portugal e o império colonial, séculos XVII-XVIII*. Lisboa: Fundação Calouste Gulbenkian, 2010. 384 p.

CAMPOS, Maria Verônica. *Governo de mineiros: "de como meter as minas numa moenda e beber-lhe o caldo dourado", 1693 a 1737*. Tese (Doutorado em História) – , FFLCH-USP, São Paulo, 2002. 479 p.

CARDIM, Pedro. "'Administração' e 'governo': uma reflexão sobre o vocabulário do Antigo Regime". In: BICALHO, Fernanda; FERLINI, Vera Lúcia Amaral. *Modos de governar*. São Paulo: Alameda, 2005, p. 45-69.

CATÃO, Leandro Pena. *Sacrílegas palavras: inconfidência e jesuítas nas Minas Gerais durante o período pombalino*. Tese (Doutorado em História) – FAFICH-UFMG, Belo Horizonte, 2005. 345 p.

CHARLE, Christophe. "A prosopografia ou biografia coletiva: balanço e perspectiva". In: HEINZ, Flávio M. (Org.). *Por outra história das elites*. Rio de Janeiro: FGV, 2006, p.41-55.

CLAVAL, Paul. *Espaço e Poder*. Rio de Janeiro: Jorge Zahar, 1979. 248 p.

COELHO, José João Teixeira. *Instrução para o governo da Capitania de Minas Gerais*. Introdução de Francisco Iglésias. Belo Horizonte: Fundação João Pinheiro;CEHC, 1994. 301 p.

_____. *Instrução para o governo da Capitania de Minas Gerais*. Organização, transcrição documental e textos introdutórios Caio César Boschi. Preparação de texto e notas Melânia Silva Aguiar. Belo Horizonte: Secretária de Estado de Cultura; IHGB, 2007. 304 p.

COSTA, Joaquim Ribeiro. *Toponímia de Minas Gerais: com estudo histórico da Divisão Administrativa*. Belo Horizonte: Ed. do Autor, 2010. 425 p.

COSTA, Ana Paula Pereira. *Atuação de poderes locais no Império Lusitano: uma análise do perfil das chefias militares dos Corpos de Ordenanças e de suas estratégias na construção de sua autoridade*. Vila Rica, (1735-1777). Dissertação (Mestrado em História) – PPGHIS-UFRJ, Rio de Janeiro, 2010. 164 p.

DAVES, Alexandre Pereira. *Vaidades das vaidades; os homens, a morte e a religião nos testamentos da Comarca do Rio das Velhas (1716-1755)*. Dissertação (Mestrado em História) – FAFICH, UFMG, Belo Horizonte, 1998. 327p.

DIAS, Maria Odila de Silva. "A interiorização da Metrópole (1080-1853)". In: MOTA, Carlos Guilherme (Org.). *1822: dimensões*. São Paulo: Perspectiva, 1972. p. 160-184.

DUVERGER, Maurice. "O conceito de Império". In: DORÉ, Andréa; LIMA, Luís Filipe Silvério; SILVA, Luiz Geraldo. *Facetas do Império na História: conceitos e métodos*. São Paulo: Hucitec, 2008. p. 19-38.

FAORO, Raimundo. *Os donos do poder: a formação do patronato político brasileiro*. Rio de Janeiro: Globo, 1958. 271 p.

FIGUEIREDO, Luciano R. A. *Revoltas, fiscalidade e identidade colonial: Rio de Janeiro, Bahia e Minas Gerais (1640-1761)*. Tese (Doutorado em História) – FFLCH-USP, São Paulo, 1996.

_____. "Estudo crítico: rapsódia para um bacharel". In: *Códice Costa Matoso*. Belo Horizonte: Fundação João Pinheiro;CEHC, 1999. v. 2. p. 37-131. (Coleção Mineiriana).

FONSECA, Cláudia Damasceno. *Arraiais e vilas d'el rei: espaço e poder nas minas setecentistas*. Belo Horizonte: Ed. da UFMG, 2011. 731 p.

FRAGOSO, João; GOUVÊA, Maria de Fátima. *Na trama das redes: política e negócios no império português, séculos XVI-XVIII*. Rio de Janeiro: Civilização Brasileira, 2010. 599 p.

FURTADO, Júnia Ferreira. *Chica da Silva e o contratador dos diamantes: o outro lado do mito*. São Paulo: Companhia das Letras, 2003. 440 p.

_____. *Homens de negócios: a interiorização da metrópole e do comércio nas Minas setecentistas*. São Paulo, Hucitec, 1999. 289 p.

_____. "Novas tendências da historiografia sobre Minas Gerais no período colonial". *História da Historiografia*, Ouro Preto, n. 2, p. 116-162, mar. 2009.

_____. Relações de poder no Tejuco: ou um teatro em três atos. *Revista Tempo*, Rio de Janeiro, v. 7, p. 129-142, 1999.

_____. *O livro da capa verde: o Regimento Diamantino de 1771 e a vida no Distrito Diamantino no período da real extração*. São Paulo: Annablume, 1996. 232 p.

GOUVÊA, Maria de Fátima Silva. "Conexões imperiais: oficiais régios no Brasil e Angola (c. 1680-1730)". In: BICALHO, Maria Fernanda; FERLINI, Vera Lúcia Amaral (Orgs.). *Modos de governar: idéias e práticas políticas no Império Português, séculos XVI a XIX*. São Paulo: Alameda, 2005. 445 p.

_____. "André Cusaco: o irlandês 'intempestivo', fiel súdito de Sua Majestade. Trajetórias administrativas no Império Português, ca. 1660-1700". In: VAINFAS, Ronaldo; SANTOS, Georgina Silva dos; NEVES, Guilherme Pereira das. *Retratos do Império: trajetórias Individuais no mundo português nos séculos XVI a XVII*. Niterói: EdUFF, 2006. 435 p.

_____. "Dos poderes de Vila Rica de Ouro Preto: notas preliminares sobre a organização político administrativa na primeira metade do século XVIII". *Revista Varia Historia*, Belo Horizonte, n. 31, p. 120-140, jan. 2004.

_____. "Redes de poder na América Portuguesa: o caso dos 'Homens Bons' do Rio de Janeiro, 1792-1822". *Revista Brasileira de História*, v. 18, n. 36, p. 297-330, 1998.

HEINZ, Flávio M. (Org.). *Por outra história das elites*. Rio de Janeiro: FGV, 2006. 224 p.

HESPANHA, António Manuel. "A constituição do Império Português: revisão de alguns enviesamentos correntes". In: BICALHO, Maria Fernanda; FRAGOSO, João &GOUVÊA, Maria de Fátima. *O Antigo Regime nos trópicos: a dinâmica imperial portuguesa (séculos XVI-XVIII)*. Rio de Janeiro: Civilização Brasileira, 2001, p. 163-189.

_____. "A mobilidade Social na Sociedade de Antigo Regime". *Revista Tempo*, Rio de Janeiro, v.1, n.21, p. 121-143, 2007.

_____. "A nobreza nos tratados jurídicos dos séculos XVI a XVIII", *Penélope*, Lisboa, n. 12, p. 27-42, 1993.

_____. *Às Vésperas do Leviathan, instituições e poder político: Portugal séc. XVII*, Lisboa, Ed. do Autor, 1988. 2 vols..

_____. "Antigo Regime nos trópicos? Um debate sobre o modelo político do império colonial português". In: FRAGOSO, João; GOUVÊA, Maria de Fátima. *Na trama das redes: política e negócios no império português, séculos XVI-XVIII*. Rio de Janeiro: Civilização Brasileira, 2010, p. 57-112.

_____. "Conclusão". In: _____. *Nova história militar de Portugal*. Lisboa: Círculo de Leitores, 2004. v. 2. p. 485-490.

_____. *História de Portugal: o Antigo Regime*. Lisboa: Estampa, 1993. 438 p.

_____. "Por que é que foi portuguesa a expansão portuguesa? Ou o revisionismo nos trópicos". In: SOUZA, Laura de Mello; FURTADO, Júnia Ferreira; BICALHO, Maria Fernanda (Orgs.). *O governo dos povos*. São Paulo: Alameda, 2009, p. 39-62.

_____. e XAVIER, Angela. "As redes clientelares". In: MATTOSO, José (Org). *História de Portugal: o Antigo Regime*. Lisboa: Estampa, 1993. v.4, p.339-349.

_____; SANTOS, Maria Catarina. "Os poderes num Império Oceânico". In: MATTOSO, José (Org.). *História de Portugal: o Antigo Regime*. Lisboa: Estampa, 1998, p. 351-366.

HOLANDA, Sérgio Buarque. Política e administração de 1640-1763. In: _____ *História geral da civilização brasileira - A época colonial: administração, economia e sociedade*. Rio de Janeiro: Bertrand Brasil, 1997.

IGLÉSIAS, Francisco. "Minas e a imposição do Estado no Brasil". *Revista de História*, n. 50, p. 257-273, 1974.

LAMY, Alberto de. *A academia de Coimbra (1537-1990)*. Lisboa: Rei dos Livros, 1990.

LAPA, Manuel Rodrigues. *Vida e obra de Alvarenga Peixoto*. Rio de Janeiro: MEC;INL, 1960. 174p.

LEMOS, Carmem Silvia Lemos. *A Justiça local: os juízes ordinários e as devassas da comarca de Vila Rica (1750-1808)*. Dissertação (Mestrado em História) - FAFICH-UFMG, Belo Horizonte, 2003. 232 p.

LISLY, Andréa Gonçalves; CHAVES, Claudia Maria das Graças; VENÂNCIO, Renato. (Orgs.). *Administrando impérios: Portugal e Brasil nos séculos XVIII e XIX*. Belo Horizonte: Fino Traço, 2012. 366 p.

LUNA, Francisco Vidal; COSTA, Iraci Del Nero. *Minas Colonial: economia e sociedade*. São Paulo: Pioneira, 1982. 87 p.

MAGALHÃES, Joaquim Romero. *Concelhos e organização municipal na época moderna*. Coimbra: Imprensa da Universidade de Coimbra, 2011. 253 p.

_____. "Os nobres da governança das terras". In: MONTEIRO, Nuno G.F.; CARDIM, Pedro; CUNHA, Mafalda Soares (Orgs.). *Optima pars: elites ibero-americanas do Antigo Regime*. Lisboa: ICS, 2005, p. 66-77.

MAXWELL, Kenneth. "The generation of the 1790's and the idea of the Luso-Brazilian Empire". In: ALDEN, Dauril (Org.). *Colonial Roots of Modern Brazil*. Los Angeles: University of California Press, 1973.

_____. *Marquês de Pombal: o parodoxo do Iluminismo*. Rio de Janeiro: Paz e Terra, 1996. 201 p.

MELLO, Evaldo Cabral. de. *A fronda dos mazombos: nobres contra mascates — Pernambuco, 1666-1715*. São Paulo: Editora 34, 1995. 496 p.

_____. *O nome e o sangue: uma parábola familiar no Pernambuco colonial*. Rio de Janeiro: Topbooks, 2000. 308 p.

MENDONÇA, Marcos Carneiro. *Raízes da formação administrativa do Brasil*. Rio de Janeiro: IHGB, Conselho Federal de Cultura, 1972. p.659-692.

MENESES, José Newton Coelho. *Artes fabris e serviços banais: ofícios mecânicos e as Câmaras no final do Antigo Regime. Minas Gerais e Lisboa, 1750-1808*. Tese (Doutoramento em História) — Niterói: Universidade Federal Fluminense, 2003. 489 p.

MENEZES, Ivo Porto. "A casa de moeda falsa na Serra do Paraopeba". Ouro Preto: CECO-Casa dos Contos, *Revista do Centro de Estudos do Ciclo do Ouro*, p. 1-64, jul. 2007.

MONTEIRO, Nuno Gonçalo. *Elites e Poder*. Lisboa: ICS, 2007.

_____. "Elites locais e mobilidade social em Portugal nos finais do Antigo Regime". *Análise Social*, v. 32, n. 41, p. 335-368, 1997.

_____. "Notas sobre nobreza, fidalguia e titulares nos finais do Antigo Regime", *Ler História*, Lisboa, n. 10, p. 15-51, 1987.

_____; CUNHA, Mafalda S. "Governadores e Capitães-mores do Império atlântico português nos séculos XVII e XVIII". In: _____. *Optima pars: elites ibero-americanas do Antigo Regime*. Lisboa: ICS, 2005. 361 p.

_____. "Os Conselhos e as comunidades". In: HESPANHA, António Manuel (Coord.). *História de Portugal: o Antigo Regime (1620-1807)*. Lisboa: Estampa, 1993, p. 269-294.

_____. "A remuneração dos serviços e as doações régias". In: _____. *O crepúsculo dos grandes*. Lisboa: Imprensa Nacional;Casa da Moeda, 2003, p. 547-553.

_____. "A representação do Reino: a debilidade dos corpos intermédios e o inexistente regional". In: OLIVEIRA, César (Org.). *História dos municípios e do poder local*. Lisboa: Temas e Debates, 1996, p. 79-91.

_____. *Crepúsculo dos grandes: a casa e o patrimônio da aristocracia em Portugal (1750-1832)*. Lisboa: Imprensa Nacional Casa da Moeda, 2003. 622p.

_____. "Elites locais e mobilidade social em Portugal". In: _____. *Elites e Poderes*. Lisboa: ICS, 2007, p. 37-80.

_____. "Trajetórias sociais e governo das conquistas". In: BICALHO, Maria Fernanda; FRAGOSO, João; GOUVÊA, Maria de Fátima. *O Antigo Regime nos trópicos: a dinâmica imperial portuguesa (séculos XVI-XVIII)*. Rio de Janeiro: Civilização Brasileira, 2001. p. 282.

MORAES, Fernanda Borges. "De arraiais, vilas e caminhos: a rede urbana das Minas Coloniais". In: RESENDE, Maria Efigênia Lage; VILALTA, Luís Carlos (Orgs.). *História das Minas: Minas setecentistas*. Belo Horizonte: Autêntica, 2007, p. 55-87.

MYRUP, Erik Lars. "Governar a distância: o Brasil na composição do Conselho ultramarino, 1642-1833". In: SCHWARTZ, Stuart; MYRUP, Erik Lars. *O Brasil no Império marítimo português*. São Paulo: Edusc, 2009. p. 263-299.

NASCIMENTO, Maria Filomena Coelho. "Justiça, corrupção e suborno em Pernambuco (século XVIII)". *Textos de História*, Brasília, v. 11, n. 1-2, p. 29-46, 2003.

OLIVAL, Fernanda. *As ordens militares e o Estado Moderno: honra, mercê e venalidade em Portugal (1641-1789)*. Lisboa: Estar Editora, 2001. 282 p.

_____. "Mercado de hábitos e serviços em Portugal (séculos XVII-XVIII)", *Análise Social*, vol. 38, n. 168, p. 743-769, 2003.

OLIVEIRA, César (Dir.). *História dos municípios e do poder local*. Lisboa: Temas e Debates, 1996. 489 p.

PRADO JR., Caio. *Formação do Brasil contemporâneo*. 18ª ed. São Paulo: Brasiliense, 1983. 390 p.

RAMOS, Donald. "Do Minho a Minas". *Revista do Arquivo Público Mineiro*, Belo Horizonte, v. 44, n. 1, p. 134-152, 2008.

RICUPERO, Rodrigo. *A formação da elite colonial: Brasil c. 1530 a c. 1630*. São Paulo: Alameda, 2009. 391 p.

RODRIGUES, André Figueiredo. *A fortuna dos inconfidentes: caminhos e descaminhos dos bens de conjurados mineiros (1760-1850)*. Rio de Janeiro: Globo, 2010. 319 p.

ROMEIRO, Adriana. *Paulistas e emboabas no coração de Minas: idéias práticas e imaginário político no século XVIII*. Belo Horizonte: Ed. da UFMG, 2008. 431 p.

_____. "Revisitando a Guerra dos Emboabas: práticas políticas e imaginário nas Minas setecentistas". In: BICALHO, Maria Fernanda; FERLINI, Vera

Lúcia Amaral (Orgs.). *Modos de Governar: idéias e práticas políticas no Império Português- séculos XVI a XIX*. São Paulo: Alameda, 2005, p. 387-403.

ROSA, Maria de Lurdes. *O morgadio em Portugal: sécs. XIV-XV*. Lisboa: Estampa, 1995. 152 p.

ROWLAND, Robert. "Sistemas familiares e padrões demográficos em Portugal: questões para uma investigação comparada". *Ler História*, v. 3, n. 24 p. 13-32, 1984.

RUSSELL-WOOD, A. J. R. "Governantes e agentes". In: BETHENCOURT, FL; CHAUDHURI, K. (Orgs.). *História da expansão portuguesa*. Lisboa: Círculo de Leitores, 1998. v. 3. p. 180-181.

_____. "Centros e periferias no mundo luso-brasileiro, 1500-1808". *Revista Brasileira de História*, v. 18, n. 36, p. 187-249, 1998.

_____. "Governantes e agentes". In: BETHENCOURT, Francisco; CHAUDHURI, Kirti (Orgs.) *História da expansão portuguesa*. Lisboa: Circulo de Leitores, 1998. v. 3.

SALGADO, Graça (Coord.). *Fiscais e meirinhos*. Rio de Janeiro: Nova Fronteira, 1985.

SCHWARTZ, Stuart B. *Burocracia e sociedade no Brasil Colonial*. São Paulo: Perspectiva, 1979. 354 p.

_____; MYRUP, Erik Lars. *O Brasil no Império marítimo português*. São Paulo: Edusc, 2009. 555 p.

SERRÃO, José Vicente. "O quadro econômico". In: MATOSO, José. (Org.). *História de Portugal*. Lisboa: Estampa, 1999. v. 4.

_____. "O quadro humano". In: HESPANHA, António Manuel (Coord.). *História de Portugal: o Antigo Regime*. Lisboa: Estampa, 1997, p. 43-63.

SILVA, Maria Beatriz Nizza da. "A Coroa e a remuneração dos vassalos". In: RESENDE, Maria Efigênia Lage de; VILLALTA, Luís Carlos. *História de Minas Gerais: as Minas setecentistas*. Belo Horizonte: Autêntica, 2007, p. 191-221.

_____ . *Ser nobre na Colônia*. São Paulo: Ed. da UNESP, 2005. 254 p.

SILVEIRA, Marco Antônio. "O desembargador Luís Beltrão de Gouveia. Trajetória e pensamento (1720-1814)", *Oficina da Inconfidência: revista do trabalho*, ano 1, n. 1, Ouro Preto, Museu da Inconfidência, 1999. p. 85-148.

_____ . *O universo do indistinto: Estado e sociedade nas Minas setecentistas (1735-1808)*. São Paulo: Hucitec, 1997. 203p.

SOUZA, George F. Cabral de. "La Cámara municipal de Recife (1710-1822): perfil de una elite local en La América Portuguesa". *Boletim Americanista*, Barcelona, ano 58, n. 58, p. 51-76, 2008.

SOUZA, Laura de Mello e. *Desclassificados do Ouro: a pobreza mineira no século XVIII*. Rio de Janeiro: Graal, 1982. 237 p.

_____ . *O sol e a sombra: política e administração na América portuguesa do século XVIII*. São Paulo: Companhia das Letras, 2006. 505 p.

_____ . "Política e administração colonial: problemas e perspectivas". In: SOUZA, Laura de Mello; FURTADO, Júnia Ferreira; BICALHO, Maria Fernanda (Orgs.). *O governo dos povos*. São Paulo: Alameda, 2009, p. 63-91.

SOUZA, Maria Eliza Campos. *Relações de poder, justiça e administração em Minas Gerais nos Setecentos: a comarca de Vila Rica do Ouro Preto*: 1711-1752. Dissertação (Mestrado em História) – Programa de Pós-graduação em História-UFF, Niterói, 2000. 154 p.

STUMPF, Roberta Giannubilo. *Filhos das Minas, americanos e portugueses: identidades coletivas na Capitania das Minas Gerais (1763-1792)*. Dissertação (Mestrado em História) — FFLCH-USP, São Paulo, 2001. 281 p.

_____. *Cavaleiros do Ouro e outras trajetórias nobilitantes: as solicitações de Hábitos das ordens militares nas Minas Setecentistas*. Tese (Doutorado em História) - ICS-PPGHIS, Universidade de Brasília, Brasília, 2009. 345 p.

SUBTIL, José Manuel Louzada Lopes. *O Desembargo do Paço (1750-1833)*. Lisboa: Universidade Autônoma de Lisboa, 1996. 577 p.

_____. "Os poderes do centro". In: HESPANHA, António Manuel (Coord.). *História de Portugal: O Antigo Regime (1620-1807)*. Lisboa: Estampa, 1993. p. 157-160.

_____. *O terramoto político*. (1755-1759). Lisboa: Editora da UAL, 2006. 176 p.

_____. *Actores, territórios e redes de poder, entre o Antigo Regime e o Liberalismo*. Curitiba: Juruá, 2011. 276 p.

THOMPSON, E. P. *Senhores e caçadores: a origem da lei negra*. Rio de Janeiro: Paz e Terra, 1987. 372 p.

_____. *Costumes em comum*. São Paulo: Companhia das Letras, 1998. 528 p.

TÚLIO, Paula Regina Albertini. *Falsários D'el Rei: Inácio de Souza Ferreira e a Casa de Moeda falsa do Paraopeba (Minas Gerais 1700-1734)*. Dissertação (Mestrado em História) – PPG-His, UFF, Niterói, 2005.

VALADARES, Virgínia Trindade. *Elites mineiras setecentistas: conjugação de dois mundos*. Lisboa: Colibri, 2004. 541 p.

_____. *A sombra do poder: Martinho de Melo e Castro e a administração da capitania de Minas Gerais (1770-1795)*. São Paulo: Hucitec, 2006.

VARNHAGEN, Francisco. *História geral do Brasil*. 3ª ed. São Paulo: Melhoramentos, 1927. v. 19.

VASCONCELOS, Diogo Pereira Ribeiro de. *Breve descrição geográfica, física e política da Capitania de Minas Gerais*. Belo Horizonte: Fundação João Pinheiro; CEHC, 1994. 428 p.

VENÂNCIO, Renato Pinto. *Cativos do Reino: a circulação de escravos entre Portugal e Brasil, séculos XVIII e XIX*. São Paulo: Alameda, 2012. 275 p.

WEHLING, Arno. *História administrativa do Brasil: administração portuguesa no Brasil de Pombal a D. João (1777-1808)*. Brasília: Funcep, 1986. 244 p.

WEHLING, Arno e Maria José. *Direito e justiça no Brasil Colonial: o Tribunal da Relação do Rio de Janeiro (1751-1808)*. Rio de Janeiro: Renovar, 2004. 679 p.

_____. "Sem embargo da ordenação em contrário: a adaptação da norma portuguesa à circunstância colonial". In: LISLY, Andréa Gonçalves; CHAVES, Claudia Maria das Graças; VENÂNCIO, Renato (Orgs.). *Administrando impérios: Portugal e Brasil nos séculos XVIII e XIX*. Belo Horizonte: Fino Traço, 2012. p. 45- 61.

XAVIER, A. B.; HESPANHA, A. M. "A representação da Sociedade e do Poder". In: HESPANHA, A. M. *História de Portugal: o Antigo Regime*. Lisboa: Estampa, 1993. v. 4, p. 121-156.

Obras de referência

ALMEIDA, Cândido Mendes. *Auxiliar jurídico servindo de apêndice à décima quarta edição do Código Philippino ou Ordenações do Reino de Portugal*. Rio de Janeiro: Thipographia do Instituto Philomathico, 1869. 268 p.

BLUTEAU, Raphael. *Vocabulário portuguez & latino: áulico, anatômico, arquitetônico*. Coimbra: Colégio das Artes da Companhia de Jesus, 1712-1728. v. 8.

CONSULTA do Conselho ultramarino a S.M., no anno de 1732, feita pelo conselheiro Antonio Rodrigues da Costa, *Revista do Instituto Histórico e Geográfico Brasileiro*, v. 7, 3ª ed., , p. 475-482, s/d.

VIEIRA, Domingos. *Grande dicionário português ou tesouro da língua portuguesa*. Porto: Ernesto Chardran e Bartolomeu A. de Morais, 1871.

SILVA, António Delgado da. *Collecção da Legislação Portugueza*. Lisboa: Typografia Maigrense, 1828. Disponível em: <www.iuslusitaniae.fcsh.unl.pt>. Acesso em: 13/07/2011.

SILVA, Antonio Delgado. *Coleção da Legislação Portuguesa*. Lisboa: Tipografia Maigrense, 1844. v. 4. Lei de 25 de março de 1773 e confirmada por aviso de 11/03/1774.

SUBTIL, José Manuel Louzada. *Dicionário de desembargadores (1640-1834)*. Lisboa: Ed. da UAL, 2010. 601 p.

Agradecimentos

Depois de longo percurso, há sempre muitas pessoas a quem agradecer. Começo então pela família, que, de modo geral, conspirou comigo para seguir adiante, mesmo nos momentos mais difíceis. Por toda a minha vida tive o exemplo de minha mãe, mulher guerreira, funcionária pública de uma pequena cidade de interior, que trabalhou com afinco para que todos seus cinco filhos pudessem ter oportunidades de estudo. É a ela que devo a força para seguir em frente, e hoje com os seus setenta e quatro anos, continua a lutar para que os netos encontrem no "caminho das letras" os valores humanos pelos quais vale a pena viver. A todos os meus quatro irmãos devo agradecer o enorme carinho que sempre me devotaram, e isso é luz em nossos caminhos.

Contudo, há sempre aqueles que, já sendo luz a iluminar os caminhos, são também braços que amparam e oferecem socorro sempre que necessário.

Ao Políbio e ao Plínio devo tanto que não sou capaz de encontrar as palavras adequadas para expressar minha gratidão. Eles sempre foram mais que irmãos, foram anjos que desde pequenina me mostraram os caminhos.

Devo ainda um enorme agradecimento à minha filha Helena, que, mesmo sendo tão jovem, sempre foi compreensiva em relação a minha entrega ao trabalho de pesquisa. Ela deixou tudo para trás e atravessou o mar comigo para que eu pudesse realizar minhas pesquisas.

Agradeço também a Ana Maria por ter pactuado comigo quando sua neta mais precisou. Ao Danilo e ao Daniel, meus sobrinhos-filhos, a prontidão em socorrer-me sempre que necessário, tanto em relação à Helena, quanto nos assuntos mais práticos da confecção do trabalho, como digitação, transcrição de documentos, escaneamento de livros, os cuidados com a casa e muitas outras incontáveis coisas que eles sempre se dispuseram a resolver.

Sou extremamente grata à minha orientadora, Júnia Ferreira Furtado, pela orientação segura e, sobretudo, pela calma e paciência com que leu e indicou mudanças e alterações no trabalho, desde a confecção do projeto até a última linha da tese. Mesmo como mil afazeres, ela sempre esteve pronta a ouvir-me e a contribuir para ampliar e abrir horizontes novos para a pesquisa. Agradeço-lhe, também, a confiança que em mim depositou, quando, no percurso do trabalho, resolvi ampliar o recorte temporal de 1750 para 1808. Além disso, devo-lhe as indicações dos melhores interlocutores para o trabalho, sem os quais seguramente a realização da pesquisa não seria possível. Devo-lhe agradecimentos, também, pela generosidade e compreensão com que agiu diante de muitas dificuldades que tive no percurso. Seus gestos solidários foram muito além da excelente orientação de pesquisa e a isso expresso minha enorme gratidão.

Tenho grande débito com o professor doutor Nuno Monteiro, que co-orientou este trabalho durante o período em que estive como bolsista da CAPES, vinculada ao ICS (Instituto de Ciências Sociais da Universidade de Lisboa), de julho de 2010 a 30 de junho de 2011. Devo-lhe agradecer não apenas importantes indicações de referências bibliográficas, de fontes documentais, a sugestão de ampliação de meu recorte temporal e mudanças de rumos na pesquisa. Devo-lhe agradecer a prontidão com que me ajudou a resolver problemas que estavam além de suas atribuições como co-orientador, relacionados à permanência, tanto minha quanto de minha filha em Portugal, mobilizando outras pessoas que, mesmo muito ocupadas, como o professor, também se prontificaram a ajudar sempre, às quais devo agradecimentos — como o sr. dr.António Martinho Novo e demais funcionários do ICS. Agradeço-lhe também as oportunidades de bons interlocutores durante minha estadia e a intermediação para a participação em debates importantes para meu trabalho, tanto no ICS, como em outros Centros de Estudos. Agradeço-lhe, e ao doutor Tiago Reis Miranda, o convite para apresentar resultados parciais dessa pesquisa no Seminário Permanente de História do Brasil, que é parte das atividades desenvolvidas pelo Centro de História de Além-Mar (CHAM), da Faculdade de Ciências Sociais e Humanas da Universidade Nova de Lisboa. Também, por sua intermediação, fui recebida pelo professor José Súbtil, cuja obra era inspiração e modelo desde minha dissertação de mestrado em 2000, e ao qual devo os maiores agradecimentos. Por tudo, sou imensamente grata.

Agradeço a José Newton Coelho de Meneses e a Adriana Romeiro as importantes contribuições que deram a este trabalho durante a qualificação e que foram fundamentais para a continuidade do projeto.

Agradeço aos funcionários de todas as instituições de pesquisa que têm sob sua guarda a documentação utilizada nesse trabalho, pelo empenho em ajudar e pela paciência de atender a tantos pedidos, e por aturarem a ansiedade e voracidade com que muitas vezes nos dedicamos à leitura documental, esquecendo até que entre pesquisador e documentos existem pessoas.

Registro também o apoio da CAPES, que concedeu a bolsa de doutorado-sanduíche, sem a qual não teria sido possível realizar este trabalho, e também à FAPEMIG, que me proporcionou três meses de bolsa após meu retorno ao Brasil.

Pelo apoio e carinho que me devotaram do outro lado do Atlântico, agradeço à dra. Fernanda, à Miucha e à Amália, que foi grande amiga para a Helena.

À Ana Luiza, ao Gustavo, ao Alírio e à Fernanda, amigos brasileiros e companheiros de pesquisas na Torre do Tombo, pela companhia e as conversas inspiradoras e motivadoras entre um e outro café. Algumas amizades especiais surgem ao longo do percurso e com elas partilhamos as dores do desterro, a alegria do retorno e muitas experiências boas com filhos e família. São amizades assim que nos dão força para continuar sempre em frente: por isso devo agradecer especialmente à Andrea Lisly, que em terras portuguesas dispensou-me, e também à Helena, as maiores atenções.

De modo geral, agradeço aos colegas de doutoramento e aos antigos e mais recentes colegas de trabalho, que, sempre, direta ou indiretamente, partilharam angústias e reflexões, sempre tão úteis ao desenvolvimento da pesquisa.

Livros publicados pela Coleção Olhares:

Brasil, ficção geográfica: ciência e nacionalidade no país d'Os sertões
Luciana Murari

Brasil-Portugal: sociedades, culturas e formas de governar no mundo português (séculos XVI-XVIII)
Eduardo França Paiva (Org.)

Cinema carioca nos anos 30 e 40: os filmes musicais nas telas da cidade
Suzana Cristina de Souza Ferreira

Entre a solidariedade e a violência: valores, comportamentos e a lei em São João Del Rei, 1840-1860
Edna Maria Resende

Escravidão, mestiçagem e histórias comparadas
Eduardo França Paiva, Isnara Pereira Ivo (Orgs.)

Escravos e libertos nas Minas Gerais do século XVIII: estratégias de resistência – 3ª. Edição
Eduardo França Paiva

Espelho de cem faces: o universo relacional de um advogado setecentista
Álvaro de Araujo Antunes

Folganças populares: festejos de entrudo e carnaval em Minas Gerais no século XIX
Patrícia Vargas Lopes de Araújo

Juízes e infratores: o Tribunal Eclesiástico do Bispado de Mariana (1748-1800)
Maria do Carmo Pires

Na forma do ritual romano: casament e família – Vila Rica (1804-1839)
Mirian Moura Lott

No sertão das Minas: escravidão, violência e liberdade (1830-88)
Alysson Luiz Freitas de Jesus

Livro da capa verde: o regimento diamantino de 1771 e a vida no distrito diamantino no período da Real Extração
Júnia Ferreira Furtado

Política, nação e edição: o lugar dos impressos na construção da vida política - Brasil, Europa e Américas, séculos XVIII a XX
Eliana de Freitas Dutra & Jean-Yves Mollier (Orgs.)

Sons, formas, cores e movimentos da modernidade atlântica: Europa, Américas e África
Júnia Ferreira Furtado (Org.)

Trabalho livre, trabalho escravo – Brasil e Europa, séculos XVIII e XIX
Eduardo França Paiva e Carla M. J. Anastasia (Orgs.)

O trabalho mestiço: maneiras de pensar e formas de viver – séculos XVI a XIX
Eduardo França Paiva e Carla M. J. Anastasia (Orgs.)

Um em casa de outro: concubinato, família e mestiçagem na Comarca do Rio das Velhas (1720-1780)
Rangel Cerceau Netto

O teatro das desordens: garimpo, contrabando e violência no sertão diamantino, 1768-1800
Ivana Parrela

Medicina Mestiça: saberes e práticas curativas nas minas setecentistas
Carla Berenice Starling de Almeida

Escravidão, mestiçagens, populações e identidades culturais
Eduardo França Paiva, Isnara Pereira Ivo, Ilton César Martins (Orgs.)

Escravidão, mestiçagens, ambientes, paisagens e espaços
Eduardo França Paiva, Marcia Amantino e Isnara Pereira Ivo (Orgs.)

Entre ricos e pobres: o mundo de Antonio José Dutra no Rio de Janeiro oitocentista
Zephyr L. Frank

Minas da terra: família, produção da riqueza e dinâmica do espaço em zona de fronteira agrícola, Minas Gerais, 1800-1856
Ghustavo Lemos

Os doze sons e a cor nacional: conciliações estéticas e culturais na produção musical de César Guerra-Peixe (1944-1954)
Ana Cláudia de Assis

Mapas e mapeamentos: políticas cartográficas em Minas Gerais, 1890-1930
Maria do Carmo Andrade Gomes

Esta obra foi impressa na primavera de 2016 pela gráfica *Renovagraf*. No texto foi utilizada a fonte Calluna em corpo 10,5 e entrelinha de 16 pontos.